ストック・シェアリング

蓄積された地域価値の再編による
新しいコミュニティづくり

井澤知旦・名古屋学院大学社会連携センター編集委員会【編】

風媒社

本書の出版にあたって

　「地域の価値を編集する大学」――このキャッチフレーズの下、2019年4月に、「私立大学研究ブランディング事業」として、本書の土台となる研究プロジェクトがスタートしました。それから5年間にわたり、学部の垣根を越えた研究チーム（4学部18名の教員）がプロジェクトに参画し、大学本部のある名古屋市熱田区を主な研究地域として、10の研究を展開してきました。学生による地域活動を取り込みながら、研究を推進するというこれまでにないスタイルは、地域との協働によって学生の学びを深める教育を実践してきた本学にとって大変意義あるプロジェクトでもありました。

　この研究プロジェクトの正式名称は「ストック・シェアリングを通じた地域価値の編集による新世代型コミュニティの実現に向けた多層的な研究」という長めのタイトルですが、ここで使われている「ストック・シェアリング」という用語は、文部科学省への事業申請時に、インパクトある表現として、当時のプロジェクトリーダーであった井澤知旦教授（現・本学名誉教授）が新たに造られたもので、「地域に蓄積（ストック）された空間や歴史時間、人材を皆で分かち合いながら活用して（シェアリング）、コミュニティを良くする活動」というのがコンセプトです。施設のみならず、人材やノウハウなど、有形・無形を問わず、地域にある様々な資源をコミュニティが共有し活用することで、新世代型コミュニティ像を炙り出すというのがこの研究プロジェクトの狙いで、その集大成が本書ということになります。

　本書の発刊をもって5年にわたる研究プロジェクトは終了となります。しかしながら、本学は、これまでの「現代的教育ニーズ取組支援プログラム（現代GP）」での「地域創成プログラム」の実践や「地（知）の拠点整備事

業（大学 COC 事業）」などの流れを踏まえ、地域・社会との連携によって学生の「学び」を深めるという取組みを今後も継続させ、本プロジェクトの中心概念である「ストック・シェアリング」に寄与してまいります。

　今年で名古屋学院大学は創立 60 周年を迎えました。その年に本書の発刊が重なったことを喜ばしく思います。今回のプロジェクトに参画された先生方が各研究成果をさらに発展されますこと、そして、プロジェクトに携わった学生たちが社会に出てからも引き続き地域活動に携わってくれることを期待して、発刊の辞といたします。

名古屋学院大学　学長
赤楚治之

目次

本書の出版にあたって ―――――――――――― 赤楚治之　i

はじめに
――――――――――――――――――――― 井澤知旦　1
　1　はじめに　1
　2　地域の資源・地域の課題　1
　3　大学のブランドを研究分野から高めていく「ストック・シェアリング」　2
　4　研究ブランディングの3つのアプローチと6つの研究テーマ　3

第1章
ストック・シェアリングとは何か
――――――――――――――――――――― 井澤知旦　9
　1　はじめに　9
　2　ストック・シェアリング―3つのアプローチの展開　12
　3　ストック・シェアリングの取り組み　22
　4　まとめ　32

第2章
自助・共助を推進するストック・シェアリングなまちづくり
――――――――――――――――― 村上寿来　37
　1　超高齢社会とストック・シェアリング　37
　2　自助・共助を促進する社会システムに向けて
　　　―名古屋市熱田区「健寿カード」事業をもとに―　39
　3　自助・共助を促す都市空間のあり方：ドイツを事例に　47
　4　ストック・シェアリングなまちづくりに向けて　56

iii

第3章
コミュニティに寄り添う新しい商店街
──────────────── 濱 満久　上田幸則　三輪冠奈　58

 1 商店街を取り巻く状況　58
 2 地域における商店街とストック・シェアリング　66
 3 コミュニティに寄り添う商店街の事例　69
 4 まとめ：商店街におけるストック・シェアリング　74

第4章
文化的コモンズと観光まちづくり
 物語をシェアするものづくり
──────────────── 古池嘉和　76

 1 地域資源の価値をシェアする　76
 2 ストック・シェアリングからみた愛知・名古屋　82
 3 さいごに　86

第5章
熱田のストック・シェアリングはどのように進化したか
 あつた宮宿会の10年を通して
──────────────── 水野晶夫　89

 1 はじめに—あつた宮宿会の誕生によって新たなストック・シェアリングがはじまった—　89
 2 あつた宮宿会の10年　90
 3 熱田のストック・シェアリングはどのように進化したか　99
 4 おわりに—官民連携のモデルケースへの期待—　102

第6章
空き家の外部不経済の実証分析と空き家等対策
──────────────── 上山仁恵　秋山太郎　井澤知旦　105

 1 はじめに　105
 2 名古屋市および熱田区における空き家の現状分析　105
 3 空き家の外部不経済に関する実証分析　110

4 不動産取引業者の空き家に対する考え　114
  5 国内の空き家・空き店舗の活用事例の分析　119
  6 おわりに　126

第7章
地域のチカラを引き出す3つのアプローチ
大学は如何にして「支え合いの地域づくり」に貢献できるか
──────────── 山下匡将　澤田景子　玉川貴子　伊沢俊泰　131

  1 活動の目的　131
  2 CBPRの原則に基づいた地域のステークホルダーとの連携・協働　132
  3 地域のチカラを引き出すための3つのプロジェクト　133
  4 まとめと考察　155

第8章
地域ストック資源の評価と価値再編集
──────────── 杉浦礼子　佐藤律久　161

  1 地域ストック資源を活用した「編集・再編集」を目指して　161
  2 コミュニティにおける課題と公共施設・公共空間へのニーズおよび人的ストックの現状　165
  3 事業所の地域との関わり方と地域課題への関心および保有するシーズとスキルの現状　176
  4 事業所における「防災・減災」にまつわる取り組みの現状　188
  5 シェアリング可能な地域ストックをより豊かに
     〜社会的価値・経済的価値を高める本学の取り組み紹介〜　192

第9章
ストック・シェアリング装置としてのドイツ都市
12万人都市・エアランゲン市を中心に考察
──────────── 高松平藏　201

  1 はじめに　201
  2 ドイツの都市とストック・シェアリング　201
  3 ドイツの12万人都市を検討する理由　205
  4 空間・時間というストックの分かち合い　209

v

5　個人のリソースを分かち合う　223
    6　まとめ　228

第 10 章
今後の展望
──────────────────────── 井澤知旦　233

    1　はじめに　233
    2　研究テーマの成果概要　233
    3　ストック・シェアリングの展開に向けて　241
    4　おわりに　247

索引 ──────────────────────────── 249
編集委員・著者一覧 ──────────────────── 252

はじめに

井澤知旦

1　はじめに

　日常生活をしていると、いろんな光景が目に入ってくる。歩道を歩けば、様々な人々とすれ違う。しかし、歩き疲れてもほとんど休憩施設がない。欧米では歩道のカフェテラスは当たり前のように設置され、そこで人々は休息し、対話を楽しんでいるのに。さらに歩くと歴史的な建造物が目に入ってくる。この建物には、そこに暮らしていた人々の物語が存在する。そしてその時代が私たちに語りかけてくる。人との付き合いも時間とともに増加していき、対話を通じて相手への理解が深化する。そう、私たちの身の回りには建物をはじめとした空間や人間（人々）が取り囲み、時間経過とともに関係を深めていく。つまり、私たちが身をおく都市は、時代時代の積層のうえに存在し、個々の事象のモザイクの集合であることを実感する。換言すれば、空間・時間・人間の蓄積と広がりの上に暮らしが成立している。だが、そのことはあまり意識されずに、またそう言った蓄積や広がりのある環境を十二分に活用していない現実がある。今日では地球環境問題や持続可能な発展というキーワードが喧伝されているが、資源（モノ）の無駄使いをやめるのも、地域の資源を観光へ活用していくのも、人々の知恵を寄せ集めて地域課題を解決するのも、決して十分でない実態が目の前にある。

2　地域の資源・地域の課題

（1）地域に蓄積された資源

　私たちの名古屋学院大学は2007年に瀬戸から一部の学部を残して、名古

屋市熱田区に移転してきた。名古屋では、いわゆる大学の都心回帰の第一号である。ここには神話の世界を生み出す熱田神宮や東海道の唯一の海路の湊である宮の渡しと宿場である宮宿をはじめとした歴史的資産、また名古屋国際会議場や白鳥庭園などの公共施設が豊富にあり、多様な企業や団体が活動している。そして移転してきた本学も重要な地域資源であり、地域と連携しながら社会に貢献してきた。つまり多様で豊かな資源が蓄積（これをストックと呼ぶ）しているのがこの地域である。

（2）地域に山積する課題

　他方、地域には諸解題が山積し、顕在化している。例えば、本学が立地している熱田区では高齢化率が27％（2020年国勢調査）で16区中第4位、「令和4年度熱田区区民アンケート結果」によると防犯対策、防災対策、高齢者支援の順で上位3位となり、それに続いて交通安全対策、子育て支援、住み慣れた地域で安心して暮らせる仕組みづくりが地域課題として認識されている。これらの課題は個人での対応では限界があり、行政に任せっきりでも限界がある。まさに地域ぐるみの包括的な対応が求められている。

3　大学のブランドを研究分野から高めていく「ストック・シェアリング」

　そんな問題意識を日ごろから持っていると、文部科学省が2016年度から「私立大学研究ブランディング事業」の公募を始めた。これは「学長のリーダーシップの下、大学の特色ある研究を基軸として、全学的な独自色を大きく打ち出す取組を行う私立大学の機能強化を促進する」ものであった。つまり独自の研究テーマを追究することで大学のブランドを確立し、向上させていこうという取組みに対し、支援を行うものであった。対応には2つのタイプがあり、一つは「社会展開型」、もう一つは「世界展開型」である。

　本学は「地域の経済・社会、雇用、文化の発展や特定の分野の発展・深化に寄与する取組」を目指す、前者の「社会発展型」で2018年度に応募し、選定されることになった。具体的には、下記の取組みを通じて、地域価値を編集できる力をもった大学としてのブランドを確立し、向上させようという

はじめに

ものである。そして、キーワードは「ストック・シェアリング」である。

> 日本の諸課題は地域に集約され、地域で顕在化する。本事業は福祉・都市・経済を地域で融合し、また各種ストック（空間・時間・人間等）をシェアリングすることで、地域の課題解決と新価値の創出を図る。公共的、歴史的、人的な資源が豊富な名古屋市熱田区（本学所在）を研究ゾーンに位置づけ、地域関係者との協働研究により、新世代型コミュニティ像を明らかにし、地域価値を編集できる力をもった大学としてのブランドを確立する。
> 出典：名古屋学院大学「平成30年度私立大学研究ブランディング事業計画書」の事業概要より

4 研究ブランディングの3つのアプローチと6つの研究テーマ

本事業は名古屋市熱田区を研究対象ゾーンに位置づけ、地域課題を解決する新世代型コミュニティを形成していくために、次の3つのアプローチによるストック・シェアリング研究を推進していくとともに、それらを総合化する実証研究を展開する。これらの研究成果として、新世代型コミュニティのイメージが明らかになる。

（1）ストック・シェアリング研究1
―歩いて暮らせる楽しい都市空間

都市空間のストック・シェアリングにより、歩いて暮らせる楽しい街の空間構造とそのマネジメントについて福祉と都市の地域融合研究を行う。これを通して、新世代型コミュニティを受け入れる都市構造が明らかになる。

【高齢者等が楽しく暮らせる社会システムと都市空間の融合研究】

急速な高齢化に対応するには、社会保障システム等の公助の持続可能性を高めるのみならず、それを補完する自助・共助を推進するシステムを展開することが重要な方向性となる。そのためには、地域に存在し蓄積されたさま

ざまなストックを地域の共有資源として必要に応じてシェアする「ストック・シェアリング」の展開による社会システムの構築が一つの方向性として考えられる。本テーマはとりわけ「高齢者の健康づくり・仲間づくりの推進」と「楽しく歩ける」地域のあり方に関心を払いながら、それらを通じて自助・共助が自然に展開されるようなシステムとまちづくりの方向性を明らかにした。

【多世代が交流する社会と新しい福祉商店街形成研究】
地域商業・商店街の持続可能な再生の道を探るために、それを規定する魅力度などの要素を明らかにし、持続可能性の方策を検討することである。具体的には、新しい複合商業機能として福祉サービス型の商店街や地域商業の条件等を研究する。すなわち、多世代が交流する新しい「福祉型商店街」を形成するための方向性を示すことにある。そこで本研究では、地域商業・商店街の再生において商業的な多様性だけでなく、商店街が立地する地域コミュニティへの対応力がどのような要素によって構成されているのかを把握するため、事例研究を通じて分析した。

（2）ストック・シェアリング研究2
　　―地域資産を観光化する歴史時間
熱田に賦存する豊かな歴史資産のストック・シェアリングにより、経済と都市の地域融合研究を行う。これを通じ、観光客の増加による地域経済の活性化や雇用拡大につながっていく。

【地域との連携による歴史観光推進研究】
ここではいくつかのアプローチを試みている。
第一は特定の地域空間における、一定の時間の移り変わりの中で、そこで活動する人々の暮らしや生業が生起し、文化資源として蓄積していく。それらの資源は、可視的なもの（有形）や非可視的のもの（無形）があり、それらを紡ぐことで物語が生まれる。こうして物語の価値のシェア（分かち合い）は、地域外の人々とも共有可能で、人々の来訪動機となることもある。そこ

で、名古屋市内を中心とした「ものづくりの価値共有と観光」を研究した。

第二に年間700万人を集客する熱田神宮を筆頭に熱田区には数多くの観光スポットがある。また老舗企業が集まり、あつた宮宿会として熱田神宮で毎月あつた朔日市を開催している。これまでの活動10年を振り返って、熱田のストック・シェアリングはどのように進化したかを明らかにした。

第三にモバイル空間統計を活用して、事業対象地域における人口（旅行者）の属性や時間帯ごとの集客状況の推移を測定するとともに、旅行者を含めた地域内人口の属性（性別・年代・居住地）に応じた誘客戦略の策定や地域内（観光）資源の有効活用方法を検討した。

第四にコンテンツを活用した観光振興やコンテンツを動機とした旅行行動など、コンテンツ（映画、テレビドラマ、小説、マンガ、ゲームなど）を中心としたツーリズムにおいて、さまざまな新しい実践が行われている。そこで名古屋市および同市熱田区の地域資産から"コンテンツ"を創出しているプロジェクト＝"project758"事業を事例に、地域内外からのツーリズムが実際にどのように行われているのかを実証・分析し、コンテンツツーリズムの在り方やその可能性を検討した。

本書では4つのうち、第一と第二のアプローチについて掲載している。

【空き家・空き店舗の発生予防および有効活用研究】

今後、空き家等は老朽化による近隣への物理的危険や公衆衛生の悪化等、周辺住民に外部不経済をもたらす可能性を孕み、その対策が政策的にも喫緊の課題となっている。そこで古くからの市街地を形成している名古屋市熱田区をモデルケースとし、空き家の外部不経済の影響について分析することにより、空き家の周辺住民の問題だけではなく、住宅の資産価値を守る全ての住宅所有者の問題であることを明らかにした。空き家・空き店舗の発生予防や適切な管理方法、及びその有効活用について網羅的に調査研究を行った。

（3）ストック・シェアリング研究3
　　―個々人がコミュニティを支える行動人間

人間（人材）のもつ才能や時間のストック・シェアリングにより福祉・都

市・経済の地域融合研究を行う。これを通じ、持続可能性を高める地域のエンパワーメントの強化が図られる。

【地域コミュニティのチカラを活性化させる CBPR の展開】

「個々人がコミュニティを支える行動人間」としての地域住民がもつ知識や経験、時間といった"チカラ"に焦点をあてる。それらを活かした実践活動を当該住民とともに企画・実施することにより、「ソーシャル・キャピタルの醸成」や「地域力の向上」と表現されるコミュニティ・エンパワーメントの様相を把握する。かつその実現に必要な諸条件を明らかにすること、ひいては人的資源活用によるコミュニティ活性化に資する大学として本学のブランドを構築するものである。なお、ここで用いた「CBPR」とは Community-Based Participatory Research の略で、研究アプローチの一手法である。

【地域ストック資源の評価と有効活用研究】

熱田区には大規模かつ多様な公共施設・公共空間（国際会議場・白鳥庭園・生涯学習センター、文化小劇場・各種公園等）が集積している。また人材としての居住者や有用なストックを有する企業も集積している。それらを地域コミュニティの課題解決につなげる有効活用策を研究する。それらの施設・空間・人材等を活用する前提として、地域住民が認識している地域課題やニーズをアンケートによって把握し、あわせて区内に立地している企業の地域課題解決につながるストックについても同様な方法で確認している。すなわち、地域住民や地域企業のストックを組み合わせる、「編集」によって、地域課題解決につなげるための運用システムを検討している。

(4) 実証研究
　　―大学と大型商業施設との連携による総合コミュニティセンター構想

上記の（1）～（3）までが「3つのアプローチと6つの研究テーマ」であり、研究ブランディング確立に相応しい、「研究」を軸に据えている。他方、

実証的アプローチを通じた検討を加えることによって、研究成果の地域展開、拡大展開に資することも重要である。

　ストック・シェアリングの重要なストック対象として、知的資産である大学や多くの人々を集客する民間の大型商業施設が挙げられる。これらは、新世代型コミュニティの"総合センター"になり得る。熱田区では象徴となり得るこの２つの優良資産（本学と大型商業施設）の連携を通じて、地域課題解決に向けた実証研究を行った。なお、このテーマの一環で、大学と大型商業施設の二つを結び、買物難民の解消につながる「地域巡回バス」について、市民に親しまれるデザインや内部空間活用についても合わせて検討している。

（５）展開
【全体構成の枠組み】
　以上の研究枠組みを整理したものが図-1 の全体構成枠組みである。
　このような枠組みのもとで、実質 2019 年度より研究を展開してきた。しかし、2019 年末から新型コロナウィルス感染症が急速に拡大してきたので、2020 年以降は、いわゆる三密（密閉・密集・密接）の回避が推奨されたため、ストック・シェアリング研究に大きな支障が生じた。スケジュール通りに進捗していくことはなかった。
　そういった制約のなかでも、一定の成果をあげてきた研究テーマを取り上げ、ここで取りまとめている。
　さらに国内に限らずに、海外でのストック・シェアリングの実情を把握するため、ドイツのバイエルン州エアランゲン市の実態およびチェコのプラハ市を中心とするヨーロッパ諸国での実態を把握した。前者は情報ストックとしてのアーカイブや社会文化としてのストリートライブラリー、公共空間の開放などを通じて考察している。後者は長年蓄積された既存の建築資産を有効活用するノウハウや工夫に関するケーススタディで行った。ここでは、紙面に限りがあるため、エアランゲン市（ドイツ）のストック・シェアリングについて展開する。

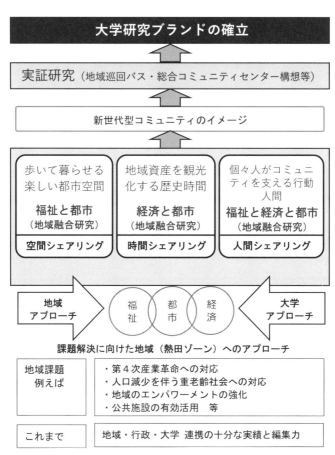

図-1 研究ブランディング事業の全体構成枠組み

【展開に向けて】

以上の研究考察を行った後、ストック・シェアリングの視点を改めて整理したうえで、新世代型コミュニティを形成するために必要な「連携と信頼のためのプラットフォーム」づくりへの取り組みと大学の役割（地域編集力）について言及している。これら一連の成果が大学の研究ブランドを確立することになる。

第1章

ストック・シェアリングとは何か

井澤知旦

1　はじめに

(1) ストック・シェアリングを取り上げる背景
【環境的条件からの活動制約】

　今や企業は環境問題抜きでは事業展開ができなくなってきている。地球温暖化防止にむけたカーボンニュートラル対策はその一つであり、有用資源を効率的に使用するための3つのR《Reduce（リデュース）、Reuse（リユース）、Recycle（リサイクル）》は、すでに企業だけでなく、住民も日常生活のなかで取り組んでいる。例えば、ファッション業界では、日本で50.8万トンが家庭から衣服がゴミとして出され[1]、多くは埋め立てられている。これを古着市場として流通に乗せたり（リユース）、古着等（新規在庫を含む）に手を加えて、新製品として販売したり（リユース＆リサイクルによるアップサイクル）、古着を色分けして、再生糸を作り出して、新たに織布・縫製していくもの（サーキュラー）も登場してきている。

　EUでは2015年に循環経済（サーキュラー・エコノミー＝CE）をめざすための行動計画・CEパッケージが打ち出されている[2]。これは「資源の消費と経済成長を一部デカップリングした、新しい経済活動」[3]と言われ、企画計画段階から資源廃棄の可能性をなくした経済活動を仕組んでいる。その理論的枠組みはケイト・ラワースが地球環境の限界の範囲内に人間の社会経済活動を限定する「ドーナツ経済学」[4]を2011年に提唱したものである。インフラや社会的正義の社会的基盤を引き上げつつ、環境過負荷がかからない地球資源の活用をめざすものである。

　つまり、限られた地球資源というストックを、環境負荷的上限を超えない

ように資源循環させたり、シェアリング等を通じて再分配したりすることが求められている時代にある。

【供給（フロー）から蓄積（ストック）への転換】

これまで民間も公共も多くの資金を投入して、国土や都市を形成していった。土や木の自然素材から鉄やガラス・コンクリートなどの人工材料を投入することで、より大きく、より高く、より強度のある空間を作り上げていった。しかし、物理的あるいは社会的な耐久年数からスクラップ＆ビルドがなされてきたが、上記（1）で見たように、産業廃棄物が大量に排出されるため、環境的制約が強く働く。しかも国や地方公共団体では財政的な制約もあわせてつきまとう。

そこで、それら課題に対応するために、世界的に見ると、アメリカの認証制度、例えばグリーンビルディング認証[5]やその認証基準を上回る世界で最も厳しいリビング・ビルディング認証[6]によって、物理的にも社会的にも長生きできる空間をつくる試みと普及を図っているのである。後者のリビング・ビルディング認証の基準にはエネルギーや環境的な視点だけでなく、健康と幸福、公平性、美しさが追求され、それを含めた包括的な持続可能性を目指している。

また、耐久年数を延ばすために、既存施設の空間再生（リノベーション）やそれらが集積した地域の再生（エリアリノベーション）が大きな流れになってきている。このように新規も既存もそれらが時間経過のなかで持続性を担保しようとする動きである。

もう一つは公共施設の維持管理と更新である。維持管理は日常的に施設を長持ちさせることに対処するものであり、更新は対応年数が過ぎた施設を取り壊し、新規に建設することである。国土交通省の試算によれば、財政的に更新費を歳出できなくなる時代が来ると予測されている[7]。

【所有概念の変化と利用の分離】

「所有」は私たちの日常生活のなかで不可欠な概念であり、また、近代経済学の研究分野においても基本的な概念である。「所有」は「モノを自由に

直接かつ排他的に支配できる権利」[8]として定義できる。ここでは「支配」は一般的には「利用」に置き換えてもよい。しかし、モノを支配できる権利は、何もしない権利を含む。モノを「所有」＝「支配」するだけでは価値を生まないが、逆説的に言うと価値を生むことで「所有」権が生まれるとも言える。

　所有しなくても、そのモノの価値を引き出す利用は可能である。従来からのリースやレンタル、最近ではシェアリング（共有や交換利用）やサブスクリプション（一定期間内利用への料金支払い）という所有と利用が分離した、新しいシステムが登場してきている。公共施設の分野ではコンセッション（インフラの運営権を民間へ譲渡すること）と呼ばれる、所有と利用を分離して民間に利用の自由度を高める制度が生まれている。

　つまり、従来の強権を前提とした「所有」による「利用」から、「所有」と「利用」の分離による、経済合理的な価値の増加をめざす時代に入ってきている。

（2）そしてストック・シェアリングが登場

　「所有」と「利用」が分離することにより、資産・資源の有効活用が促進される。また世界的な課題である様々な環境的制約を乗り越えるべく、物理的かつ社会的な耐久性を高めて、持続可能な社会を構築していくことが必要である。上記ではそれらのことを明らかにしてきた。

　そこで「ストック」（蓄積）された資産・資源を有効活用し、再生利用を図るとともに、持続可能な社会の利益を最大化する行動を共有化していくことを「シェアリング」と表現する。

　すなわち、「ストック・シェアリング」である。

　シェアリングされるストックは物理的な資産（モノや空間）だけでなく、人材（住民や企業のもつ情報や技能・技術、行動力）、歴史や文化的な遺産・資産（物語や空間）なども想定している。また、原則的には一定範囲のエリア（地域＝コミュニティ）に賦存するストックを扱うが、場合によっては、そのエリアを拠点にして、ネットワークによりその範囲を超えたシェアリングも念頭に置いている。またシェアリングの「共有」には「分け与える」だけで

なく、「持ち寄る」という概念を含めている。物事を実現するために資金を調達するクラウドファンディングは、個人のストックされた資産の「持ち寄り」であり、自分たちの所有地の一部を提供して公共空間の整備や事業費の捻出を行う土地区画整理事業も個人の土地資産（ストック）の「持ち寄り」である。

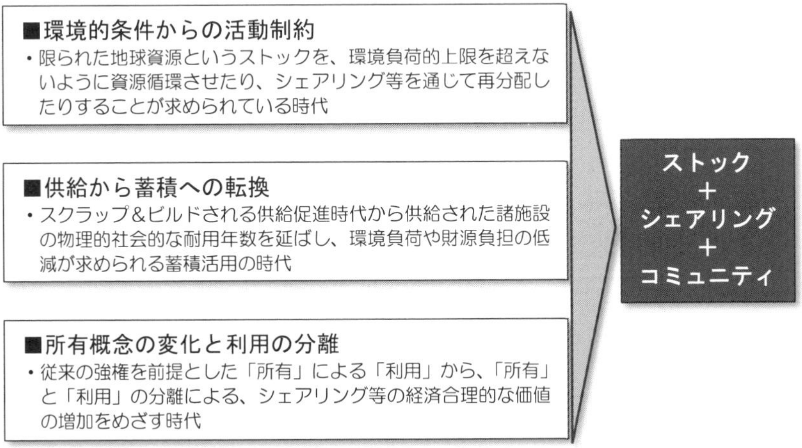

■環境的条件からの活動制約
・限られた地球資源というストックを、環境負荷的上限を超えないように資源循環させたり、シェアリング等を通じて再分配したりすることが求められている時代

■供給から蓄積への転換
・スクラップ＆ビルドされる供給促進時代から供給された諸施設の物理的社会的な耐用年数を延ばし、環境負荷や財源負担の低減が求められる蓄積活用の時代

■所有概念の変化と利用の分離
・従来の強権を前提とした「所有」による「利用」から、「所有」と「利用」の分離による、シェアリング等の経済合理的な価値の増加をめざす時代

→ ストック ＋ シェアリング ＋ コミュニティ

図 1-1　ストック・シェアリングを取り上げる背景

2　ストック・シェアリング―3つのアプローチの展開

「ストック・シェアリングとは何か」を展開するにあたって、次の3つの視点からアプローチする。

その第一は、モノは時間経過とともに価値を低下（減価）させ、ゴミとして廃棄（償却）されるのが一般的であるが、持続可能な社会では、モノに新たな価値を付加（増価）しながら、蓄積（ストック）していかざるを得ないこと、第二は「ストック」が賦存している地域＝コミュニティの役割が、世界的な政治体制と経済社会の狭間のなかで、年々高まってきていること、第三は最近再び注目されている「コモンズ＝Commons」とストック・シェアリングの関係性を明らかにすること、の3点である。

（１）減価償却型社会から蓄積増価型社会へ[9]
【新しい価値観―「減価償却型」から「増価蓄積型」の社会へ】

　2022年1月5日付の日本経済新聞で中山淳史氏の「Z世代が率いる価値革命」の記事に目がとまった。ちなみにZ世代とは現時点で10〜20歳代前半の年代で、生まれた時からデジタル世界にどっぷり漬かり、SNSやオンラインでのコミュニケーションが当たり前となっている世代である。

　Z世代は「減価償却型」経済からの脱却をめざしていると彼は指摘する。一般的にモノは買った時の価値が最大で、年々価値を落としていく、そんなモノを何年も使い続けていくのは非合理であり、しかも最後は廃棄されるので、地球環境に悪影響を及ぼすものとして、Z世代は敏感に捉えるからだ。そこで登場するのが「増価蓄積型」経済である。その具体的な考え方が「アップデート」や「アップサイクル」である。前者はソフトの更新によって製品の価値を増価するもので、よく使われる言葉なので理解しやすい。後者は製品をリサイクルする際に、前の製品よりも品質を引き上げて再利用することをいう。

　この記事で事例にあげられているのは、CASE（Connected、Autonomous、Shared、Electric の略）である。これはモビリティの変革を表すキーワードであるが、安全支援機能や自動運転支援機能により自動車の価値を高めるものである。他方、スマートハウスの例が挙げられ、生活データの蓄積による快適環境の創出やスマート機器の最新化により住宅の価値を高めるものであり、時間をかけて使えば使うほど、より快適性を増すような装置を持った住宅のことである。記事にはないが、スマホは機種を変えなくても（機種の性能の範囲で）OSやアプリはアップデートされ、常に最新の状況に置かれているうえで、使えば使うほど自分好みのデータが蓄積されることを想定すると分かりやすい。これらはいずれもデジタルな分野である。

　他方、非デジタル分野ではどうか。広島県福山市はデニム生地の生産で有名であるが、隣接する尾道市のジーンズ専門店に行く機会があった。単なる販売店でなく、登録すれば、穿きこなしたジーンズに新たな価格をつけ、委託販売を行ってくれる。ダメージジーンズが売れるファッションの時代なので、傷がついたり色落ちしたりすることに価値が生まれる。利用しながらの

時間経過は価値を高めるのである。ビンテージとして扱われれば、購入価格より委託販売価格が上回る場合すらある。

もう一つの増価蓄積型の典型例が「人」である。生を受けてから、肉体的精神的に成長し、知識力や行動力も高まっていく。情報処理能力は50歳代中頃にピークを迎えるが、知識力は70歳ごろまで伸び続けるのである[10]。高齢化とともに、ある分野の能力の低下は否めないが、他の分野の能力は伸びるので、「人」が担う役割が年齢とともに変化していく[11]。

【増価蓄積型社会とストック・シェアリングの関係性】

最近では自動車や自転車などのシェアリングが一般化している。これは今あるそれらのモノの所有価値を利用価値に転化するための仕組みをシェアリングと呼び、できるだけ多くの人々に効率よく所有資産を利用してもらうことをめざすものである。自己所有による利用頻度とシェアリングによるそれとでは、利用価値の蓄積は後者のほうが圧倒的に大きい。そこで注目されるのがストック・シェアリングである。それを「空間」「時間」「人間（＝ヒト・人材）」「モノ」の視点で見てみよう。

「空間」は、時間とともに劣化していくが、スクラップ＆ビルドでなく、躯体を残したままリノベーション（修復）していくことでバージョンアップし、所有者の利用に限定せず、その価値を引き出す人々にシェアリングする。その繰り返しは「場所」に意味をもたせ、それらがストックされたエリアは空間としての価値を増殖させる。

「時間」は、そのストックが「歴史」であり、それをシェアリングするのが観光である。時間を蓄積した建築群の質の高いものは「重要伝統的建造物群」となるが、この場合、時間の経過は減価償却でなく、増価蓄積の典型である。よって、それらは保存・活用の対象になり、観光資源となるのである。

「人間」（＝ヒト）は、先に見たように経験を積み、知識を蓄えることで成長・成熟（シニア化）し、社会の調整役になっていくが、「人間」（＝人材）として見た場合は、研修によって劣化を防ぎ、バージョンアップしていくことになる。「人間」（＝ヒトや人材）が豊富にストックされた組織や地域ほど、

課題解決力が高まり、新たな道を切り拓いていくことができるのである。

「モノ」は減価償却の典型であるが、リサイクルやアップサイクルによって、価値を継続させたり、異なる価値を引き出したりできる。「モノ」のシェアリングは新たな経済価値を生む。

一般的にはストック・シェアリングよりもシェアリング・エコノミーのほうが社会に流布している。これは「場所・乗り物・モノ・人・お金などの遊休資産をインターネット上のプラットフォームを介して個人間で貸借や売買、交換することでシェアしていく新しい経済の動き」（一般社団法人シェアリングエコノミー協会）と定義されている。市場規模は2022年度で2.6兆円、10年後の2032年には現状ペースで8.6兆円、新型コロナによる不安が解消され、認知度が高まれば15.1兆円と予測されている[12]。シェアリング・エコノミーはCtoCやBtoCでの金銭的やりとりという経済活動が前提となる。他方、ストック・シェアリングは直接的な金銭的やりとりを伴うものに限定せず、ボランティア活動や企業の社会貢献（プロボノなどのCSR）、公共施設や公共空間の開放を含めた、広い概念として捉えている。

ストックされた空間・時間・人材・モノはシェアリングすることで、私たちの暮らしや環境は快適になっていく。

【ストック・シェアリングとSDGs】

このように見てくると、Z世代に限らず、あらゆる世代が「増価蓄積型」の生活様式を求めていくのではないか。地域に蓄積されたストックを増価させ、再編集し、シェアリングすることで、生活を豊かにしていくのである。このような生活様式はSDGsとの相性が抜群に良い。先述したリビング・ビルディング認証基準である「場所、水、エネルギー、健康・幸福、素材、公平性、美しさ」の7分野を満したビルがアメリカのポートランドで建設された。この500年以上持続することを想定した自給自足ビルは、典型的なストック建築であり、廃棄物が少ないサーキュラーでカーボンニュートラルな社会基盤になっていくのであろう。

よって「増価」「蓄積」「共有」の3つがキーワードとなる社会は、増価型ストック・シェアリング社会と表現できようか。増価の対象となるストック

は、代表的には「空間」「時間」「人間（人材）」があげられる。それらの劣化や廃棄を防ぎつつ、価値を高めていくためには、「改修・転用」「歴史・評価」「研修・交流」を展開していくことである。そんな地域価値を再編集できる力をもった主体＝市民や企業・行政を含めた総合的市民が、ストック・シェアリング社会におけるSDGsを推進していくことができるのではないだろうか。なお、ここでは「空間」に「モノ」を含めた概念でとらえている。

（2）コミュニティの重要性

【コミュニティと国家・市場経済】

近年、国家と市場との関連性のなかで、コミュニティの役割が高まってきている。ラグラム・ラジャンは著作「第三の支柱　コミュニティ再生の経済学」のなかで次のように述べる。

国家と市場、コミュニティの三本の支柱が均衡することで社会的繁栄を維持することができるものである。ここでコミュニティとは「メンバーが特定の地域に住み、統治を共有し、共通の文化的および歴史的遺産を有することが多い社会集団」と定義し、リアルにメンバーが隣接して暮らしていることが前提にあり、メタバースのようなバーチャルなコミュニティは対象としていない。このような地縁的コミュニティでは、公民の教育やセーフティネットの正規の制度がカバーしきれない部分を相互扶助で対処する役割は依然として大きい。さらに経済と政治は縁故主義と権威主義に陥り、堕落していかないように、市場的競争と政治的競争がそれぞれ十分に確保した状態に置く必要があるが、その状態を維持していくうえで、コミュニティの日常的活動の役割は大きい。しかし、グローバル市場やICT革命によって、コミュニティでの大量失業が発生して、コミュニティのパワーが大きく落ちてきた。米国を想定して、コミュニティの権力と資金を取りもどすべきとの主張である。ちなみに、ここでいうコミュニティは近隣社会としての自治体（市町村）レベルを想定している。

そのため、ラジャンは、三支柱のバランスを保つために「包摂的ローカリズム」を提唱する。「地域のインフラ、能力育成の手段、コミュニティレベ

ルのセーフティネットを強化することによって、機会を広げ、平等化する試み」を求め、「コミュニティのメンバー一人ひとりをグローバル市場に参加させ、その恩恵を与え」て、「市民に自分の未来をコントロールする意識を持たせること」が必要だとしているのである。

このように、コミュニティの再生は国家を、市場を、そして民主主義社会を守っていくために最重要課題との認識が示されている。日本では米国ほどの危機意識は高くないが、コミュニティ再生には地域住民が主体的に参加し、貢献ができるシステムや組織づくりを通じて、地域特性や地域資源（＝ストック）を活かしながら（シェアリング）、地域の活性化をめざす流れは一般的となっていくであろう。そこではストック・シェアリングが大きな意味をもつようになる。

【ストック無限のデジタルなコミュニティ】

前述のコミュニティは地縁的な人間関係を前提としたコミュニティを対象にしているのに対し、SNSで代表されるデジタルな空間でのコミュニティも存在する。YouTubeやX（旧twitter）、Instagram、TikTok、Facebookなどが代表例であり、そのデジタル空間内で、一般的には「フォロワー」や「友達」としてつながっている。そこはエンターテイメント的な情報消費の場だけでなく、創作・発表するクリエイティブ的な場でもあり、交流のコミュニティになっている。

例をあげよう。大ヒットとなった楽曲「うっせぇわ」はボカロP（合成音声作曲ソフト「ボーカロイド」を使って、楽曲を制作するプロデューサー）のSyudou氏が作詞作曲して、試作は初音ミクに歌わせている。しかし満足できなかった彼は、日頃見ているYouTubeのなかから、この楽曲にふさわしい声質のAdo氏（当時高校生）を歌手として選び、一度も会っていないが、X（旧twitter）を通して依頼した。もう一方で楽曲を発表するためには、そのミュージックビデオも不可欠であり、同様にYouTubeのなかからWooma氏を選んで、X（旧twitter）を通じて依頼している。楽曲・歌手・MVが揃い完成したのが2020年10月であり、YouTubeに投稿された[13]。

このようにデジタルなコミュニティでは物理的な空間の制限がないので、

その情報ストックは膨大になる。多様なバックグラウンドをもつ人々とつながることができ、情報の共有のコミュニティを通じて、換言すれば、情報のストック・シェアリングを通じて、新たな価値を創造することが容易となるのである。

(3) コモンズとコミュニティとシェアリングの関係性
【コモンズの悲劇・喜劇・統治】

ストック・シェアリングの分野の一つにコモンズがある。

コモンズは一般的に「共有地」と訳される。これを「コモンズの悲劇」（1968年）としてアプローチしたのが米国の生態学者ギャレット・ハーディンである。人口急増の世界において、共有資源がコントロールされずに消費されると枯渇するという内容であるが、次第に生態学的な視点から経済学的視点へと変化した。それは、「個人の利益の合理的最大化は全体の不利益を生む」という「社会的ジレンマ」に置き換わってきた。ハーディンは共有地である牧草地に牛を放牧することを例に、地球的規模での資源の管理問題を「コモンズの悲劇」として説いた。それを解消するには市場（私有）に任せるか、国家（国有）に任せるかの二元論を展開した。その後、コモンズ（共有）の管理制度から資源の枯渇を生むのでなく、オープン・アクセス制度（非所有制度）が要因であるとされ、是正されていく。

米国の法学者キャロル・ローズは「コモンズの喜劇」（1986年）を公表し、「コミュニティによる自己管理がコモンズを持続可能にし得る」ものであるとした。オープン・アクセスが可能な公共広場は社会関係資本や信頼を生み出す場であり、逆説的に、参加者が多いほど楽しみも多いとして、市場・国家の二元論ではない「第三の道」を示したのである。

さらにそれを深めたのが、米国の政治経済学者エリノア・オストロムであり、「コモンズの統治（ガバナンス）」（1990年）を著わし、人々は私利よりもコミュニティの利益を、各自の当面の境遇よりも共有資源の長期保全を優先することを、1000年の時間スパンのなかで世界中の事例を分析していった。その分析の結果「持続的で自己統治的な共的資源をめぐる制度の類似性」のなかで、8つの設計原理を提示している。

［1］共的資源の境界が明確に定められ、それを利用できる人も明確に区分されていること
［2］共的資源の占用ルールと供給ルールが地域の条件に調和していること
［3］運用ルールの影響を受けている人がルールの修正に参加できること
［4］共的資源の状況や占用者の行動が積極的に監視されていること
［5］運用ルール違反への制裁は段階的に科せられること
［6］低負担で迅速にアクセスできる話合いの場をもち、紛争解決のメカニズムが備わっていること
［7］外部の政府権力が占用者自らの制度づくりの権利を侵害しないこと
［8］占用・供給・監視・実効化・紛争解決および統治が入れ子状に組織化されていること

　このようにコモンズは明確な持続力と自己統治力をもつことで、市場・国家とは異なる第三の道が拓かれ、そこでは社会関係資本が重要な役割を担っていることが理解できる。この視点は2（2）【コミュニティと国家・市場経済】で述べたラジャンの国家・市場に対する第三の支柱としてのコミュニティの議論と通じるところが大きい。
　しかし、本論で言及するストック・シェアリングをここでいうコモンズにそのまま置き換えることは、8原則の一部の適用は可能であっても、全部の適用は現実的でない。

【場の概念としてのコモンズとコミュニティ】
　コモンズもコミュニティもともに「場」としての領域がある。そのなかにある資源を「共有」し、管理を「共同」していくことが両方の共通点である。最近では、地球規模の資源や環境をコモンズと呼び、さらにSNSといった情報系インフラストラクチャーもコモンズと呼ぶようになるなど、広がりをもって捉えられるようになった。ジェレミー・リフキンは「限界費用ゼロ社会〈モノのインターネット〉と共有型経済の台頭」（2015）のなかで次のように述べる。
　「あらゆる人とモノを結びつけるグローバルなネットワークが形成され、生産性が極限にまで高まれば、私たちは財とサービスがほぼ無料になる時代

に向かって」[14]おり、「資本主義市場と政府の二つだけが経済生活を構成する手段であるという考え方に慣れきっているがゆえに、コモンズというもう一つの構成モデルが身の回りに存在していることを見過ごしている」[14]としている。ICT・IoT・DXといった情報技術、インターネット環境とデバイスリテラシーの向上は、限界費用ほぼゼロの社会の到来を呼び込み、同時にシェアリング経済の土俵となる協働型コモンズが登場してきているとの指摘である。

具体例をあげる。楽曲を世に送り出すためには、しっかりとしたスタジオを用意し、さらに演奏者を呼んでレコーディングするのが一般的あるが、膨大な費用がかかる。しかし、既述した2（2）【ストック無限のデジタルなコミュニティ】で見た楽曲づくりは自身の才能を前提に自宅にパソコンと楽曲制作ソフト（例えばボーカロイド）があれば、限界費用ほぼゼロ（部屋代、パソコンの償却費、ソフトのサブスク費用、電気代等はスタジオレコーディングに比べて極端に費用が少ない）で対応できる。しかも、歌手やMV制作者選びもYouTubeやX（旧twitter）等から選定すればいいことになる。そういう時代である。このデジタルコミュニティのなかに蓄積された情報ストックをリフキンは協働型コモンズと呼んでいる。

【共有概念としてのコモンズとシェアリング】

コモンズもシェアリングも資源や情報を「共有」し、効率的合理的な利用や社会的利益の最大化を図ろうということでは共通している。双方とも参加者間の協力や共同行動が求められる。

しかし、コモンズは自然資源や環境資源、文化的資源（遺産）、共益資源（例えば入会権のある財産区[15]）が共同で管理運営がなされるものであり、それは「共有」することを前提とした概念である。それに対し、シェアリングは一般的に物的資源（自動車・衣服などのモノや空間）、情報的資源（ノウハウ・ソフトウエア）、資金的資源（クラウドファンディング）を対象に、他の人と共有や交換するための「行為」において、金銭的「交換」を伴うものであり、いわゆるシェアリング・エコノミーと呼ばれる。しかし、ここでは、コモンズ的資源であれ、エコノミー的資源であれ、それらの蓄積（ストック）に焦点を

あてて、「共有」や「交換」することをシェアリングとして位置づけている。

「コモンズ」については、これまでコミュニティとの関係で言及されてきたが、最近改めて地球的規模での「コモン」の見直しの論調が出てきている[16]。社会の共有財産である「コモン」が解体され、商品化されて、資本主義が発展し、その結果、地球環境問題や社会制度の崩壊をもたらしてきているとの指摘である。地球そのものが「コモン」との認識を前提として、これからは私的所有・商品経済からコモン・シェア経済の社会転換がないと、地球環境はますます悪化していくとする論調がそれであり、注目されている。冒頭で触れたラワースの「ドーナツ経済学」、すなわち地球環境の限界の範囲内に人間の社会経済活動を限定するものと方向性は同じである。

以上のストック・シェアリングへの3つのアプローチをまとめたものが表1-1である。

表1-1　ストック・シェアリングへの3つのアプローチ

■減価償却型社会から蓄積増価型社会へ
・時間経過とともに価値が低下する「減価償却型」から、使いこなせば使いこなすほど価値が増加していく「増価蓄積型」を求める新しい価値観が登場している
・今ある蓄積されたモノの所有の価値を、シェアリングすることで利用の価値に転化して高めてこそ、増価蓄積を実現していくことができる
・地域に蓄積されたストックを増価させ、再編集し、シェアリングすることで、生活を豊かにしていく様式はSDG'sとの相性が良い
■コミュニティの重要性
・国家と市場経済との関連性のなかで、コミュニティの再生により、それら三本の支柱が均衡することで社会的繁栄を得、民主主義社会を守っていくことができる
・デジタルなコミュニティでは原則ストックに制限がないので、その情報量は膨大になり、そのシェアリングを通じて、新たな価値を創造することが容易となる
■コモンズとコミュニティとシェアリングの関係性
・「コモンズの悲劇・喜劇・統治」を通してわかることは、コモンズが明確な持続力と自己統治力をもつことで、市場・国家とは異なる第三の道が拓かれ、そこでは社会関係資本が重要となる
・コモンズもコミュニティもともに「場」としての領域があり、そのなかにある資源を「共有」し、管理を「共同」していく共通点である
・コモンズもシェアリングも資源や情報を「共有」し、効率的合理的な利用や社会的利益の最大化を図ろうとする共通の行動をとり、さらに双方とも参加者間の協力や共同行動が求められる

3 ストック・シェアリングの取り組み

　世界で見るとストック・シェアリングのような言葉を使ってはいないが、同類のコンセプトのもとで様々な取り組み事例が存在している。ストック・シェアリングをより明確に理論化していくために、ここでは具体的な取り組み事例を整理した。

（1）マンション団地の共用空間のシェアリング（韓国ソウル特別市）

　韓国の首都ソウル特別市は約950万人の人口を抱える大都市であるが、様々な都市問題を抱えている。個人等の持っている資産を共有することで社会問題を解決するなど、生活を豊かにするシェアリングの取り組みが以前より行われてきた。2012年9月にソウル市長が「シェアリングシティ・ソウル推進計画」を策定し、その実現に向けてソーシャル・イノベーション局の設置、「ソウル特別市共有促進条例」の制定を図った。市が主導するシェアリング事業を展開している。

　この事例はソウル特別市内の都心部にある高級マンション団地の共用空間を、自習空間や図書空間、裁縫セミナー教室、料理教室等に改修し、周辺地域に開放しているものである。改修工事はソウル特別区から補助が出る。地域課題を解決するとともに、これを媒介にしてマンション団地と周辺地域とのコミュニティの融和を図るものである。マンション住民と地域住民とのコミュニケーションがとれ、住みやすい団地・地域との評価を生んでいけば、マンションの資産価値の向上にもつながる。よって、積極的に展開される。民間資産のストック・シェアリングの事例である（写真1-1、1-2）。

写真1-1　ソウル特別市内の高級マンション団地

写真 1-2　共用空間の転用例（左：自習室、中：図書室、右：裁縫セミナー室）

（2）連続する商業環境形成のための大学敷地のシェアリング
（ドイツ　ライプツィヒ）

　ライプツィヒ市はドイツのザクセン州にある人口約60万人の都市である。市の中心部にあるメインストリート、トーマス小路とグイマイッシュ通りは連続した歩行者専用道になっており、沿道の両サイドには商業施設や広場が立地している（写真1-3）。その通りの東端にライプツィヒ大学がある。本来大学施設は教室や研究室等で構成されるが、写真1-4（大学西側面）のように周辺の商業環境とは異質な景観が形成されるのが一般的である。しかし、メインストリート沿いでは商業施設の連続性を分断しないように、自己敷地にビルを建て、低層階に商業施設を誘致し、上層階を大学の施設として活用している（写真1-5）。それによって連続した商業空間を維持している。地域活性化のために大学敷地をシェアリングしている事例である（図1-2）。

写真 1-3　メインストリート（グイマイッシュ通りとトーマス小路）の景観

写真 1-4　大学校舎の西側景観

写真 1-5　メインストリート沿いの大学の北側景観

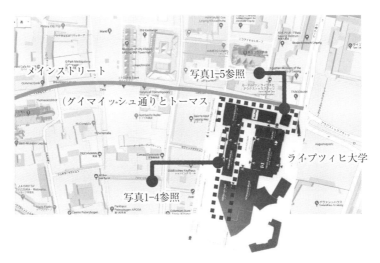

図 1-2　市街地と通りと大学の位置関係
出典：Google Map をもとに加筆

（3）歩道・公園上のオープン・ライブラリーによる図書シェアリング（いくつかの都市で）

　歩道や公園等の公共空間に市民が持ち寄った本書がオープン・ライブラリー（ストリート・ライブラリーとも呼ばれる）として書棚に並べられている。それらの本は自由に持ち帰ることができ、自由に持ち込むことができる。個人の書物のストックを自由に持ち寄り、シェアリングできるのである。

【エアランゲン市（ドイツ）】

　ドイツではこのオープン・ライブラリーが全16州に3,129ヶ所（2023.2現在）が設置されている。これだけドイツで普及してきた理由として、設置するのが比較的簡単であり、文化、社会福祉などの多様な文脈で位置づけられることができ、公共空間に設置することで、象徴性が高まると指摘されている[17]。写真1-6はエアランゲン市中心市街地の公共文化施設の敷地内に、写真1-7は歩行者専用道の歩道上に置かれたオープン・ライブラリーの事例である。

写真1-6　公共文化施設の敷地内のオープン・ライブラリー（エアランゲン市）

写真1-7　歩行者専用道上のオープン・ライブラリー（同市）

【ミラノ（イタリア）】

　ミラノの都市内にも通路上にオープン・ライブラリーが設置されている。ここでは"小さな無料図書館"と呼んでいる。住宅団地の通路上では書架と椅子・テーブル2セットが置かれている（写真1-8）。多人数で来ても十分座れる空間を持っている。別の場所にある文化施設の敷地内には、それよりも小規模な"小さな無料図書館"として書架と椅子・テーブル1セットが置かれていた（写真1-9）。コンパクトなライブラリーである。

写真 1-8　団地内通路に置かれた　　　　写真 1-9　文化施設内通路に置かれた
　　　　"小さな無料図書館"（ミラノ市）　　　　　　"小さな無料図書館"（ミラノ市）

【コペンハーゲン市（デンマーク）】

　コペンハーゲン中心部のブリッゲ島にある港に沿って配置された公園にもオープン・ライブラリーが設置されている。ここはその設置場所から"埠頭の図書館"と呼ばれており、書架 3 面をワンセットとして配置されている（写真 1-10）。

写真 1-10　埠頭の公園内に置かれた 3 面型"埠頭の図書館"（コペンハーゲン市）

【池田市（日本・大阪府）等】

　ここではヨーロッパ都市の事例を掲載しているが、すでに日本でも展開されている。

　大阪府池田市では 1990 年に「まち角の図書館」として、自由に持ち出しできる「無人・無料・無施錠」による運営がなされている。2021 年時点で 11 ヶ所の図書館と 2 ヶ所の分館の計 13 ヶ所が設置されている。本の持ち寄りは、池田市が主催となって開催された古本市（年 2 回）において売れ残った本（年 2 千冊以上）をこの「図書館」に並べるのである[18]。

さらに図書を通じた新しい付加価値づけとして「まちライブラリー」がある。これは場所を確保して、そこに本を持ち寄り、持ち込んだ人やその本を読んだ人の感想文を蓄積していきながら、それをきっかけに交流が生まれる私設図書館である。2008年にスタートし、全国の登録数は2023年6月末時点で1,034ヶ所にのぼる[19]。

（4）地域循環バス運行とバスデザイン等のシェアリング
（名古屋市熱田区）

イオンモール熱田（民間）は集客のために金山駅〜モール間にシャトルバスを運行しているが、それに加えて熱田区内を巡回するバス（熱田巡回バス）を2019年7月から運行している。これはショッピングセンターへの交通便がやや悪いため、来場しづらい"買物難民"の移動支援を行うものである。そして当初の小型ガソリンバスを環境対策から小型電気バスに替えるにあたり、より市民に親しまれる買物移動手段となるように、バスのデザインの依頼が名古屋学院大学に来た。本学にデザイン系の学部学科はないが、そこで学ぶ学生は「熱田」に対するイメージを描くことができる。そこで学生たちはバスのコンセプトとして「熱田をかけるバス」とし、「かける」を「（車で）駆ける」と「（虹を）架ける」の二つの意味をもたせ、それをもとに描いたイメージ（スケッチ）をプロのデザイナーがコンセプトを壊さず、描きなおした。その成果が写真1-11、写真1-12である。市民の評価を得るためのアンケート調査を実施する予定であったが、コロナ禍のためできなかった。ゆくゆくは外観デザインだけでなく、熱田巡回バスを絵画・ポスターや俳

写真1-11　熱田巡回バス（側面×前面［左］　側面×背面［右］）

写真1-12
設置されたバス停

句・短歌、音楽などを発表する市民ギャラリーとして活用したいと考えている。

　一民間商業者の巡回バスであるが、それを市民の足として（将来は市民のギャラリーとして）共有化することに成功している。

（5）ニューサイクルファッション—古着のアップサイクル

　企業にしても地域にしても、環境への負荷を最小限に抑える取り組み、すなわち持続可能な社会の形成に寄与することが求められている。このなかでリサイクルの視点は欠かせない。ファッションの世界でも衣料は大量に廃棄されることを鑑みると、資源の無駄使いそのものであり、焼却・埋め立ては環境に大きな負荷をかける。フランスでは2020年に公布された「循環経済のための廃棄物防止法」内で制定された「廃棄禁止及びサーキュラーエコノミーに関する法律」で、売れ残りの新品衣類の焼却・埋め立てによる廃棄が2022年1月から禁止されることになった。

　すでに1-1(1)で言及しているように、日本でも環境省がサステナブルファッションの取り組みを促進しようとしている。統計データでは一人が年間に手放す衣服の平均枚数は15着と言われ、そのうち3着を修繕（リペア）、12着（50.8万t）を廃棄し、それから再資源化されているのはわずか5％に過ぎない。修繕する量を5倍（15着）にすれば、理論的には廃棄物ゼロになる。

　膨大な古着がストックされるのだが、古着を古着として流通させるのは自ずと限界があるため、古着を加工して付加価値をつけて販売することで、廃棄しない流通が生まれつつある。東京ではすでにブランドのサンプル品やB品、規格外品を使って、加工する「ニューメイクラボ」[20]や京都でも古着をアップサイクルする「森」[21]といったメーカーブランドが登場してきている。当地名古屋でも環境系NPO法人が、集まる古着をベースに若いデザイン系専門学生の参加を促す、付加価値型のニューサイクルファッションの流通を試みようとしている。これらの客層は古着の一品一品の加工を通じて唯一無二の商品としての価値を見出している。いわば増価蓄積型商品としてストック・シェアリングされるのである（写真1-13）。

写真 1-13　アップサイクルされたファッションの例
出典：ヒューマンフォーラム"森"のホームページより
　　　https://mori-store.net/items/65e6c65116b7bc03e8c41c07　ほか（2024.3.14 閲覧）

（6）公共空間とコモンズのシェアリング

　公共空間や公共施設は市民等が自由に使える空間である。一般的に公共空間・施設は経年的に量を拡大していくので、それらストックをシェアリング（利用）していくことになる。ただし、公共空間・施設（これらを公物という）を管理するそれぞれの法律や条例がある。使用の種類は一般使用・許可使用・特許使用の 3 種がある。一般使用は許可なく自由に使用できる。例えば道路だと、歩道は許可なく歩いたり、車道は許可なく自動車を運転したりできる。しかし、オープンカフェを設置するためには許可使用（道路管理者〈行政〉の道路占用許可や交通管理者〈警察〉の道路使用許可）が必要となる。最近ではコロナ禍の影響もあって、屋内での密を避けるため、屋外で展開するオープンカフェ等は設置しやすくなっている。

　欧米では公共空間・施設の開放は自由度が高く、まさにストック・シェアリングの典型例と言える（写真 1-14）。ここでもコロナ禍の影響で、道路空間を店舗拡張空間として転用している。新規の公共施設を整備するにあたっても、施設の開放度を高めている。屋上を開放したオスロのオペラハウス、コペンハーゲンの廃棄物発電所にカバーをかけて人工スキー場・ハイキングコース・クライミング・ウォール等の複合利用したコペンヒル、サンフランシスコのバスターミナル屋上を公園として整備し、開放したセールスフォースパークがその典型事例であろう（写真 1-15）。なお、韓国のソウルでは公共

施設の屋上の開放はシェアリングシティの施策の柱として、展開している。
　もう一つは現実空間としてのコモンズである。デジタル空間ではYouTubeやInstagram、X(旧Twitter)などがコモンズとしての役割を

写真 1-14
オープンカフェの風景(左上：リガ／エストニアのカフェテリア、右上：グダニスク／ポーランドの歩行者専用道のカフェ、左：サンフランシスコの車道上のランチタイムカフェ)

写真 1-15
公共施設の屋上の開放(左上：オスロのオペラハウスの展望台、右上：コペンハーゲンのコペンヒルの人工スキー場等、左：サンフランシスコの屋上公園セールスフォースパーク)

第1章　ストック・シェアリングとは何か

担っていることは述べたが、現実空間では私有空間であるが共有される空間、具体的には日本での公開空地や路地空間、欧州でのパサージュ、ビル間の谷間空間などがそれに該当する。広場型コモンズや通路型コモンズと呼ぶことができよう。日本のアーケードのある商店街の通路は、民有地でなく公道であるので、コモンズと呼べないが、コモンズ的性格を有した空間である。そこでは共同管理が求められ、独自のルールで運用される。(写真 1-16、1-17、1-18)

　このような空間が多様に集積している都市は、都市環境に変化をつけるので、多種多様な都市機能を立地させ、様々な交流を生じさせる。まさに集積したコモンズにおける都市空間のシェアリングが都市の価値を増加させる。ストック・シェアリングの事例がここでも見ることができる。

写真 1-16　名古屋の公開空地（左：ミッドランドスクエアの南、中央：名古屋駅付近の住友生命ビル、右：栄電気ビル）

写真 1-17　名古屋の路地空間（左：中区大須の文珠小路、中央：栄のれん街）、右：円頓寺商店街のアーケード）

写真1-18　海外の広場空間と通路空間（左：パリのパサージュ［ベルドー］、右：ヘルシンキのビル谷間の広場）

4　まとめ

（1）社会の環境変化

　時代は刻々と変化し、従来の価値観のままでは、社会の諸課題への対応は難しい。変化の第一は地球温暖化などの気候変動や資源の有限性から人間の活動に制約がかかってきている時代である。3つのR《Reduce（リデュース）、Reuse（リユース）、Recycle（リサイクル）》に加えて、より資源循環を意識したサーキュラー・エコノミーやアップサイクルの取り組み、地球環境の限界の範囲内に人間の社会経済活動を限定する「ドーナツ経済学」の提唱は、そのことを端的に表している。変化の第二に資源の有用性や国や地方公共団体の財源の限界性から、供給（フロー）促進から蓄積（ストック）経営の時代に入り、蓄積されたものの再生や再編で新たな価値を引き出したり、供給する場合もその価値の持続可能性が問われたりするようになってきている。いわば減価償却型社会から増価蓄積型社会への再構築を目指していると言えよう。変化の第三は所有と利用の分離である。所有するだけでは何も生まず、利用を通じて経済合理的な価値の増加をめざす時代である。

　それらに対応する行動様式がストック・シェアリングである。

（2）ストック・シェアリングの枠組み

　ストック・シェアリングの枠組みは、「交換」（対価）に焦点をあてればシェアリング・エコノミーとなり、「共有」（共益）に焦点をあてればコモン

ズとなり、「蓄積」(場)に焦点をあてればコミュニティとなる。対価を伴わない住民の無償ボランティアによる労力の提供や企業のプロボノによるノウハウの提供はシェアリング・エコノミーというよりも、共有を前提としたコモンズとする表現が妥当であろう。なお、"場"には現実系コミュニティと情報系コミュニティがある。それらを総合化したものをストック・シェアリングと位置づける。

　よって、現実系コミュニティであれ、情報系コミュニティであれ、蓄積(ストック)された資産を交換したり、共有化したりすることをストック・シェアリングと呼ぶ。蓄積された資産はシェアリング・エコノミーであればマッチングのマネジメントを、コモンズであればエリアのマネジメントを必要とする。それらを通じて、人々が活動、交流し、安寧を得、創造する場であるコミュニティを形成することがストック・シェアリングの目的となる。

(3) ストック・シェアリングによるコミュニティ活性化

　これからコミュニティの役割は、国家と市場との関連性のなかで、そのバランスが全体の発展を支えるものとの認識が高まり、とりわけリアルなコミュニティの活性化が重要となっている。「コミュニティのメンバー一人ひとりをグローバル市場に参加させ、その恩恵を与え」て、「市民に自分の未来をコントロールする意識を持たせること」こそ、今求められていることであり、地域特性や地域資源(=ストック)を活用(シェアリング)しながら、地域の活性化をめざす流れを作り出す必要がある。そのためには地域住民の主体的参加や組織づくりを行うことが重要であり、まさにコミュニティを通じて、社会関係資本を蓄積していき、それによって協働の場として地域の経営・管理(エリアマネジメント)を実践していくものである。

　他方、デジタルなコミュニティも重要である。情報の容量は無限にあるので、ここでのコミュニティを通じて、新たな価値を創造することが容易となる。

　以上をまとめたものが図1-3のストック・シェアリングの概念である。

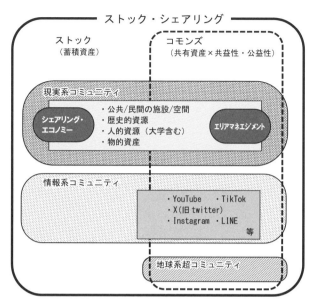

図 1-3　ストック・シェアリング概念図

＊本章は、筆者が名古屋学院大学論集社会科学編 Vol.60　No.1・2（2023.10）に投稿した「ストック・シェアリング試論―蓄積された地域資源の共有による新たな価値を生み出す地域コミュニティ形成―」をもとに加除修正したものである。
＊文中の図表および写真は引用等の注釈のないものは筆者が作図・作表・撮影したものである。

注

1　環境省HP　https://www.env.go.jp/policy/sustainable_fashion/（2023.6.20）
2　参考文献【1】【2】
3　参考文献【1】P.19
4　参考文献【3】
5　グリーンビルディング認証（LEED [Leadership in Energy & Environmental Design]）のプログラムは7つの評価項目（敷地、水、エネルギー、材料、空気質、新技術、市域特性）の必須項目とボーナスポイントで評価される。https://www.gbj.or.jp/leed/about_leed/（2023.7.15）
6　リビング・ビルディング認証（The Living Building Certification）は、7分野における厳格なサステナブル基準（場所、水、エネルギー、健康と幸福、素材、公平性、美しさ）をフル稼働の状態（Living）で評価するものである。米国ポートランドでは500年以上持続する5階建の自給自足ビルが取り組まれている。

https://project.nikkeibp.co.jp/mirakoto/atcl/global/h_vol30/（2023.7.15）
7　国土交通白書　平成23年度版
8　参考文献【4】P.263
9　参考文献【6】P.30　井澤知旦〈2022.6.30〉「増価蓄積社会とストック・シェアリング」をもとに追補している。
10　国立長寿医療センター　老化疫学研究部「高齢期の生活　加齢にともなって成熟していく、知的な能力とは？」　https://www.ncgg.go.jp/ri/advice/04.html
11　経験・知識・技術に長じた年長者のいる集団は生存力を高めてきた歴史がある。参考文献【8】参照
12　（株）情報通信総合研究所・（一社）シェアリングエコノミー協会〈2023.1〉「シェアリングエコノミー関連調査2022年度調査結果（市場規模）」
13　テレビ朝日「関ジャム　完全燃SHOW」2021.7.4　をもとに構成
14　参考文献【10】P.33
15　財産区においては、財産区住民の福祉を増進することと市町村の一体性を損なわないことの2項目を守ることを前提に運営されている。（地方自治法第296条の5第1項）
16　前者は参考文献【14】【15】、後者は参考文献【16】
17　参考文献【17】p.32
18　池田市「まち角の図書館」については下記のホームページに詳しい。
　　・City Life News　https://citylife-new.com/newspost/5902/
　　・池田市HP　https://www.city.ikeda.osaka.jp/soshiki/kyoikuiinkai/toshokan/1563408805024.html（2023.1.31）
19　まちライブラリー　https://machi-library.org/　および参考文献【20】
20　「ニューメイク・ラボ」
　　https://www.elle.com/jp/fashion/fashion-column/a38835906/new-make-labo2201/?fbclid=IwAR0JXzohPEgR8xRiffP3dzOroAR9rR-Bx3y5hlmuznrIGZWKfE4rGuAwKndw（2023.5.2）
21　USEDを拡張する古着屋「森」ファッションメーカー「ヒューマンフォーラム」のアップサイクル部門　https://mori-store.net/（2023.7.11）

参考文献

【1】梅田靖・21世紀政策研究所編著（2021.1）「サーキュラー・エコノミー──循環経済がビジネスを変える」勁草書房
【2】安居昭博（2021.7）「サーキュラー・エコノミー」学芸出版社
【3】ケイト・ラワース／訳：黒輪篤嗣（2018.2）「ドーナツ経済学が世界を救う」河出書房新社
【4】瀧澤弘和（2023.6）「経済理論における所有概念の変遷─財産権論・制度設計から制度変化へ─」岸政彦／梶谷懐『所有とは何か』第4章　中公選書
【5】山下範久（2023.6）「資本主義にとっての有限性と所有の問題」岸政彦／梶谷懐『所有とは何か』第5章　中公選書

【6】名古屋学院大学現代社会学部（2023.3）「oasiS レポート」
【7】監修：此本臣吾／編著：森健（2022.6）「デジタル増価革命」東洋経済新聞
【8】小林武彦（2023.6）「なぜヒトだけが老いるのか」講談社
【9】ラグラム・ラジャン（2021.7）「第三の支柱　コミュニティ再生の経済学」みすず書房
【10】ジェレミー・リフキン（2015.10）「限界費用ゼロ社会〈モノのインターネット〉と共有型経済の台頭」NHK 出版
【11】三俣学（2010.10）「コモンズ論の射程拡大の意義と課題—法社会学における入会研究の新展開に寄せて—」日本法社会学会編『コモンズと法』法社会学第 73 号　有斐閣
【12】井上岳一（2021.11）「コモンズが開く地域の未来」日本総合研究所　経営コラム　https://www.jri.co.jp/page.jsp?id=102129
【13】エリノア・オストロム／訳：原田禎夫他（2022.12）「コモンズのガバナンス　人びとの協働と制度の進化」晃洋書房
【14】平竹耕三（2006.10）「コモンズと永続する地域社会」日本評論社
【15】細野助博（2016.3）「新コモンズ論」中央大学出版部
【16】斎藤幸平（2020.9）「人新世の『資本論』」集英社
【17】高松平藏（2023.3）「ドイツ・エアランゲン市における『都市の蓄積』の共有活用のメカニズム」海外ストック・シェアリング研究報告書　名古屋学院大学
【18】井澤知旦（2023.3）「ウィズコロナ下における欧米諸都市の公共空間等の利活用に関する調査研究」『名古屋学院大学論集　社会科学編』第 59 巻第 4 号，pp.39-99
【19】ジョン・フィールド／訳：佐藤智子他（2022.11）「社会関係資本　現代社会の人脈・信頼・コミュニティ」明石書店
【20】磯井純充（2024.2）「『まちライブラリー』の研究」みすず書房

第2章
自助・共助を推進する
ストック・シェアリングなまちづくり

村上寿来

1　超高齢社会とストック・シェアリング

（1）超高齢社会へ適応した社会に向けて

　日本はこれまで世界でも最も急速に高齢化が進行してきた国である。国連が定めた基準では、高齢化率7％を超えると「高齢化社会」（Ageing Society）と呼ばれ、14％を超えると「高齢社会」（Aged Society）となる。この7％から14％になるまでの期間を倍加年数というが、日本より先に高齢化の進行した国々は最も長いフランスで126年、それ以外の国でも数十年かかるのが一般的であった。高齢社会がAgedと完了形で表現されるように、14％という高齢化率は充分に高齢化の進行した、それだけ到達に時間を要する水準だったわけである。しかし、日本が高齢化社会になったのは1970年、高齢社会になったのが1994年で、倍加年数はたった24年であり、従来の高齢化先進国に比べて極めて急速に高齢化が進行したことがわかる。

　このような高齢化の急速な進行は、日本に大きな課題を突き付けることになる。数十年かけて高齢化社会から高齢社会になる諸国は、徐々に進行する高齢化にたいして社会システムが適応する時間的余裕がそれなりに確保されうるといえる。しかし、日本のように一気に高齢化が進行してしまうと、そうした余裕がなく、社会システムは自然には高齢化に十分に適応することが困難になる。つまり、先行した諸外国にも増して、日本は高齢化への対応を意識的に、重点的に取り組んで適応を図る必要性が高くなると考えられる。しかも、かつての高齢社会の水準はとうに過ぎ、既に日本の高齢化率は28％を超え、超高齢社会どころか既に超超高齢社会とでもいうべき状況であり、これまで経験されていない水準の高齢化状況への適応が迫られることに

なる。いわば未知の領域に踏み込んでいくのであるが、我が国の対応が、新たな高齢化対応モデルを生み出すことになるのか、あるいは反面教師となるのか、世界が高い関心をもって見守っているといって過言ではない。

(2) 社会システムの困難：社会保障の限界

　ここで社会システムとは、社会を構成する人々の行為を規定する制度やルール、仕組みなど何らかのシステムとして位置づけられうるもの並びにその複合と大まかに捉えておこう。高齢化の進展により大きな問題を抱える社会システムの代表が社会保障である。社会保障は、社会保険、公的扶助、社会扶助などからなり、公的な保障システムの構築を通じて、生活上のさまざまなリスクに備えて生活の安定をもたらすためのものである。その制度体系を見ると、公的年金や介護保険、高齢者福祉など、そもそも高齢者向けのものが多く、それゆえ高齢化の進行による需要の増大により、それらの制度は財政的な困難をはじめ持続可能性が危うくなる。他方で、医療保障、生活保護などの全世代を対象としたシステムにおいても、実態を見ると高齢者による利用が多くを占めており、したがって、これらにおいても高齢化がシステムの持続可能性を困難にするのである[1]。

　社会保障のように公的なシステムによるものを「公助」と位置付けるなら、超高齢社会は「公助の危機」をもたらすと言えよう。社会システムとしての公助は、その維持にこれまで以上の社会的コストを負担する必要が生じるか、あるいは期待するような十分な保障を提供できなくなると考えられる。したがって、これからの超高齢社会を展望したときに、公助に依存することは困難になっていかざるをえないのであり、それゆえ、公助を補完する「自助」や「共助」が必要不可欠になると考えられる[2]。

(3) 自助・共助とストック・シェアリング

　公助が十分に展開できなくなるとすれば、個人や家族が自己の責任において自主的に対応する自助や、人々の助け合いを通じて対応する共助によって対応するしかない。したがって、高齢化に対応した社会システムにおいては、可能な限り公助の持続可能性を高めるとともに、自助や共助を推進し

て、自助・共助・公助を一体となって再構築することが求められるだろう。

では、自助や共助はいかにして推進されるべきか。その際に重要な意味を持つのが、ストック・シェアリングである。前章で見たように、ストック・シェアリングとは、社会的にストックされた資源を有効活用し、シェアすることで持続可能な社会の実現に資する新たな方向性として本書で打ち出された概念である。社会にストックされた資源をシェアするということには、そのストックの持つ価値を分かち合う「共助」の側面と、個人が自由にそれらを活用していく「自助」の側面とが関わっている。また、既にストックされたものをシェアし、活用するということは、必要とされる資源を公的に準備するのではなく、既存資源で賄うという点で、公助の代替という側面を持つ。

ストック・シェアリングにおいてシェアされるストックには、物理的なモノや空間をはじめ、人材、歴史、文化、そして社会関係といったコミュニティに根差して存在するものまでさまざまに幅広いものが含まれるが、それらは通常、人々が意識せずに生活の基盤として共有し、活用しているものでもある。ここでわれわれがストック・シェアリングに注目するのは、改めてその意義に注目して概念化し、それを促進すること、さらにはそれを通じて高齢化に対応した社会システム構築につなげて行くことを求めるからに他ならない。他方また、シェアされるストックの状況は、社会により、地域により異なる。それゆえ、ストック・シェアリングのあり方も地域により異なるだろう。これからの超高齢社会のさらなる進展において、いかにストックをシェアするか、そしてストックを蓄積するかが、各地域コミュニティにおいて問われていくことになるのではないだろうか。

2　自助・共助を促進する社会システムに向けて
　　―名古屋市熱田区「健寿カード」事業をもとに―

（1）高齢者の健康づくりの意義

高齢化は、高齢者の割合が増大する過程であるが、大きな割合を示す人口層が加齢により心身の機能低下をもたらすことで、就労が困難になったり、健康を害して治療や介護が必要になったりすると、それらに対応することで

社会的負担が増大することになる。高齢者が健康を維持しながら自立生活を継続していくことは、したがって、社会的負担を軽減することにつながりうる。つまり、高齢者自身が健康づくりに取り組む自助を通じて、公助の負担を軽減することができるということである。他方また、そうした取り組みは、個人的に行うだけでなく、他の人とつながりを持ちながら共に行うことで、取り組みを継続することにもつながりうるだろう。これらを共助とすると、共助を通じて公助の負担を軽減しうるということが言える。

したがって、高齢者の健康づくりへ向けて自助・共助を推進することは、高齢化への適応において重要な意義を持つと考えられる。そこで、そうした取り組みを推進するために、健康づくり活動の維持・継続へのインセンティブをもたらそうとする取り組みとして、名古屋市熱田区をフィールドに展開されたのが「『みんなで守ろう！　健康長寿』チャレンジカード事業」（通称「健寿カード」事業）である。

（2）名古屋市熱田区における健寿カード事業の事例
【健寿カード事業の概要】

名古屋市熱田区では、平成28年から独自の取り組みとして通称「健寿カード」事業に取り掛かってきた。この事業は、区内在住の60歳以上の方に、「健寿カード」を配布し、各自で活動などに取り組んだ実績をカードに記録してもらうことで、高齢者の健康づくりを推進しようとする取り組みである。

具体的には次のような取り組みである。
・チャレンジ1は、自ら健康づくり活動目標を設定し、取り組むことができた日付をカードに記入する。
・チャレンジ2は、地域活動やイベントなどへの参加した日付と活動を記録する。活動としては、町内会の活動や老人クラブ、サロンへの参加、ボランティア活動

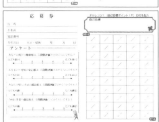

図2-1　健寿カード（当初のもの）

など、地域での結びつきを高め健康につながる活動を想定した。
・それぞれの記入欄がすべて埋まればチャレンジ達成となる。
・達成後、区役所にカードを提出し、後日各種景品が抽選で当たる。

【事業の開始とその後の変化】
　この事業のきっかけは、区民から寄せられる介護保険への不満の声だった。すなわち、健康維持・増進に取り組んで要介護認定を受けなくても、介護保険料は徴収されてしまい、介護保険では健康維持・増進に取り組むことが損になってしまう、と。そこで、健康づくりに取り組む高齢者の活動を評価する仕組みとして事業が構想され、平成28年度からスタートした。事業を実施するにあたって、個人的な健康づくりに加えて、地域でのイベント参加や地域での活動、老人クラブ等の団体での活動を加えたのは、先に観たように、他者とのつながりや社会関係を生み出すことが、健康にプラスをもたらす面を考慮したからである。
　この事業の実施過程では、細かな点での事業内容等の修正が行われてきた。まず、スタート時は予算も少なく、割引カードの提供程度だったが、28年度後半から熱田区の老舗企業の方々が中心となって熱田区の活性化に取り組まれている「あつた宮宿会」にご協力いただき、豪華な景品が抽選で提供されるようになった。後で見るように、それ以後参加数が増加するようになり、事業の定着にもつながった。また、区役所へのカード提出が負担になる高齢者へ配慮して、郵送で提出可能にカードデザインの変更も行われた。さらに、コロナ禍を経て、「チャレンジ2」の内容はイベントから他者と交流する活動にまで範囲を広げるとともに、令和3年から一人3枚まで応募を可能とし、より長期的な活動継続へと対応していった。
　このような区独自事業の展開が評価され、名古屋市全体でも同様の健康づくり推進の事業がはじまり、現在は、高齢者に限らない市民全体を対象とした「名古屋健康マイレージ」として展開されている。この全市的な展開もあり、「健寿カード」事業は令和4年度をもって一応の幕を閉じた。

（3）事業の状況と成果

事業の実施にあたって、各回の取り組み終了後、応募する際に参加者に事後アンケートを実施してきた。ここでは、いくつかのその結果を基に、事業の状況および成果について見ていく。

【参加者の状況・属性】

まず、参加者数の推移（表2-1）を見ると、第1回の参加者数は354人と多かったものの、第2回に大幅に低下した。この後、先に見たように景品のレベルアップが図られたこともあって徐々に参加者数が増加し、令和1年前期には元に回復した。

参加者の性別は、いずれも女性が8割強、男性が2割弱程度でほぼ推移しており、女性の参加者が中心であった。年代は70代がおよそ5割弱程度で、80代以上が30％代で推移したが、次第に増加し、40％程度になった。60代は当初は17％程度で推移したが、その後13％程度に低下した。

表2-1　参加者数の推移

実施回	H28前期	H28後期	H29前期	H29後期	H30前期	H30後期	R1前期
回収数	354	184	265	254	294	311	354

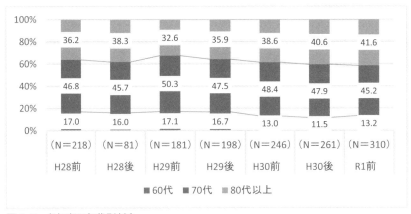

図2-2　参加者の年代別割合

【健康づくりへの影響】

　この事業は、日常的な健康づくり活動を促進するとともに、地域での活動への参加を推進し、外出機会の増加や地域での交流を推進することも目的に置かれている。その点の効果はどうだったか。ここでは、平成29年度から令和元年前期までの結果を見ていく[3]。

　まず、事後アンケートでは、事業への取り組みの前後で、外出頻度と運動頻度を5段階で具体的に尋ねており、両者の差分から「増加」「変化なし」「減少」の3段階に整理した結果が図2-3および図2-4である。

　外出頻度は4割から5割程度が増加している。また、運動頻度も4割弱か

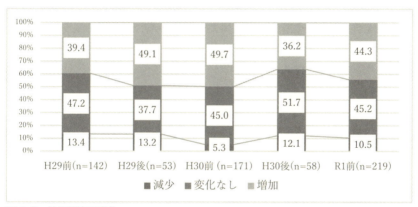

図2-3　外出頻度の変化

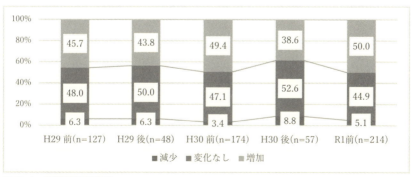

図2-4　運動頻度の変化

ら5割程度が「増加」になっている。この結果をどのように評価するかは難しいが、他の質問項目で「健康への関心が高まった」「外出しようとする意欲が増した」「運動を継続しようとする意欲が増した」等について「そう思う」「まあそう思う」と答えた割合がいずれも8割以上であったことも踏まえると、少なくとも外出や運動へと取り組むインセンティブの改善にはつながったといえるのではないか。

次に、主観的な健康度について確認する。平成29年度から令和元年度まですべてに参加している参加者の主観的健康度の推移について集計したのが表2-2である。健康度は5段階評価で尋ねており、5が最も健康である。数値は左から各回の健康度を順に並べたもので、5回の事業過程での健康度推移パターンを示している。この内少なくとも当初時点の健康度がその後の過程で維持・改善していたり、低下しても回復していたりするケースは、60.1％と比較的高い割合を示している。ただし、そもそも事業への参加が最低限の健康度を要し、より悪化したケースは離脱する可能性があるため、い

表2-2 主観的健康度の推移パターン

(H29からR1までの連続参加者　N=109)

健康度の推移	度数	健康度の推移	度数	健康度の推移	度数	健康度の推移	度数
22222	1	34332	2	43443	1	45553	1
22232	1	34333	2	43445	1	52444	1
22332	1	34334	2	43543	1	53335	1
23222	1	34343	1	44243	1	53444	1
23334	1	34344	2	44333	3	54334	1
23443	1	34423	1	44334	1	54344	1
32423	1	34433	2	44344	2	54433	1
33211	1	34444	1	44433	1	54444	1
33233	1	34445	1	44434	1	54554	2
33322	1	35233	1	44442	1	55443	1
33333	10	35343	1	44443	1	55444	2
33334	4	35434	1	44444	11	55445	1
33343	3	35444	2	44445	2	55455	2
33344	1	35555	1	44544	1	55544	1
33433	1	42332	1	44545	1	55545	1
34234	1	42333	1	45424	1	55554	2
34323	1	43333	2	45445	1	55555	3

注）下線は、平成29年度前期から令和元年前期までの5回に当初の健康度が維持・回復・改善しているケース。

わゆる生存バイアスがありうることを留意する必要がある。事業への取り組みによって健康づくりが活性化されたとしても、やはり高齢期には加齢に伴い何らかの健康上の問題を抱えることはいわば当然ではあり、単線的に健康度が向上していくというわけにもいかないということだろう。また、健康上の不安は、健康づくりへと取り組もうとする誘因でもあり、「健寿カード」はそうした気持ちを具体的な活動へと向かわせ、また継続していく誘因を与えるという形で寄与している、という可能性が考えられる。

なお、令和元年10月に65歳以上の要介護認定を受けていない高齢者を対象に名古屋市で実施された「健康とくらしの調査」の結果によると、熱田区は「要支援・要介護リスクの低さ」「1年間に転倒しない者の割合」「30分以上歩く者の割合」が名古屋市内16区の中で1位となっており、健康づくりについての一応の成果が確認できる。なお、「30分以上歩く者の割合」は、男性のみでは10位となっており、男性の参加率の低さが表れているのかもしれない。

【地域参加への影響】

次に、地域等へ参加への影響についてみる。ここでは、事業への取り組み前後での変化についていくつかの項目で「そう思う」から「そう思わない」の5段階で評価した項目の結果を見ると、多くの項目で肯定的な評価がえられているが、「地域行事へと参加する機会が増えた」に肯定的な割合がいずれも7割以上、「地域に知り合いが増えた」等については6割5分以上が肯定的に答えているなど、地域での活動機会の増加や交流等によって、地域との結びつきを強めるように少なくとも主観的には作用することができたと一応評価することができるだろう。

また、先に観た「健康とくらしの調査」の結果における社会参加関連のデータを見ると、熱田区は「通いの場への参加者割合」が1位となっており、それ以外でも「特技や経験を他者に伝える活動参加者割合」が3位、「町内会への参加者割合」が4位、「ボランティア参加者割合」が5位など、社会参加項目の順位が比較的高く、事業の取り組みの成果と直接結びつけるのは難しいものの、一応の成果が確認できる。また、ここでも熱田区の男

性・前期高齢者で見ると順位が低くなっており、これも事業への参加の少なさの裏返しと見ることもできるだろう。

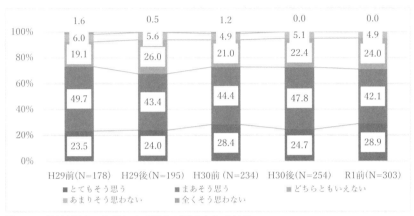

図2-5 「地域行事へと参加する機会が増えた」の結果

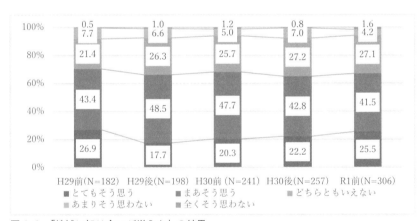

図2-6 「地域に知り合いが増えた」の結果

（4）健康づくりとストック・シェアリング

　以上見てきたように、「健寿カード」事業は健康づくりや地域参加を推進する取り組みとして展開されてきたが、それは他方で、ストック・シェアリングを進める過程でもあった。健康づくりに取り組むにあたって、外出機会や運動機会が増加する結果、それだけ一層地域にストックされた資源をシェ

アする機会も増えることになる。また、地域への参加を通じて、活動機会やそれを組織する人材や組織、団体をはじめ、地域に存在するストックをシェアすることにもなる。またとりわけ、地域の人々との出会いや繋がりが広がることを通じて、新たな社会関係が結ばれることで、社会関係資本という新たなストックが生まれ、地域に蓄積されていく事にもなる。このように、自助・共助の推進はストックのシェアと蓄積の両面へと作用する過程でもあり、それらが複合的に展開していくことで、文化などの新たなストックの構築へと向かいながら、高齢化への社会システムの適応が進むことが期待されるといえるだろう。

3　自助・共助を促す都市空間のあり方：ドイツを事例に

　こうした自助・共助を推進する取り組みと併せて、他方またその展開へと影響する都市空間の整備も重要な方向性である。都市空間は人々の生活や交流の舞台であり、そこで都市空間そのものやそこで営まれる文化、社会関係といったさまざまなストックがシェアされ、また新たな価値が創造される。ここでは、高齢者の健康づくりをさらに推進するような都市空間のあり方について、ドイツにおける現地調査の成果として、「歩く」まちづくりの事例と、人々の集いの場を生み出す事例とを検討する。

（1）ドイツの都市構造と歩く文化
【ドイツの都市空間の特徴】
　筆者は、2018年から2019年にかけてドイツ・インゴルシュタット市に滞在し、ドイツの都市や生活に触れる機会を得た。その経験から、いくつかの都市の特徴についてまず整理したい。
　ドイツの都市空間の基本構造は、日本と大きく異なる。筆者の暮らしたインゴルシュタットはその典型的な形をとっており、中世の都市構造を基本的に受け継いだ形になっている。都市は城壁跡で取り囲まれており、それに沿うように環状道路がぐるりと取り囲んでいる。中心には市庁舎・教会・広場があり、その周辺に商業地区が広がる。そこを核に同心円状に結ばれる道

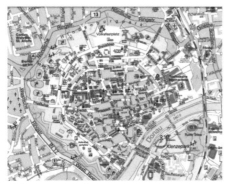

写真2-1　インゴルシュタット
出典：インゴルシュタット市HP

路と放射状に外部へと広がる道とが展開する。市街地近くやその郊外には河川や公園などがある。日本の地方都市レベルの規模でも、地下鉄、トラム、バスなどの公共交通網が整備されており、市街地周辺の住宅地から中心部までアクセスきれば徒歩で活動可能である。

【歩く文化】

　ドイツについてしばしば指摘されるのが、「歩く文化」の存在である。残念ながら、これについての専門的な研究はほとんどなく、ドイツ人自身にはあまり意識されていないのかもしれないが、ドイツ在住の日本人からはしばしば指摘される点である。例えば、休日や空いた時間などに、特に目的を持たずに歩きに出かける。運動としてウォーキングをするのとは違い、歩くこと、そして人との交流が目的となる。家族が集まったときなどにも、家から出て周辺を会話しながら数時間歩いたりするという。筆者が滞在したインゴルシュタットでも、休日になると近くの湖の湖畔を多くの人々がただぐるぐると話しながら周回しているのをよく目にした。

　もちろん、こうした歩く文化は、自然を好む文化の反映や、高緯度の国における日光浴の志向、また現代における健康志向なども反映されているのかもしれないが、ドイツの都市構造が歩くという行動を自然に行わせているという側面も関わっているのではないだろうか。

（2）「歩く」まちづくりの事例

【宗教施設と都市空間の融合：ケルン】

　ドイツのケルン市は人口100万を超えるドイツ第4の都市であり、世界遺産ケルン大聖堂でよく知られる。中央駅すぐにケルン大聖堂がそびえる空間

写真 2-2　ケルン大聖堂周辺(左)とライン河畔での人々の様子(右)

は壮観である。駅広場と大聖堂はほぼ一体化しており、大聖堂前は地元市民にとっても憩いの場所のように多くの人が階段に腰を下ろして賑わっている。熱田区にある熱田神宮の、杜に囲まれた荘厳なイメージとは対照的に、強い存在感とある種の威圧感を示すのはキリスト教文化圏の特徴ともいえる。

　大聖堂周辺は商業地域になっており、縦横の通りにさまざまな店舗が並ぶ。ここでは自動車の入場は制限されており、歩行者のみである。平日でもまちは人で溢れ活気に満ちている。

　大聖堂周辺には博物館や音楽施設など文教施設が揃っており、また駅の反対側にはイベントホールがあるなど、大聖堂を中心とした文化エリアを構成しているのもケルンの特徴である。中央駅周辺に宗教施設・文教施設・商業エリアが集まり、また人々が集うエリアとなっている。その中央駅から5分ほど歩くとライン河畔にたどり着くが、ライン川周辺には多くの人出があり、川沿いのベンチ等に腰掛けて話したり、市民の憩いの場のように機能している。やはり川沿いを散歩している人も多く、老若男女が話ながら歩く光景がみられる。

【まちを巡る「赤い糸」:ハノーファー】
　ハノーファー市はニーダーザクセン州の州都で、人口54万人ほどの大都市である。2000年には万博が開催されるなどドイツ北中部の中心都市のひとつである。ハノーファーでは市街地を歩いて周遊できるように道に赤いラ

インを引く「赤い糸」(Roter Faden) という取り組みが行われている。

　赤い糸は、中央駅前のインフォメーションをスタートし、市庁舎や教会、美術館をはじめ、周辺のスポット36か所を赤いラインを辿ることで歩いて周遊することができる仕組みである。全長は4.2キロほどで、各スポットをじっくり見て回っても半日ほどのルートとなっている。各スポットの辺りには数字が書かれており、順番に巡ると再び中央駅にたどり着く。また、トイレや休憩するカフェなどの表示もあり、各自のペースに応じて周遊するように工夫されている。ヨーロッパ的な街並みとモダンな商業スポットを併せ持つ都市空間の中に出現する赤いラインは、景観を損ねる面もあるかもしれないが、他にはない試みでもあって、都市空間に個性を与えている。

　実際に赤い糸を辿って周ってみたが、急いで周っても1時間半ほどで周回できた。実際に周ってみて気づくのは、意外に赤い糸を辿っている人が多いということである。観光スポットを周るにしても、スマートフォンが普及した現在では、マップアプリを見ながら周れば済むように思うし、ここハノーファーでもGoogle mapでの表示や3Dでのバーチャルな表示の試みもはじまっている。しかし、アプリの表示を見ても現地で混乱してしまうことも多いだろう。そのためか、スマホを見つつも、結局赤い糸に沿って歩いている人を多く見かけた。また、途中で迷っても、赤い糸を辿りさえすれば目印となるスポットや中央駅にたどり着くことができる。情報技術を使ったバーチャルな取り組みも重要であるが、赤いラインというリアルな存在が、案外人間にとって利用しやすい面もあるのではないか。

　なお、いくつか気になる点があった。一つは、赤いラインが途中で途切れ

写真 2-3 「赤い糸」

ている箇所があるということである。開発で工事が行われるなどして、消えたラインがそのままになっており、途中で何度か続きのラインを探し回ることになった。中長期的な取り組みの中で、こうした事態は当然ながら生じることであり、ここでも継続的な管理・運営が課題となると思われる。

【ベートーベンとまちづくり：ボン】

旧西ドイツの首都だったボンは、人口34万人ほどの大都市であるが、まちの中心部は中世からの石畳の街並みがライン川へと続き、古くからの街並みを残している。中心部は自動車の乗り入れが制限されている。

ボンは、音楽家ベートーベンの生誕地としても知られ、まちの中心にある広場には彼の銅像が建てられているが、生誕250年を記念して2020年に中心部で「ベートーベン・ストーリー」というベートーベンゆかりの場所を歩いて周る企画がスタートした。中心部に9か所モニュメントが設置され、それを周ることでまちを周遊し、ベートーベンゆかりのスポットの今と昔を体験できる仕組みとなっている。モニュメントの一部はのぞき窓から動画を見ることができ、それぞれの場所のゆかりの物語と彼の曲のピアノ演奏が流れる。全てのモニュメントを周ると、およそ2時間ほどかかる。

中世の雰囲気が残る街中にモダンなモニュメントが設置されることで、都市空間に新たな彩を与えており、また歩いて周る都市空間の仕掛けとしても興味深い事例といえる。しかし、現地で実施に体験してみていくつかの気になる点があった。モニュメントの場所はそれぞれのモニュメントに全体図として提示され

写真2-4　ベートーベン・ストーリーのモニュメント

写真2-5
落書きされたモニュメント

ているが、概略なため詳細な場所までは分かりづらく、各ポイント周辺で探す必要がある。そういった探検的な要素を組み込んだのかもしれないが、軽い気持ちで周った観光客は、結局うまく見つからずに途中で断念してしまうと思われる。また、モニュメントを辿ることで街中からライン川までたどり着くことができ、また歩くことができることは確かではあるが、ライン川沿いのモニュメントは地図と実際とがずれており、しかも結局映像音楽がないモニュメントのみのもので、わざわざ探して行っても少しがっかりしてしまう。そして、各ポイントで映像ののぞき窓を利用しているのは結局、どこでも筆者だけだった。2020年に設置後、すぐにコロナ禍に突入したが、活用される前に馴染んでしまったり、また一部には落書きがされてしまっているなどして、見向きがされなくなったのだろうか。モニュメント自体は映像がみられ、雨ざらしにも耐える頑丈な作りのもので、コストと維持費もそれなりにかかるだろうが、今後いつまで維持されていくか。活用と管理運営について考える必要があるだろう。

(3) 集いの場の展開事例
【市民の共同空間：ベルリン「プリンツェシネン・ガルテン」】

　ベルリン・クロイツベルク地区にある市民が共有する庭園として「プリンツェシネン・ガルテン」（プリンセス庭園の意）がある。この庭園は地域の有志により開園され、人々が集う場として利用されるとともに、菜園として利用することができる。基本的には、誰でも自由に無料で利用でき、また、さまざまな活動や集会、イベント、セミナーなどが地元団体や有志により開催されており、それにもまた誰でも自由に参加できる。野菜の栽培にはコンポストを利用するなどして自由に育てることができる。また、野外カフェも設置されており、菜園活動などに取り組まなくても気軽に飲食も可能となっている。クロイツベルク地区というベルリンの中心地に突如現れる森といった

雰囲気で、市民の憩いの場としても機能している。

この庭園はその後新たな展開を見せる。2019年末に借地の期限が迫り、引き続き土地は提供されることになったものの、ノイケルン地区の広大な墓地への移転計画が持ち上がった。この計画によって運営者は元の場所で継続する「プリンツェシネン・ガルテン・モーリッツプラッツ」と、ノイケルンに移転する「プリンツェシネン・ガルテン・コレクティーフ・ベルリン」とに分かれることになった。

写真2-6　ベルリンのプリンツェシネン・ガルテンの様子（2019年）

写真2-7　モーリッツプラッツの庭園の様子（2023年）

写真2-8　ノイケルンの庭園の様子（2023年）

モーリッツプラッツの方は、同じ場所で庭園を継続しているが、運営方法を大きく変える。市民の自由な集いの場としては変わらないが、自転車乗り入れ、飲食、営業・サービスを禁止した。コロナ禍後の 2023 年に現地を訪ねると、かつての面影はなく、自然主義といえば聞こえがいいが、庭園は手入れが行き届いておらず、一部のコアメンバーによって続けられている印象で、市民の憩いの場という様子は見られなくなっていた。

　他方、ノイケルンの方は、かつてのやり方が引き継がれ、カフェが設置されており、コンポスト等による菜園も続いている。また、広大な墓地の敷地で空間に余裕ができたこともあり、農地の開拓や子供の遊び場など、活動がさらに広げられている様子だった。林の奥で子供たちが遊ぶ声が聞こえるなど、こちらの方が集いの場としての機能しているように感じた。しかし、広大な敷地は、活動場所が分散したことで、かつての活気は感じられづらい印象ももった。

　二つのプリンツェシネン・ガルテンの関係はさらに調査する必要があるものの、このように活動内容が状況により変化していくのは、市民の自由な共同による活動においてはしばしば起こりうることかもしれない。そうした活動の安定性や持続性といったことが重要な課題となるだろうか。

【空港跡地の活用：ベルリン「テンペルホーフ空港」】

　ベルリンのテンペルホーフ空港は、東西分裂時代には西ベルリンの主要空港であったが、新空港建設などもあって 2008 年 10 月に閉鎖されることになった。386ha の広大な土地の活用方法が議論されたが、市民の声を受けて、手を加えずそのまま自由に利用できる公園として活用されることになった。見渡す限り広大な土地が広がり、ジョギングやサイクリングなど、市民が空間を自由に利用している。休日には、カートや自転車レンタル等もあり、賑わいを見せている。現在はカフェ開催やトイレの増設もなされ、市民の活動場所としてさ

写真 2-9　テンペルホーフ空港の滑走路跡

らに活用が進んでいる。

【産業遺産の活用：エッセン「ツォル・フェライン」】
　同様に、施設跡をそのまま活用する事例として、エッセンの世界遺産ツォル・フェラインがある。エッセン市はルール工業地帯の中心都市のひとつで、その産業を支える炭鉱としてツォル・フェラインは19世紀前半からの歴史を持つ。バウハウス様式で建設された2本足の立坑櫓がその象徴であるが、1986年に炭鉱が、1993年にコークス工場が操業停止後、州が産業遺産として保護することになった。現在の跡地は廃墟がそのまま残されており、無料で自由に見学できるとともに、美術館や博物館も併設され、エッセンの観光スポットとなっている。また、空き施設を芸術家にアトリエとして提供するなど、新たな拠点としての役割も果たしつつある。
　また、エッセンは産業遺産を柱にまちづくりを進めている。地下鉄ホームや劇場、歩道橋等も産業遺産風デザインとなっており、イケアの駐車場も工場の廃墟風である等、市内様々な箇所で産業遺産を感じさせるデザイン統一が進められている。

写真2-10　エッセンのツォル・フェライン（上2枚）及び劇場（下左）とイケア駐車場（下右）

4　ストック・シェアリングなまちづくりに向けて

　ドイツにおける「歩く」まちづくり事例をみると、自然に歩きたくなるような都市空間の仕掛けを施すことで、文化的な背景も基礎にしつつ、都市空間をストック・シェアリングするまちづくりを進めている点で共通している。それぞれの取り組みは、いわゆる理想的な「先進事例」として、そのまま熱田区で実現すべきものというわけではなく、各取り組みは課題も抱えている。が、いずれにも共通しているのは、都市空間における仕掛けを存続していくことの難しさである。まちづくりの方向性は、変化する時代状況や社会環境の中で、ダイナミックに変化するのであり、歩くインセンティブを与える都市空間の構成も、場合によっては一時的な効果に止まらざるを得ない。それがストックとして蓄積されるには、時間による淘汰を経なければならないからである。また、ケルンの都市空間やハノーファーの「赤い糸」の事例のように、既にストックとみなしてよい事例であっても、シェアされる過程でその効果を維持できる保証はなく、持続のためにさらなるまちづくりやシステムの構築が必要となる。熱田区におけるまちづくりを考えたとき、自然に歩きたくなるような、歩くインセンティブをもたらす都市空間の醸成は、「健寿カード」事業のような取り組みとの相乗効果や、少子高齢・人口減少過程での都市の魅力向上を考えたとき、やはり重要な目標となるだろう。事例の問題点も参考にしつつ、魅力ある都市のあり方を模索する必要がある。

　また、ドイツにおける集いの場の展開事例では、空間をシェアする取り組みがさまざまに行われていた。人々が自由に活動し集う空間は、ストック・シェアリングそのものであるとともに、そこで営まれる自助や共助が、また新たな空気を生み出し、文化にまで高まることで、新たなストックを蓄積する原動力にもなりうる。ドイツの事例は、空港跡地や産業遺産をそのまま活用するなど、コストをかけずに既存のストックをシェアする試みとして大いに参考になる。また、市民の自主的な活動から生まれたプリンツェシネン・ガルテンの事例は、とても魅力的な取り組みであるとともに、公的コストをかけずに集いの場が展開され、それを主導する人材や組織、地域の空き空間

を活用したストック・シェアリングの好例であった。が、市民主体の活動の脆さも露呈しており、その点も含めて今後の集いの場展開の参考になるだろう。ストック・シェアリングが持続的に展開されるためには、ストックが蓄積される要素も必要であり、そのために地域での交流が自然に生まれる集いの場を展開していくいことは、ストック・シェアリングなまちづくりとして重要な課題であり、一つの方向性ではないだろうか。

　熱田区は高齢者の健康づくりへのインセンティブを高める取り組みを先進的に進めてきた。それは、魅力的な都市空間や自由な集いの場の展開と融合することで、相乗作用を生み出し、自助・共助を推進するストック・シェアリングなまちづくりを進めることにつながる。その先に、高齢化に適応した社会システムが実現されることを期待したい。

注

1　ここまでの記述を含め、高齢化と社会保障の問題については、【1】を参照。
2　厚生労働省は自助・互助・共助・公助の4つを提示し、ここでの共助を互助に位置づけ、共助を社会保険、公助を税財源の保障とする概念の変更を行った。しかし、このような変更は混乱をもたらし、共助を社会保険とする解釈は一般にほとんど広がっていない。【2】はこの概念構成を批判し、社会保険を「自助のための相互扶助」と位置づけ、改めて自助・共助・公助の枠組みでの議論を展開している。
3　参加者数は第2回の平成28年度後期に大幅に減少し、事後アンケートの回答も無回答が多く他の年度と異なる傾向を示している。また、データはパネル化しているが、第2回の欠落によってフルデータが大幅に減少して分析が困難になることから、平成28年度データをここでは除外して考察した。また、令和元年度後期から徐々にコロナ禍に突入し、正常な事業実施が困難になっていったことから、ここでの検証としては平成29年前期から令和元年前期までの5回のデータを取り上げている。

参考文献

【1】村上寿来〈2020.3〉「高齢社会と社会保障」足立正樹編著『現代の社会保障』高菅出版
【2】小林甲一〈2022.3〉「社会保険の政策理念と経済社会倫理―自助・共助・公助のはざまで―」『名古屋学院大学論集（社会科学篇）』第58巻4号
【3】熱田区地域包括ケア推進会議〈2022.1〉「データでみる熱田区の高齢者の特徴―データ分析に基づく介護予防地域診断―」
【4】プリンツェシネン・ガルテンHPhttps://prinzessinnengarten.net/

第3章

コミュニティに寄り添う新しい商店街

濵 満久　上田幸則　三輪冠奈

1　商店街を取り巻く状況

（1）商店街の分類と多様性

　おそらく、商店街の存在を知らないという人はいないだろう。一般的に商店街とは、ある一定の空間に小売店などの商店が集積したエリアとしての姿がイメージされる。おそらく、このことに違和感がもたれることは少ない。それくらい商店街は、私たちにとって誰もが知る身近な存在だということができる。

　一方で、より具体的に商店街の姿をイメージすると、それは自宅から徒歩圏に位置し日常の食材や日用品の商店が並ぶ姿であったり、都市の中心部にあって高級ブランド店やおしゃれなレストランやカフェが並ぶ繁華街の姿であったりする。さらには、観光地にある歴史を感じさせる街並みなどの景観を備えた姿を思い浮かべることもあるだろう。実は、これらはいずれも商店街である。つまり商店街と一言でいっても、それには多様なタイプが存在しているのである[1]。

　もっとも代表的な商店街の分類は、中小企業庁の「商店街実態調査」において用いられる近隣型商店街・地域型商店街・広域型商店街・超広域型商店街といった、商圏範囲による4つの分類である（表3-1）。ただ、ここでは「近隣・地域型商店街」と「広域・超広域型商店街」というように、大まかな分類で理解しておけばよいだろう。

　近隣・地域型商店街は、商圏範囲はそれほど広いものではなく、商店街を利用する消費者もある程度特定のできる地域からの住民が多数を占めている。こうした商店街では、日常的に使用される食品などの最寄品を取り扱っ

表3-1 商店街タイプ

近隣型商店街	最寄品中心の商店街で地元主婦が日用品を徒歩又は自転車などにより買物を行う商店街
地域型商店街	最寄品及び買回り品が混在する商店街で、近隣型商店街よりもやや広い範囲であることから、徒歩、自転車、バス等で来街する商店街
広域型商店街	百貨店、量販店を含む大型店があり、最寄品より買回り品が多い商店街
超広域型商店街	百貨店、量販店を含む大型店があり、有名専門店、高級専門店を中心に構成され、遠距離から来街する商店街

資料:「令和3年度 商店街実態調査」より作成

た商店が中心に集まっている。したがって、消費者の商店街に来る目的も、日々の食材の購入など比較的に特定されたものである。

　それと対極にあるのが広域・超広域型商店街である。こちらは商圏範囲が極めて広く、商店街を利用する消費者も県外など非常に広範囲からの来街となっている。こうした商店街では、買回品や専門品など近隣・地域型商店街に比べて多様な商品を取扱う。さらに、物販としての小売業だけでなく飲食店や映画館といったサービス業の娯楽施設も集積し、商店街を構成する施設も多様なものとなる。したがって、消費者の来街目的も日常の商品購入といった特定されたものではなく、ウインドウ・ショッピングのように購入そのものを検討したり滞在を楽しんだりする、より多様なものとなる。

　以上のことは、商店街を商圏によって分類した場合での多様性であるが、これらはいずれも商業施設としての共通した視点がある。つまり、商店街とは消費者が買物する場であり、それはまずもって商業としての存在であることが前提となっている。たしかに広域・超広域型商店街では、飲食店などのサービス業といった物販とは異なる施設も集積しているが、広く商売の一端として捉えることもできるし、そのような捉え方であっても大きな支障はないだろう。つまり、商業施設としての位置づけであることから、ここで想定されている商業者と消費者のつながりは売手と買手としてのみの関係性である。その意味では、百貨店やショッピングセンターなどと小売業のタイプが異なるというだけで、純粋な商業施設という点では捉え方に違いはない。

　しかし、本章がテーマとするコミュニティに寄り添う商店街とは、そうし

た商売としてだけの範疇を超えた関係性が想定される。それは、商業者と消費者のつながりだけでなく、消費者相互のつながりも求められるようになる。このように考えると、商店街は単なる商業施設というだけではなく、人々が交流できるコミュニティ施設としての側面が期待されるようになる。すなわち、商店街はもはや単なる買物の場というだけでなく、これまでとは異なった軸としての多様性が求められるようになっているのである。

では、本来であれば買物の場としての商業施設であるはずの商店街が、コミュニティに寄り添うというのはどのようなことを意味するのだろうか。本章では、井澤（2023）が提唱する「ストック・シェアリング」との関連で考えていきたい。

以下では、商店街がコミュニティに寄り添うという、地域との関連で捉えられるようになった背景について、ややマクロな視点から確認する。次いで、地域に実在するという視点で商店街を捉えることで店舗の意義を確認する。そこからストック・シェアリングとの関連を見出し、いくつかの事例からコミュニティに寄り添う商店街について捉えていく。

（2）小売業の構造変化と商店街の現状

以下では、商店街を取り巻く状況の概略を確認しよう。端的にいえば、それはかなり厳しいものとなっている。もっとも典型的には、経済産業省による「商業統計」、「経済センサス」における小売商店数の推移から読み取ることができる（図3-1）。大きな特徴としては、1982年の172万店をピークに、その後は一貫して減少し続けていることである。2016年以降は100万店を割り込んでおり、大幅に減少しているのである[2]。

また、減少しているのは従業者規模が小さい小売商店数に、その傾向が色濃くあらわれている。つまり、現在の小売商店数の大幅な減少は中小零細の小売業において、特に起こっている現象であるということができる。

こうした中小小売業は店舗規模が小さいことから、消費者の日常生活に必要な多種多様な商品を単独で取り扱うことは難しい。もちろん、店舗規模の大きいスーパーなどであっても、単独で消費者のニーズすべてに対応することは難しい。しかし、中小小売業は大型店と比較したとき、その規模の違い

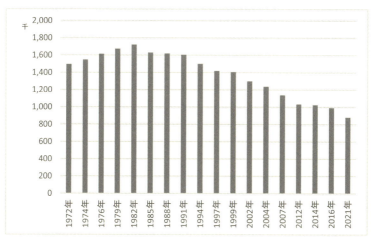

図 3-1　小売商店数の推移
注：2012年、2016年、2021年は「経済センサス」による数値
資料：「商業統計」、「経済センサス」各年版より作成

による制約がはるかに大きくなるであろうことは想像に難くない。

　したがって、多くの中小小売業は消費者の広いニーズに対応するため、他の小売業と近接した集積の形で店舗を立地する。近接した店舗は、意識するしないにかかわらず取り扱う商品を相互に補完することで、単独では成し得ないほどの広い消費者ニーズへの対応が可能となるのである。

　つまり、中小小売業はショッピングセンターや商業ビルへのテナントのような出店形態でない限り、多くが商店街のなかに立地している。このように考えると、中小小売業が厳しい減少傾向に見舞われているということは、現象として商店街の衰退という形で立ち現れることになる。

　こうした状況については、中小企業庁による「商店街実態調査」から確認できる。商店街の状況を端的にあらわすものとして景況感がある（図3-2）。まずわかることは、「繁栄している、繁栄の兆しがある」と現状をポジティブに捉えている商店街の少なさである。次に衰退の状況についてみると、「衰退の恐れがある、衰退している」とネガティブに捉えている商店街が7割近くも存在しているのである。これらのことから商店街が景況について苦しいと感じていることがわかるだろう。

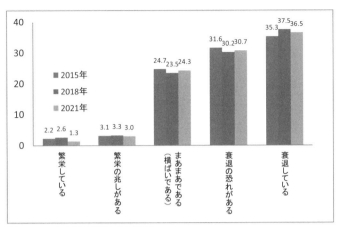

図3-2　商店街の景況感の推移
資料：「令和3年度　商店街実態調査」より作成

　しかし、その状況は一様に同じではなく、タイプごとでみると違いがより明確にあらわれる（図3-3）。明らかに衰退の傾向にあるのは近隣・地域型商店街である。以上ことから商店街全般が苦しい状況にあるが、特に近隣・地域型商店街がそれに直面しているということがわかる。
　先に商店街は、中小小売業が店舗規模の制約から広い消費者ニーズに対応するため、他の店舗と近接する形で集積を形成することを述べた。ただし、そのことで自動的に集積として魅力的な商店街が形成されるかというと、それほど簡単な話ではない。そのことは、商店街の景況感からも明らかだろう。
　では、商店街は実際にどのようなことを問題として感じているのだろうか。それは、郊外の大型店のような外部の競合ではなく、高齢化による後継者難や店舗の老朽化といった商店街内部のことに集中していることがわかる（表3-2）。このことについて、商店街の苦境は郊外のショッピングセンターのような「外の敵」によるものではなく、むしろ商店街内の設備老朽化や商店街活動への低調な協働意識といった「内の敵」、さらにはそれらを支えるはずの後継者が不足するといった「内々の敵」によってもたらされているとの指摘もある（石原・石井 1992、石井 1996）。まさに中小小売業を多く抱える

商店街は、大きな構造変化の渦中にあるということがわかる。

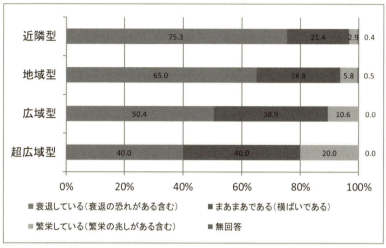

図3-3　タイプ別の景況感
資料:「令和3年度　商店街実態調査」より作成

表3-2　商店街の抱える問題

	1位	2位	3位
2009	経営者の高齢化による後継者難	魅力ある店舗が少ない	核となる店舗がない
2012	経営者の高齢化による後継者難	集客力が高い・話題性のある店舗・業種が少ない又はない	店舗等の老朽化
2015	経営者の高齢化による後継者難	集客力が高い・話題性のある店舗・業種が少ない又はない	店舗等の老朽化
2018	経営者の高齢化による後継者難	店舗の老朽化	集客力が高い・話題性のある店舗・業種が少ない又はない
2021	経営者の高齢化による後継者難	店舗の老朽化	集客力が高い・話題性のある店舗・業種が少ない又はない

資料:「令和3年度　商店街実態調査」より作成

（3）商店街における社会的有効性と地域視点

【商店街の社会的有効性への注目】

では、商店街における地域視点が注目されるようになったのはいつごろであったか。国の政策として、この分野に地域の視点が初めて導入されたのは、1970年から始まる商業近代化地域計画事業とされる（石原2011、渡辺2014）。ただ、これは駅前開発でのアーケードやカラー舗装などハード面に偏ったものであった。つまり、この段階では商店街を対象としているものの、あくまでも経済的効率性を追求したものであった。

こうしたなか、商店街にはコミュニティの担い手としての側面があるといった考え方が、1983年に発表された「80年代の流通産業ビジョン」で打ち出された。また、これに基づいてコミュニティ・マート構想が打ち出され、商店街の地域活動を支援する必要性が強調された。この背景には商店数の減少という状況があったが、商店街は単なる商業施設というだけなく、地域社会との調和を目指して社会的有効性を高める存在であるべきことが明示されたのである。

続いて1989年の「90年代の流通ビジョン」では、ハイ・マート2000構想が打ち出された。これは消費者ニーズの多様化に対応して、物販だけではない多様な機能を取込んだ新しい商店街の方向性が示された。また多様な機能とは、飲食店などのサービス施設だけでなく、公民館などのコミュニティ施設も含めて広くイメージされていた。つまり、商店街などの集積は地域のコミュニティ施設としての役割を持つことが明示されたのであった。

さらに1995年には、「21世紀に向けた流通ビジョン」がそれまでのビジョンを集大成するものとして出された。ここでは流通・商業を経済的効率性という視点だけでなく、消費者の生活と接した社会的な存在であるという2つの性質が示され、それらが両立するものとして強調される。従来は、どちらかといえば対立関係にあるものとして捉えられていたことから、両者が併存することの明示は地域において商店街が純粋な買物施設だけではない、それ以上の役割を持った存在として位置づけられたということができる。

【商店街における地域視点の必要性】
　そもそも、商業施設としての商店街を地域との関連で捉えることが、なぜ必要なのだろうか。それは端的にいえば、商店街が立地する地域から独立しているわけではないからである。地域とは単なる場所というだけでなく、長い時間をかけて蓄積された政治・経済・文化など多様な様相の重なりであり、商店街もその上に存在している。つまり、商店街と地域は相互に影響を及ぼし合う関係にあるということである。
　ただし、その相互関係には正と負の両面がある。商店街の賑わいが地域へのプラスの作用を好循環的にもたらすこともあるが、反対に商店街がシャッター街化することで景観が悪化するだけでなく、放置された建物の老朽化による防災上の問題や治安悪化など、さまざまなマイナス効果をもたらしてしまう。つまり、相互関係があるからこそ商店街だけではない、地域への波及をもたらすのである。
　先述のように地域は長い時間をかけて形成されているからこそ、いったん衰退し活力が失われると、簡単に元の状態に戻すことが難しくなる。すなわち、地域には非可逆的な性質があるのである。
　例えば、街なかに突然奇抜な建物ができたり取り壊されたりすれば、街並みや景観が一変することは想像に難くない。もちろん、街並みはこれまでまったく変化しなかったというのではないが、あくまでも長い時間をかけた積み重ねによるものである。こうした性質は街並みのようなハード面だけでなく、地域コミュニティにおける人々の関係性のようなソフト面にもいえることである。
　以上のことから、商店街と地域はそれぞれが独立しているのではなく、相互に関連していることがわかる。また、地域は非可逆的な性質をもつからこそ、商店街は商業施設としての経済的効率性の視点だけでなく、地域との相互関係に対する社会的有効性ともいえる視点をもつ必要があるといえる。

2 地域における商店街とストック・シェアリング

(1) 地域における店舗型小売業の意味

前節では、マクロな視点から商店街と地域の関係性について確認し、地域視点の必要性について述べてきた。本節では、このことをふまえて地域という実空間に存在している実体の側面から商店街を捉えていきたい。

商店街を実体として捉えると、それは質料をもつ物的な店舗の集合という姿が浮かび上がる。たしかに、小売業を思い浮かべるとき、私たちは店舗を構えていることを当然のこととして理解している。

しかし、商業という点だけで考えると、必ずしも店舗という形態が必要条件というわけではない。商業とは、仕入れたものを販売するという再販売購入の活動に本質があるとされ（名古屋学院大学商学部編 2019）、すなわち店舗そのものが必須とされているわけではない（石原 2006）。

そもそも、日本の歴史で中世や近世でいえば、店舗型小売業は中央都市の一部に常設型の見世棚として存在するのみで、決して一般的な存在ではなかったのである。むしろ、この時代の商業は定期市や行商といった店舗をもたない形が典型であった[3]。したがって、歴史を振り返れば、店舗を有さない商業はそれほど珍しい存在ではなかったといえる。

ここでは、さしあたり小売業にとって店舗が絶対的な条件でなかったことが確認できれば十分だろう。では、店舗が商業の絶対的な条件ではないとして、あらためて店舗にはどのような意味があるのか。店舗はそれが立地した瞬間、建造物として一つの存在となり自店の集客をする。同時に、周辺施設とともに街並みや景観を形成し、全体としての吸引で集客もされる。つまり、店舗は真空に独立しているのではなく、立地する周辺の環境から規定されながら街並みを形づくる一要素となる（石原 2006）。

このとき、環境変化によりその地域の商業的な魅力が低下してしまった場合、行商のような無店舗商業者であれば、変化に合わせてより魅力的な地域へ移動することができる。しかし、店舗を構える商業者は建造物としてその場に根づいているため、行商のような機敏な対応は難しい。もちろん、スクラップ＆ビルドといわれるように、環境変化に対して古い店舗を閉じて新

たな場所に出店することは可能である。しかし、それは無店舗商業者が移動することとは比較にならないほど、大きな労力や負担を必要とする。つまり、店舗を構えることは、周辺環境に縛られざるを得ないというリスクを抱えることを意味するのである。

　しかし、店舗を構えることはリスクしかないのかというとそうではない。それは店舗として一定の場所に定住しているからこそ、消費者との間に反復的な接触の機会を可能とする。この継続的な機会が店舗という実在によって担保されているからこそ、売手と買手の間に信頼関係が構築される。さらに、それは単なる取引関係だけでなく、いわゆる日常の会話を通したコミュニティの一員としての、より濃密な関係が構築され得るのである。

　一方で、店舗を有さない移動商業者は次にいつ再会できるか定かではないため、基本的にその時だけで取引を完結させる関係となる。つまり、買手が商品の品質や価格などさまざまな要素をその時だけで判断しなければならず、仮に何らかの不満が生じたとしてもそれを改善するための売手への接触が難しい。すなわち「買手ご用心」の原則が厳しく適用されるのである。

　このように考えると、商店街が地域への視点をもつことが求められ、地域に寄り添うことが期待されるのは、店舗型であるからこそということができる。つまり、店舗という実在がその地域での定住をもたらし、そのことが買手との反復的な接触機会の提供を可能にして信頼関係を構築する。さらには、単なる取引関係を超えた地域コミュニティとしてのつながりをももたらし得るのである。

（2）商店街とストック・シェアリング

　具体的な地域コミュニティという場（空間）に存在する店舗は、単に商売の施設というだけでなく、常設しているからこそある一定の歴史（時間）が蓄積された街並みとしての地域独特の雰囲気が形成されている。また、それは自動販売機のような無人の施設ではなく、地域住民としての商業者と顧客（人間）の関係を構築している。つまり、商店街はストック・シェアリングと深い関連があることを意味する。

　ストック・シェアリングとは「人々が活動、交流し、安寧を得、創造する

場としてのコミュニティにおいて、現実空間であれ、情報空間であれ、蓄積（ストック）された共有資産・交換資産とその管理・運営をコモンズと呼び、そこに公共資産を含めて、共益性・公益性の意味合いをもってシェアリングすること」（井澤 2023、p.16）とされる。本章に即していえば、地域コミュニティにおいてストックされた商店街での街並みや人々の関係、地域の文化をシェアリング（分け与える・持ち寄る）することで、より高い価値の実現（増価蓄積）を目指すことを意味する（井澤 2023、pp.3-5）。

ただし、ストックがあれば自動的に増価蓄積されるわけではなく、通常はむしろ減価償却されてしまう。だからこそ、それには新しい主体による新しい結びつきによって新しい価値を創出するためのシェアリングとしてのより積極的な行動が重要にある。

では、商店街がそうした増価蓄積としてのストック・シェアリングの主体としてどのように可能性があるといえるのか。ここでは次の2つの視点から捉えることができる。一つは商店街内の多くが中小規模の小売業であるということ、もう一つは商店街商業者の経営志向である。

前者の中小規模という点については、それゆえにこそ地域の需要に対してより高度に適応できることである。消費者の嗜好は地域ごとで異なるが、例えば、大手小売業がそれにきめ細かく対応することは難しい。というのは、大手小売業はチェーン展開しており、その分の大量販売が必要となるため、多数の平均的な消費者を求めることになるからである。大手小売業では品揃えの標準化やセルフ販売方式など効率的な経営が実現されているが、他方で地域ごとのきめ細やかな適応という点ではトレードオフとなる。その点、中小小売商の多くは単独店であり、その地域のみの市場を対象とすることからそこに特化した適応をすることができる。つまり、地域コミュニティとの関わりもその分だけ深まりやすく、そこでの長年の経験を通して熟知した地域へのよりきめ細かい対応が可能になるのである。

そのことは、消費者との深いなじみ関係をもたらすことができる。地域に根ざした長年の経験は顧客との間に個別的な関係を醸成する。セルフサービスを基本とした大手小売業とは異なり、消費者との接客を通した濃密なコミュニケーションは売手—買手以上の関係をもたらしうる。このように、ま

さに規模が中小だからこそその地域に特化して消費者との関係や商品へのこだわりを深掘りできる点にあるということができる。

後者の商店街商業者の経営志向の特徴として、ビジネスとしての事業拡大というよりも、出店地域の発展を志向しやすい。というのは、前述したように地域に根ざした小売業であるからこそ、地域コミュニティとの関わりが重要になるからである。もちろん、ビジネスとしての志向がまったく必要ないという意味ではないが、大手小売業と比較すると基盤としての地域の重要性は、中小小売業にとって大きくなる。

例えば、チェーン展開している大手小売業であれば、仮にその場所で失敗したとしてもスクラップ＆ビルドによって対応することができる。ところが中小小売業の多くは単独出店であるため、その場所で失敗したからといって簡単に変えることができない。つまり、相対的にみれば大手小売業はその場所に縛られないため、地域の状況よりも自身の経営に集中することができるのである。

それに比べて、商店街商業者は圧倒的に地域の状況に影響を受けることから、出店地域周辺への視線が必要になる。こうした地域との関わりを前提として、自身の経営の充実化と地域の発展を重ねて活動する商人の経営志向を「街商人精神」（石原2006、pp.79-80）という。商店街商業者のすべてが街商人精神をもっているというわけではないが、大手小売チェーン店と比較した場合の商店街商業者はこうした志向をもちやすいということができる。

3　コミュニティに寄り添う商店街の事例

コミュニティに寄り添う商店街は、自己の商業的利益を得るだけでなく公共利益の実現、すなわちストック・シェアリングが求められる。もちろん、商店街にとって義務ではないが、現在の厳しい状況では地域に支持されることが、商店街の存続にも必要であると考えられる。つまり、地域を基盤とする商店街においてストック・シェアリングは、商業活動を支える土台でもあると捉えることができる。両者は相反するものではなく、前者を充実させることで結果的に後者の向上にもつながるのである。

ただ、商店街が実践するストック・シェアリングといっても、地域コミュニティが抱える課題は子育て、高齢化、防災・防犯、景観保持、文化継承など多様にあるだろう。ここでは、それらのうちの一部の事例を紹介しよう。

（1）健軍商店街[4]

　熊本市東区にある健軍商店街は2016年の熊本地震により、アーケードや建物の損壊など甚大な被害を受けたが、いち早く復興委員会を立ち上げ復旧に取組んだことで知られる。

　この商店街において特に注目されるのは「医商連携」を先駆けて取り組んだ点である。医療機関が近接していることから、2009年に地元医師会・看護師会や社会福祉協議会などと「医商連携型まちづくり委員会」を結成し、その拠点施設として「街なかよって館ね」を開設した。商店街では、こうした取組みに先立って、1999年には地元タクシー会社と連携して、「タクシー宅配サービス」、「おでかけ支援サービス」の運行拠点を提供してきた。現在、「街なかよって館ね」がその拠点として活用されている。

　この施設は、街なかの図書館としても活用されており、健康や医療に関する図書の貸出しや、医師会所属の看護師による血圧測定などで健康管理の啓発をしている。2013年には鹿屋体育大学の教員が提唱した「貯筋運動」と連動した取組みを始め、日常的に体を動かすことで健康を促進することを目

写真 3-1 「街なかよって館ね」と「貯筋通帳」
資料：筆者撮影

指している。実際に「貯筋通帳」を発行して、トレーニングでポイントをためると商店街内で利用できるクーポン券と交換できるなどのサービスが提供されている。

　なお、同施設の利用者数は2019年時点で年間12,000人を超えるほどまでになっており地域に定着していることがわかる。特に利用されているのは、健康相談や習い事の教室だけではなく、地元タクシーの宅配サービスとおでかけ支援の乗車拠点として利用されている。

　こうした取組みは、ポイントをクーポン券に引き換えるなど商店街での買い物につなげるといった商業活動とも連動させながら、近隣に暮らす高齢者の生活を支えることにもなる。まさに、高齢化という社会全体が抱える課題に商店街がストック・シェアリングの実践として、商業活動と地域コミュニティの活動が連動する増価蓄積を実現しているということができる。

（2）発寒北商店街[5]

　札幌市西区にある発寒北商店街（ハツキタ商店街）は「40年後さっぽろで一番住みやすいまちへ」を合言葉として、地域に必要とされる商店街になるため、地域コミュニティとの関係を構築しようとする。

　それをもっとも象徴するものが2012年に開設された「ハツキタくらしの安心窓口」である。この窓口では、工務店や不動産など地元の事業者への受付や相談の窓口を集約したものであり、それを商店街が担うというものである。

　通常、こうした事業者は地域住民と接する機会があまり多くない。また地域住民も家電修理や水回り、身近な法律相談などをどこでお願いすればよいのかわからない。多くはインターネット検索で業者を探しているのではないだろうか。しかし、こうした業者が信頼できるかどうかを消費者が知ることは難しいうえに、悪徳業者によって不当な高額請求がされてしまうなどの問題も起こっている[6]。

　それを日頃から関係を築いている商店街が総合窓口となることで、地域住民も安心して信頼できる事業者と接することができるようになる。実際、約1,600万円（2014年時点）の売上を計上するほど地元で活用されている（石

写真 3-2 「にこぴあ」
資料：筆者撮影

原・渡辺編 2018、p.143)。これは街商人としての商店街が地域コミュニティに根を張っている存在であるからこそ可能になっている。

　以上のことは、地域の消費者側だけにメリットがあるのではなく、実は事業者側も住民と接することができるきっかけとなっている。ここから、事業者も祭りなど地域イベントの参加につながるなど一層の関係構築につながっている。まさに、商店街が結節点となって地域住民と事業者も含めた新たな関係が形成され、価値が創出されているストック・シェアリングの実践ということができる。

　また 2013 年にはコミュニティ施設の「にこぴあ」が開設され、組合運営のデイサービスやレンタルスペース、塾、コミュニティカフェに活用されており、くらしの安心窓口の事務局としても活用されている。にこぴあにはさまざまなコミュニティ機能が集約されていることから、そこでは多様な世代が集まる場となり、世代を超えた交流がもたらされるなど、地域住民にとって交流が創出される場となっている。

　こうしたストック・シェアリングによる増価蓄積ができているのは、一朝一夕ではない日頃からの地域貢献が基盤となっている。ハツキタ商店街は地元中学校の職業体験の受入れや廃油受入れステーションを設置するなど多くの公益的な活動を行っている。こうした積極的な地域への貢献が商店街への支持を高めることになり、地域コミュニティでの良好な関係構築につながっているといえる。

（3）モトスミ・ブレーメン通り商店街[7]

　川崎市中原区に立地する商店街は、東急東横線の元住吉駅西口の駅前に位置しており、高層マンション開発の進む武蔵小杉駅の隣駅といった恵まれた立地でもある。しかし、隣駅が発展する一方で古くからの住民が多い商店街周辺の地域では高齢者の人口も多く、2000 年代以降から孤立防止やコミュ

ニティ活性化への要望が高まっていた。そういった背景から、地域コミュニティの安心・安全への対応としての取組みが行われていく。

　高齢者への支援サービスとして「健康ポイントブレカステーション」が実施されている。これは商店街の組合事務所１Ｆをコミュニティ・センターとし、そこに訪れた 75 歳以上の高齢者に対してセンター内の端末機に会員のIC カード（IC ブレカ）をタッチすると１ポイントが付与されるというものである。この１ポイントが１円として商店街内の加盟店で買物時に利用できる。インタビュー時の段階では、１日に平均 100 名程度の高齢者が利用しており、順調に利用者を伸ばしている。こうした取組みは、外出や散歩の動機づけ、さらにそのことによる利用者同士の交流が促進されている。また、商店街側のコストとしても１日に 100 人が利用しているとしても 100 ポイントで実質的に 100 円程度の負担ということで、費用対効果の大きい取組みということができる。

　商店街では高齢者への対応だけでなく、子どもも楽しめる取組みを行っている。IC ブレカはカード型だけでなくそれと連動させた IC 付きストラップを家族で利用することができる。実際に買物を通じて、子どもが店主との会話やブレカで利用する店内のタブレット端末でくじ引きなどのゲームを楽しむことができるなど、商店街を基点として交流に加われるような仕掛けも含まれている。

　このように、商店街という場において、地域コミュニティにおける多様な主体の結節点として交流がもたらされている。さらには、その仕掛けをポイントシステムなど商業活動に連動させることで商業的利益だけでなく、多様

写真 3-3　IC ブレカとブレカステーション
資料：筆者撮影

な主体の新たな交流による公益的な価値を創出している。まさに、ストック・シェアリングによる増価蓄積ということができる。

4　まとめ：商店街におけるストック・シェアリング

　以上、本章では商店街をストック・シェアリングの視点から捉え直した。現在の商店街は厳しい環境変化に見舞われており、従来のような経済的効率性だけではない視点が求められるようになっている。それは、自店の利益のみを追求するというものではなく、地域コミュニティにおいて新たなつながりと交流を生み出すことで増価蓄積を実現することである。

　その意味で、街商人精神を有した商店街商業者は、地域コミュニティにおけるストック・シェアリングの担い手とみることができる。地域で営業しているということは、商業者が意図するしないにかかわらず、その場所の見守りにつながる。そうして商店街は地域住民が安心して歩ける場所を形成している。また、そうした商業者はその地域で働き暮らしているからこそ、PTAなど地域活動を担いやすく、住民の中心的な存在としての役割も果たすことができる。さらに、店舗として地域に根ざした存在であるため蓄積される地域の文化継承にも一役買うことができる。つまり、意識するしないにかかわらず街商人としての商店街は、ストック・シェアリングの主体として地域住民の暮らしとともにあり交流の場をつくり、地域の伝統や文化を担っているのである。

　商業的な利益が必要なのはもちろんであるが、今後、地域に寄り添う商店街に求められるのは、地域コミュニティに蓄積されたストックを多様な主体を巻き込みながら新たな交流を生み出すことでシェアリングして新たな価値を増価蓄積してくことである。この増価蓄積されたストックで、さらに新たなシェアリングを生み出していくことが、地域の持続可能な発展をもたらすことにつながっていく。商店街はその主体であり、そのための場としての役割が求められているといえよう。

注

1 ただし、戦前の昭和初期まで商店街として位置づけられていたのは、都市中心部の繁華街であり、いわゆる「盛り場」とされるところであった。一方で、日常的な食品などを中心とした商店の集まりは市場（いちば）と呼ばれ、商店街とは区別されていた（新2012）。
2 商業統計調査は2012年以降に調査方法や対象が変更されたため、直接的な比較ができるデータは2007年までであるが、商店数の減少傾向に変化はないと考えられる。
3 これは日本だけの特殊性ではなく、例えばシルクロードのような交易路をわたるキャラバンも店舗をもたない商業者であった。
4 ここでの内容は、断りのない限り健軍商店街振興組合理事長の釟羽逸郎氏へのインタビュー調査（2020年3月6日）によっている。また役職は調査当時のものである。
5 ここでの内容は、断りのない限り発寒北商店街振興組合副理事長の大友亨氏へのインタビュー調査（2019年8月19日）によっている。また役職は調査当時のものである。
6 消費者庁のサイトでもこうした事例についての注意喚起が行われている。
7 ここでの内容は、断りのない限りモトスミ・ブレーメン通り商店街振興組合理事長の伊藤博氏と事務局長の平本保氏へのインタビュー調査（2020年2月27日）によっている。また役職は調査当時のものである。

参考文献

【1】新雅史（2012）『商店街はなぜ滅びるのか』光文社新書
【2】井澤知旦（2023）「ストック・シェアリング試論—蓄積された地域資源の共有による新たな価値を生み出す地域コミュニティ形成—」『名古屋学院大学論集　社会科学篇』第60巻第1・2号，pp.1-19
【3】石井淳蔵（1996）『商人家族と市場社会—もうひとつの消費社会論』有斐閣
【4】石原武政（2006）『小売業の外部性とまちづくり』有斐閣
【5】石原武政（2011）「地域商業政策の系譜」『商学論究』第58巻第2号，pp.55-89
【6】石原武政・石井淳蔵（1992）『街づくりのマーケティング』日本経済新聞出版
【7】石原武政・渡辺達朗編（2018）『小売業起点のまちづくり』碩学舎
【8】名古屋学院大学商学部編（2019）『商業概論』中央経済社
【9】渡辺達朗（2014）『商業まちづくり政策』有斐閣

第4章
文化的コモンズと観光まちづくり
物語をシェアするものづくり

古池嘉和

1 地域資源の価値をシェアする

(1) 生成する価値

　地域には、有形／無形の固有の諸資源が蓄積している。その資源のストックのあり方は、その地域の自然や気候風土に影響されるとともに、そこでの過去の暮らしや生業が大きく影響していることは言うまでもない。

　同時に人々は、その土地に蓄積している諸資源を手がかりとして、自らの地域への帰属を意識することとなる。つまり人々のアイデンティティの形成にとって、地域資源は欠かせない要素となっているのである。

　例えば、1960年代後半から全国的に広がっていった「町並み保存運動」では、地域にストックされてきた伝統的な家屋などの建造物や、それらが連なる伝統的な町並みを手がかりとして地域への愛着を深め、その精神的共有感が、再び保存活動のエネルギーへと転化していったのである。

　こうした空間で共有される「価値」は、一義的には、そこで暮らす人々の間で共有されるべきものであるが、それが地域の外部の人々とも共有されていく中で、観光空間としての役割をも果たすこととなる。こうして観光化が進み、急速に観光市場が形成されると、諸資源の管理や活用の主体が地域外の商業者へと移っていくことも考えられるが、その際には、多様な利害関係者の間において、過去の「物語[1]」の価値を継続的にシェアしていくことが必要となる。

　一方、多くの来訪者にとって、観光空間における価値や資源は、「消費」されるものとして存在し、来訪者が興味を失えば、必然的に観光地としての価値は低下していく。そのため、急速な観光化によって短期的な利益を得る

観光の姿と、ホスト（地域の人々）とゲスト（来訪者）が持続的に価値をシェアしていく観光とは異なった視点が必要となり、後者では、その場における文化的コモンズ[2]を持続的に生成する役割がゲスト側にも期待される。

　本章では、こうした地域の文化資源のストックを手がかりとした価値共有のあり方を考えてみたい。その際、事例としては、名古屋学院大学において実施した「私立大学研究ブランディング事業[3]」が対象とする地元（愛知・名古屋）の生業であるものづくりと、それらと深く関連する場を取り上げ、そこにおいて蓄積された物語を参照しながら考えてみたい。

（2）物語のシェアとは何か

【地域で紡ぎ、語り継がれる記憶】

　地域には、固有の歴史に基づいた多種多様な文化資源が蓄積されている。その中には、文化財保護法や自治体の条例に基づいて指定（選定）された文化財もあれば、たとえ未指定であっても地域にとって貴重な文化財は数多くある。しかしながら、特に、未指定の文化財については、過疎化や少子高齢化など社会環境が変化する中で、保全していくことが困難なものもある。このように、文化財に指定（選定）されたものは保全されたとしても、未指定なものを失ってしまえば、地域で紡いできた記憶を辿る手がかりも喪失しかねない。

　言うまでもなく文化財保護法や自治体の条例に基づいて指定（選定）された文化財は、法（条例）システムによって選別され、制度によって保護されるものである。その一方で、未指定の文化財は、こうした制度による保護ではなく、暮らしの場である「生活世界[4]」における人々の持続的な活動や価値の共有感に支えられ、時代を超えてつながっていく「文化財」なのである。

　次の図を見てもらいたい。白い部分（壺）を指定（選定）された文化財としよう。しかし、よく見ると、地（黒）の部分に横顔が向き合っていることが

図1　ルビンの壺

分かる。それはまさに、未指定の文化財を含めた地域の貌とも言える。一見するとよくは見えないが、実は、地域を物語る文化資源が埋め込まれているのである。

　こうした考え方は、法制度においても表現されており、2019年4月1日施行の改正文化財保護法では、未指定を含めた文化財をまちづくりに活かす視点が強調されている。そして、その際に鍵となるのが、点として個々に存在する資源を線や面の中で位置づけ、「社会総がかり」で活用を考えていくことである。

　ここで社会総がかりとは、自らが依って立つ地域の歴史的な文脈において、地域が一体となって文化資源を再評価し、活用のストーリーを考えていくことであり、それは資源ストックを物語としてシェアしていくことに他ならないのである。

　また、ここでの物語（ストーリー）は、時間的な連続性を視野に入れる必要があることは言うまでもない。ある時点での地域の暮らしや生業は、先行する時の流れの中で蓄積してきたものである。来し方に想いを馳せることは、その場で蓄積されてきた固有性を認識することであり、その場の価値を共有することでもある。その際に、手がかりとなるのが文化財であり、それらは町並みのように目に見える形もあれば、暮らしや自治の様式など目には見えない価値が地域で共有されていることもある。

【物語を紡ぐことが難しい現代】

　こうした物語を通じた価値は、時代を超えて共有していくことが必要であり、いつの時代にも新たな時代に向けて物語を紡いでいくことが求められる。しかし、今日では、こうした「物語の紡ぎ」が難しくなっている。

　その理由は幾つか考えられるが、第一に少子高齢化などの環境変化によって、文化の担い手や物語の紡ぎ手が不足していくことが挙げられる。しかし、より本質的には、文化が内包する非合理性に対して、合理的なシステム思考に慣らされた現代人が、それらの価値を共有できなくなっていることがある。

　すなわち、現代社会においては、人々は「システムに従属する無数の個

人」として切り分けられ、「共に生きる世界」を形成しづらくなっている。例えば、「地域の伝統的な行事に対して、仕事をやり繰りしてでも参加できるのか」というような素朴な問いかけは、システムの世界（ビジネス）よりも共的な暮らし（生活世界）を優先できるか否か、というせめぎ合う姿なのである。

こうして何事にもシステムが優先される現代社会では、徐々に生活世界が衰弱していくことになる。そのため「かつてあった共同体的なものが今もある」というのが単なる幻想にすぎないこともあり、その結果、個々人の場に対するアイデンティティは一層希薄化し、場を共にする共同体的な結びつきも弱体化していくことになる。こうした中で、来し方と接続可能な行く末の物語を紡いでいくためには、共同体的なプラットフォームを構築していくことが喫緊の課題になってくるのである。

（3）文化的コモンズと観光まちづくり
【文化を生成するコモンズ】
このような「共同体的プラットフォーム」とは、生活世界の中で共有され蓄積されてきた文化、すなわち過去の暮らしや生業を通じてストックされたものを礎として次の世代に創造的に継承していく上で土台になるものである。そのため、単に過去からの資源を継承するだけではなく、今を生きる人々が、共有されるべき文化を「生成していく視点」が重要であり、常に文化を創造し、それらを生きた形で保全していくことが求められるのである。

その際の生成主体は、基本的には、暮らしや生業の共同体的な主体であり、日常的に同じ空間を共有するメンバーシップが相互に強く結び付いていることが必要である。過去から受け継いできた文化資源の持続的な管理や保全は文化的コモンズと呼べるものであるが、それは新たな文化を生成する礎になり得る。だが、今日のような流動性が高い時代には、資源の管理・運営の土台となる共同体的メンバーシップは、地域内部に固定される排他的なものとしてではなく、多様で流動的なものを想定していく必要がある。そのため、地域内部の人々に加え、地域外の人々との価値共有も視野に入れていくことが求められる。言い換えれば、受け入れる地域側が、いかに観光まちづ

くりを進めていくかという問いかけになってくる。

【財としてのコモンズ】
　ここで、文化的なコモンズを財として見た場合の特徴と、観光との関係を整理しておこう。一般的に、コモンズ（共有）財とは、ある特定の人々の間で共有されるものとして理解され、基本的に、その構成員の間で管理、利用されるものである。その特徴は、私的な所有と異なり、資源の利用者を排除する「排除可能性」は低いが、大気や一般道路などの純粋な公共財とは異なり、複数の人数で利用することが難しく「競合性」は高くなると言える。
　例えば、観光資源が集積する観光空間をコモンズに見立てれば、そこへの来訪はテーマパークのような来場者の制限がないため、仮に、空間の環境を保全する適正な容量を超えていると思われるほど混雑している場合でも、来訪客の流入は「排除」されることはない。しかし、あまりにも多くの人が観光地を訪れ競合性が高まると、その地域の交通が麻痺してサービスなど様々な便益が低下するだけでなく、観光地の住民の日常生活に支障がでる場合もある。さらに、観光資源に多大な負荷がかかってしまい、長期的に見れば共有する資源の変容を招く危険性もある。これは、文化の真正性（オーセンティシティ）とも関連して議論されている問題であり、文化的な価値の損傷により—特に、目に見えないものの場合には—、文化そのものの本質的な価値が変容してしまう問題も起きかねない。こうした文化の本質的な価値の変容は、適正に管理されない観光客の過度なまなざしを浴びることによってもたらされることもある。
　そのため、地域の文化資源の価値を来訪者とともにシェアしていく視点は、より一層重要になる。文化資源が集積する場を文化的な共有空間（コモンズ）として見た場合、適切な管理や持続的な資源の保護の視点がないと、それらの価値が損傷し、仮に短期的な金銭的利益を得たとしても、結果として魅力的な地域を持続させることは難しくなってしまうのだ。
　こうしてみると観光客は、ストックされた文化資源を受動的に消費する主体として登場するだけではなく、地域の人々とともに新たな物語を生成するパートナーとしての立ち位置が重要であると言える。

(4) 生きた産業と観光の接点
【リビングヘリテージ】

　さいごに、文化的コモンズと観光の関係を、生業に関連付けて考えてみたい。地域と密着した経済活動も時代とともに変化していくが、生産に伴った様々なものが地域において文化資源として蓄積していくこととなる。

　こうした場を訪れる観光は、一般的に産業観光とも呼ばれるが、そこでは様々なタイプがある。大別すると、既に産業としては命脈を絶ち、その痕跡を訪ねるものと、現在でも生きた生産の場を訪れる場合がある。前者は例えば、世界遺産に登録されている「富岡製糸場（と絹産業遺産群）」に代表されるように、産業遺産として高い歴史的価値を持つ遺産を訪ねる「ヘリテージツーリズム」である。一方、同じく遺産でも、今なお活用されている建物や伝統的な技法を生かした生業などは「リビングヘリテージ（生きた遺産）」とも呼ばれ、この場合は、ものづくりは産業としても現役である。もちろん、現役の製造現場を訪れる観光には、近代的な産業の製造現場ツアーなど多様な類型が想定され得る[5]が、ここでのテーマではないため詳述は行わない。

　視点を変えてみると、製造される製品の特性によっても、産業観光の形態は様々である。例えば、身近な消費財を生産しているような場では、消費者と直に対話することで得られる情報に大きな価値を持つことがある。流通の川上に位置する生産者が、川下の消費者と交流していくことに対する重要性が認識されていく中で、特に注目されるのが、産地に蓄積された産業遺産や文化財などを手がかりとして消費者を呼び込む場を形成し、それを契機として新たなものづくりの場として再生していく例である。

　この循環のプロセスでは、産業遺産が地域でシェアされる文化資源となり、それが同時に観光資源化して、地域内外の人々にまで価値シェアの範囲が拡大していくものである。このような価値のシェアリングが、新たな形でものづくりを生み出すことがある。次に、愛知・名古屋での事例を考察してみよう。

2 ストック・シェアリングからみた愛知・名古屋

(1) 地域で紡ぎ、語り継がれる記憶

　名古屋を中心に広がる大都市圏はものづくりが盛んである。その系譜を辿ってみると、糸に関する系譜として繊維産業の流れがあり、木に関する系譜としては木工産業、仏壇産業などがある。さらに土の系譜には、長い歴史を持つ陶磁器産業の歴史があり、それらに加えて醸造に纏わる発酵食品の歴史もある。実に、多種多様なものづくりの圏域であることが分かる[6]。

　ここでは、愛知・名古屋において、ストックしてきた産業・文化財を「物語」として紡ぐことで何が生まれるのか、ものを作る過程を通じて何をストックしシェアしてきたのか、などについて考えてみたい。

　言うまでもなく愛知県は製造品出荷額等で見る限り他県を寄せつけず[7]「ものづくり王国」の名に相応しい圏域である。今日では、自動車関連産業や航空宇宙産業などハイテク産業が思い浮かぶが、時間を巻き戻せば、糸や木、土などを源流とする生業に行きつく。

　ここでは、その中で「土」に源流を持つ陶磁器産業に照準を合わせて考えてみよう。同一の産業が、長きに亘って特定の土地に集積している産地は、"生産集落" と呼ばれることもある。こうした名前からも分かるように、そこには二つの貌が重なっていることが窺える。つまり、生産共同体としての面と、生活共同体としての面である。生産共同体としての側面では、産地内において専門性を持った人々が分業で役割を担い、産地としての比較優位性を獲得することができる。さらに、そこには労働市場が形成され、技術力のある職人が集まってくるようになる。その一方で、そのような人々の暮らしは、地域の仲間とともに独自の生活世界を形成していく。そこでは生産面で見られるような経済的な合理性は必要がなく、共にお祭りの神輿を担ぎ、町内会やPTAの行事に汗を流す「仲間」として存在する。この二つの貌は、分かちがたく結びついていることが生産集落の特徴であり、生活世界での「お付き合い」は、分業や取引の中での信頼コストを低減させることにもつながっていく。

　他方、陶磁器のような土地に根ざした生業は、その土地固有の諸資源とも

大きく関係しており、例えば、原料となる陶土の採掘現場や、焼成に必要であった木材を供給する里山など、自然や風景と生業が深い関係を有している。さらに生産集落では、入り組んだ路地や坂道などの地形を元に、自然発生的で職住一体の工場や煙突などが立ち並ぶ固有な景観が形成されていることが多い。

　このような風景や景観は、貴重な文化的景観として、窯場で暮らす人々の文化的な価値を共有する場となり、訪れた来訪者にも、強く印象づけることができるのである。だが、生産形態の変化や生産量の低下など窯場で維持されていた生産機能が徐々に低下することにより、地域の人々の記憶の中からも、生産共同体的な記憶が徐々に消えていくこととなる。

（2）常滑での取組み
【土の系譜としての常滑】

　愛知県内には多くの窯場があるが、その中でも歴史の古い窯場としてよく知られているのが瀬戸や常滑である。今回はその中で、常滑を例に考察してみたい[8]。常滑は、知多半島の西海岸に位置しており、海路による流通が特徴となっている。そこで産出される良質な粘土を使った山茶碗や甕(かめ)が多くの穴窯で焼成されていた。鎌倉時代には大型の壺や甕が量産され、海路を用いて全国各地へ運ばれていった。江戸時代後期には連房式登窯が採用され、土管、甕、朱泥茶器などが生産されていた。明治期なると西欧の技術を導入して機械化が進み、煉瓦タイルや衛生陶器などが生産され、飾り壺などが積極的に輸出されるようになる。一方で、石膏型や石炭窯などの西洋技術が積極的に導入され、戦後は置物や洋食器が生産されるようになった。

　常滑の中心的な生産集落は、名古屋鉄道（名鉄）常滑駅から徒歩で数分にある高台にあり、昭和初期に最盛期を迎えている。往時は、多くの工場や煙突がひしめき、数多の職人が日々忙しく働く場であり、そのような生産活動の結果として、可視的／非可視的な文化資源がストックされていった。その後、1970年代になると、徐々に使われなくなった工場などを有効に活用する内発的な動きが起こり、それが「やきもの散歩道」界隈の整備に結実し、かつての生産集落に消費者（観光客）が訪れるようになっていく。

このように生産機能の低下に伴って操業を停止し、経済資本としての役割を終えた工場や倉庫、煙突などが、文化を育む資本として再生されていったのであるが、それは立地上の特性にも関係している。集落は、名鉄常滑駅から近接する中心市街地にあるため、一般的には経済資本として土地の有効利用が考えられるであろう。それらが一団の土地であれば集合住宅として、あるいは小さな区画では戸建て分譲などが思い浮かぶ。だが、この生産集落は、入り組んだ路地や坂道などで形成されている地形的な制約から大規模な再開発には適さず、残された建物を活かした店舗などの利用が見られるようになった。その結果、経済資本としては意味を失った煙突などは、景観を構成する貴重な文化資本として有益になり、文化的価値の共有（文化的コモンズの形成）が可能になったのである。

　こうして、この場にストックされた諸資源は、徐々に地域の人々の間で文化的価値のシェアが進み、「やきもの散歩道」界隈の新たな物語が想起されていくようになる。それと同時に、地域外部にも価値のシェアリングが広がって観光資源化していった。さらに、こうして文化的な価値が高まると、創作意欲を持った人々を引き寄せることが可能となり、今日では、新たに作家や職人が工房を構えるようになり、ものづくりの新たな物語が起動していくのである。

図　やきもの散歩道界隈の風景
（筆者撮影）

【物語の想起を媒介するアート】
　これまで述べてきたような過去に蓄積されたストックを手がかりとした

新たな物語の起動に於いて「アート」が重要な枠割りを果たすことがある。アート作品自体が、地域に埋め込まれた記憶を蘇らせ、来し方の「物語」と接続する形で新たな「物語」を起動させる力を持つことがあるのだ。

事例で見てみよう。愛知県では、県内各地を舞台として、2010年からトリエンナーレ（3年に一度）形式で、国際的な芸術祭が開催されている[9]。その5回目として、2022年に常滑を一つの会場として実施されたのが国際芸術祭「あいち2022」である。

常滑は、愛知県内では瀬戸と並ぶ古い窯場であり、そのような歴史のある窯場では、目に見えるもの（煙突や工場、窯場特有の狭い路地や坂道、それらを含めた景観など）、目には見えないもの（ものづくりの技、職人気質など）が相まって、ものづくりに関連した多種多様な文化資源が蓄積している。

その常滑では、「旧丸利陶管」、「旧青木製陶所」、「旧急須店舗・旧鮮魚店」、「廻船問屋　瀧田家」、「常々（つねづね）」を会場としたインスタレーションなど多くの魅力的な作品が展示されていた。

それらの作品の展示空間自体が常滑の文化資源とも言うべき場であり、土に纏わるものづくりの歴史を色濃く表現している。紙幅の関係で、それらすべてを紹介することはできないが、その中で、尾花賢一のインスタレーションを見て感じたことを述べてみたい。まず、その紹介文には以下のような件がある。

　人々の営みや、伝承、土地の風景・歴史から生成したドローイングや彫刻を制作し、虚構と現実を往来しながら物語を紡いでいく尾花賢一[10]。

なるほど、まさにものづくり愛知を象徴する常滑での人々の営みや、そこでの土地の風景などを読み取って生成する文脈は、文化資源のストックをシェアしていく流れと符合する。続けてみてみよう。

　かつて急須の原型をつくる店舗だったこの空間では、半年に及ぶ常滑でのリサーチを経てつくられたモビールやドローイングが並んでいます。またそれらと同様に、脈絡もなく雑然と堆積したモノたちや、まるで誰かが休むた

めのような小部屋、農作業をするための道具なども目に入るはずです。それらは各作品とともに尾花によって再配置されたものですが、一方でこの場所が現役の作業場であるということを示しています[10]。

　ここでは、「脈絡もなく雑然と堆積したモノたち」に注目してみたい。生きた陶磁器の生産現場は、まさに「雑然と堆積」したもので溢れている。ものづくりに必要な道具類、陶磁器を運ぶための使い込んだ「サンテナ」など様々であるが、展示の中でもこのような生産現場のリアリティを再現している。そのすべては、ものづくりに関連した文化資源と言えるが、それらは、工場が閉鎖されていく中で「廃棄」され、記憶の彼方へと追いやられてしまうだろう。

　生産集落は、日々の暮らしと生業が渾然一体として形成され、地域の中に様々な記憶が染みついていく。それらのありふれた日常的な「価値」は、徐々に消えていき、共有感が薄れていく中で、場の意味も変わっていく。だが、文化的な意味が強い生産集落のような場では、文化を育むプラットフォームを再構築していくことは可能であろう。

　今回、常滑を舞台として展示された作品は、常滑の生産集落における多様な記憶を呼び覚まし、展示空間は豊穣な語らいの場になったことだろう。こうした語らいから、創発的な物語が起動するかも知れないのだ。

3　さいごに

　本章では、「私立大学研究ブランディング事業」の一環として、愛知・名古屋のものづくりに関する地域のストックをシェアすることで生まれる新たなものづくりを、産業や観光、アートを関連づけながら考察してきた。

　ここから導き出された知見は、土地に埋め込まれたストックの価値を引き出し、それらを文化的コモンズとして共有する場として物語を紡いでいくことである。それが新たな創造の基盤となり、暮らしや生業を刺激し、新たなものづくりが生まれることを示したのである。

　さらに、こうした「物語」のシェアによる文化的コモンズの生成過程にお

いては、アートなど創造的な表現活動が大きな役割を果たすこともある。

　これらの相互関係を実証するには、まだまだ不十分な点があり、今後も引き続き検証していく必要があるが、こうした課題を残しつつストック・シェアリングのあり方を示すひとつの考え方を問いかけることはできたのではないか、そう信じて筆を置きたい。

注

1 「物語」については、トーマス・セドラチェクが、下記で述べているように、単なる昔話ではなく、現実社会に意味を与え、時代を超えて繋がれ、シェアされるべきものなのである。「人間は、自分を取り巻く世界を何とか理解しようと絶えず試みてきた。そのときに役立つのは、物語である。物語は、現実に意味を与えてくれる。現代の人々の目には、そうした物語はときに古くさく映るかもしれない。ちょうど私たちの物語が将来世代には古くさく感じられるように。だが物語に潜む力には、奥深いものがある」トーマス・セドラチェク『善と悪の経済学』東洋経済新報社、2015
2 「文化的コモンズ」という言葉に何を想い、何を語ろうとしているのかについては、多様であり、曖昧である。例えば、人々の絆や繋がりに重点を置いている例として、(一財) 地域創造「地域における文化・芸術活動を担う人材の育成等に関する調査研究報告書―文化的コモンズが、新時代の地域を創造する―」(平成28年3月) の「提言にあたって」には、「ほんとうに大切なもの、それは地域の命綱となる文化的なつながりです。それを、「文化的コモンズ」と呼ぶことにしました」とある。一方で、同報告書には、「地域の共同体の誰もが自由に参加できる入会地のような文化的営みの総体を「文化的コモンズ」と称しています」と定義され、ここでは、文化的営みの総体を共有する場(入会地)が意識されていると思われる。本論文ではストック・シェアに引き寄せ、「文化資源の価値を共有し、蓄積している場や管理／保全する共同体の営為」を総称して呼ぶこととしたい。
3 本学で実施した「私立大学研究ブランディング事業」では、9つの研究チーム(＋実証研究)で、各チームがテーマを設定して、研究活動を展開している。本章は、その中のひとつの研究チームとして、「物語の価値を分かち合う観光の形」をテーマに掲げて実施した理論研究に基づいている。
4 生活世界という言葉については、E.フッサールが用いた科学以前の世界を示す言葉であり、端的に言えば、私たちが直接的かつ直感的に経験する世界と言える。
5 例えば、工場見学などのリアリティを求めた観光スタイルが想定されるが、その中には、巨大なコンビナートの夜景を楽しむツアー(工場萌え)など、生産現場に従来とは異なる価値を見いだし、独自の意味づけを行うものもある。
6 愛知県(観光コンベンション局)では、「愛知オトナのマナビ旅　糸と木と土、そして発酵の物語」(2022年4月)と題したガイドブックを刊行しているが、この監修を本研究チーム(上記「3」)のメンバーである古池嘉和と笠井雅直(名古屋学

院大学名誉教授）が務めた。
7 「2021年の製造品出荷額等は47兆8946億円で、全国の14.5％を占め、1977年以降45年連続で全国第1位となっています。業種別にみると輸送機械が25兆2306億円（構成比52.7％）で最も多く、次いで電気機械3兆9385億円（構成比8.2％）、鉄鋼2兆6364億円（構成比5.5％）の順となっています。」（「グラフでみるあいち（2023年11月30日更新）」（https://www.pref.aichi.jp/soshiki/toukei/））
8 常滑の事例は、これまでも筆者の著書で、視点を変えて詳述している。例えば、近刊では、井口貢監修・郭育仁編『これでよいのか観光政策—22世紀に生きるこどもたちのために』（2024）、ビジネス実用社（古池嘉和「これからのわが国の観光政策の危うさを」（第3章））があり、こちらも参照して欲しい。なお、ここでの歴史の記述は、「旅する、千年、六古窯（https://sixancientkilns.jp/tokoname/）」を参考に編集している。なお、六古窯とは、日本にある古くからの窯であり、瀬戸、常滑（以上、愛知県）、信楽（滋賀県）、越前（福井県）、備前（岡山県）、丹波（兵庫県）である。
9 「あいちトリエンナーレ」は、2010年から、3年に一度（トリエンナーレ）の周期で開催されてきたが、2022年の開催より、名称を「国際芸術祭「あいち」」に変更している。
10 国際芸術祭「あいち」HP（https://aichitriennale.jp/2022/artists/obana-kenichi.html）より引用

参考文献

【1】 トーマス・セドラチェク著『善と悪の経済学』東洋経済新報社，2015
【2】 E. フッサール著『ヨーロッパ諸学の危機と超越論的現象学』中公文庫，1995
【3】 藤木庸介編著『生きている文化遺産と観光—住民によるリビングヘリテージの継承』学芸出版社，2010
【4】 鞍田崇著『民藝のインティマシー—「いとおしさ」をデザインする』明治大学出版会，2015
【5】 古池嘉和著「生きた産業観光の，その先に：愛知の産業，文化と観光を考える」『芸術批評誌REAR』リア制作室，2022
【6】 古池嘉和著『地域の産業・文化と観光まちづくり：創造性を育むツーリズム』学芸出版社，2010
【7】 井口貢監修・郭育仁編『これでよいのか観光政策—22世紀に生きるこどもたちのために』ビジネス実用社，2024
【8】 常滑フィールド・トリップ実行委員会「常滑フィールド・トリップ2014報告書」（2015）
【9】（一財）地域創造「地域における文化・芸術活動を担う人材の育成等に関する調査研究報告書—文化的コモンズが，新時代の地域を創造する—」（平成28年3月）
【10】「旅する、千年、六古窯」HP（https://sixancientkilns.jp/tokoname/）

第 5 章
熱田のストック・シェアリングはどのように進化したか
あつた宮宿会の 10 年を通して

水野晶夫

1　はじめに―あつた宮宿会の誕生によって新たなストック・シェアリングがはじまった―

　本章では、熱田の老舗企業や名古屋学院大学などによって結成された熱田のにぎわい推進を目的としたまちづくりNPO「あつた宮宿会」(2014年設立)の現在までを振り返るとともに、あつた宮宿会主要幹部へのインタビュー調査を通じて、この10年間における熱田のストック・シェアリングの進化について明らかにする[1]。

　まずは、あつた宮宿会発足のきっかけとなった「東海道シンポジウム宮宿大会」(2013年10月開催)実行委員会立ち上げからこの10年を3つのフェーズに分けて概説する。この実行委員会立ち上げからあつた宮宿会の設立、そして2015年から始まったあつた朔日市やあつた紙芝居などの次世代への継承活動をフェーズ1［あつた朔日市とシビック・プライド］とする。

　次にフェーズ2を、2017年1月3日に中日新聞1面トップで報道された名鉄神宮前駅再開発情報をきっかけに誕生した2つの地域まちづくり協議会「熱田神宮駅前地区まちづくり協議会」「宮の渡し・大瀬子地区まちづくり協議会（現熱田湊まちづくり協議会）」の立ち上げからまちづくりビジョンの合意形成までとする［エリアマネジメントとまちづくりビジョン］。

　そして、フェーズ3を、あつた宮宿会が地元自治会と連携して地下鉄「伝馬町駅」駅名変更を要請することに動いた2019年ごろから、オール熱田での観光まちづくりプラットフォーム「あつた観光まちづくり連盟」立ち上げとその後を［観光まちづくりへの展開］と位置付ける。

　論文後半では、あつた宮宿会現主要幹部4名のインタビュー調査を通じ

て、ストック・シェアリングの観点から特に「人材・人脈」そして「空間・地域資源」に絞り、この10年でどのように変わったのかを明らかにする[2]。

2 あつた宮宿会の10年

(1) フェーズ1：あつた朔日市とシビック・プライド

【東海道シンポジウム宮宿大会（2013年10月26日開催）から始まった】

2013年は熱田神宮創祀1900年の年であり、この記念すべき年に「第26回東海道シンポジウム宮宿大会」を熱田神宮文化殿にて開催することになった[3]。

「東海道シンポジウム」とはNPO法人東海道宿駅会議が発起人となり、1988年の土山宿大会から始まり、これまで各地の旧宿場町にて持ち回りで開催している大会のことである。

宮宿大会では、名古屋・熱田に受け継がれてきた伝統芸能を紹介するとともに、「街道まちづくり」をテーマに、その可能性や課題についてのパネル・ディスカッションを実施した。当日は台風接近のため天候が悪かったが、250名もの参加者が集い、立ち見もでるほどの盛会となった。

この宮宿大会実行委員会は、名古屋・熱田を代表する食の老舗名店（あつた蓬莱軒・宮きしめん・妙香園・きよめ餅・亀屋芳広）の40歳前後の社長・若衆を中心に、名古屋学院大学、NPO法人堀川まちネット、名古屋市役所・熱田区役所、そして熱田神宮関係者などが趣旨に賛同して結成されたものであった。

地域の多様な主体が手を結び、老若男女が協力しあって事業を進める画期的なプラットフォームができたことで、この宮宿大会を機に熱田の地域資源を活かした観光・商業の発展などのにぎわい創出を継続的に実施していく組織を創設する機運が高まることになった。

写真5-1　第26回東海道シンポジウム宮宿大会

【あつた宮宿会発足から「あつた朔日市」へ】

　2014年10月20日、名古屋学院大学にて『あつた宮宿会』キックオフシンポジウムを開催し、関係者含め約150名が集まった。発足当初の会員数は20名ほどで、熱田のにぎわい創出とシビック・プライドの醸成・継承を目的に活動を始めることになった[4]。この年の11月には、熱田区内各所でマルシェが開催される「あったか！あつた魅力発見市2014」にあつた宮宿会として初参加し、宮の渡し公園にて「宮の浜市」を企画運営した。

　「こんなコラボがあつたのか！　～熱田の老舗大集合～」と題して、老舗各店舗の通常メニューとは異なるメニューでの出店ということもあって人気を呼び、2,000名もの来場者を迎え成功裏に終わった。この成功体験が、翌年2015年10月に初開催される「あつた朔日市」へとつながることになった。

　熱田神宮境内での定期市「あつた朔日市」実現に向けて、熱田神宮関係者との協議を重ね、実験的に2015年10月1日に「あつた朔日市」を開催することになった。名古屋では一般的にあまりなじみのない「朔日参り」の風習を多くの方々に知っていただき、熱田の町衆で熱田神宮への朔日参りの方々をおもてなししようという目的である。

写真5-2　あつた宮宿会発足記念イベント

　名古屋・熱田の老舗各店舗を中心に約20店舗が出展するとともに、熱田を代表する老舗4社（きよめ餅・亀屋芳広・妙香園・あつた蓬莱軒）共同プロデュースによる「あつた宮餅」限定販売が話題になり、この地方の多くのマスメディアにも取り上げられることになった。この成功によって、その後「あつ

写真5-3　あつた朔日市（熱田神宮境内）

た朔日市」は正月を除く毎月1日開催の定期市として実施されることになった（5・6・11月は南隣の秋葉山圓通寺にて開催されている）。

【シビック・プライドの醸成と継承 「あつた紙芝居」「名古屋あつたカルタ」】

一方で、あつた宮宿会では、2015年からシビック・プライドの醸成と次世代への継承を目的に、熱田の偉人伝紙芝居事業を始めることになった。熱田区に関わる偉人をとりあげたストーリーで、日本武尊（ヤマトタケルノミコト）や織田信長などが主人公である。あつた朔日市、宮の浜市で随時披露のほか、熱田区内に7校あるすべての小学校にて毎年上演活動を行っている。

また、2016年から「名古屋あつたカルタ」製作プロジェクトが立ち上がり、2018年に完成した。「熱田」の歴史的な人物や場所、イベントなどを題材として構成されたこのカルタは、熱田発祥といわれる都々逸のリズム（七七七五）の読みの句、そして絵札の裏の詳しい解説など、熱田の歴史や魅力を遊びながら楽しく学べる構成になっている。

熱田区内各小学校にて、取り扱っていただいているとともに、定期的にカルタ大会も開催している。

写真5-4　あつた紙芝居（白鳥小学校にて）

写真5-5　名古屋あつたカルタ大会（宮の浜市会場にて）

(2) フェーズ2:エリアマネジメント[5]とまちづくりビジョン[6]

【名鉄神宮前駅再開発計画から始まる「エリアマネジメント」への関わり】

2017年1月3日中日新聞朝刊1面に、名鉄神宮前駅東街区の再開発事業とともに、熱田神宮側の西街区の再開発構想があることも記事として掲載された。この記事には、近い将来に西側駅ビルを建て替え、熱田神宮の門前町を意識した開発を示唆するものもあった。

これを受けて、これまで熱田のまちづくりに貢献してきたあつた宮宿会と名古屋学院大学が主導し、商店街や地域そして名古屋市当局とともに、この地域のまちづくり協議会を立ち上げることになった。そして、平成初頭に名古屋市と商店街が対立、とん挫した再開発事業の紡ぎ直しを行い、新たに門前町を目指すまちづくりビジョンを作ることになった。

こうして2018年4月に「熱田神宮駅前地区まちづくり協議会」が設立された。対象エリアは、JR熱田駅から名鉄神宮前駅にかけての線路と熱田神宮にはさまれた地域で約3.5ヘクタールある。そのエリアには商店街のほか約0.7ヘクタールもある名古屋市空地も存在する。

当まちづくり協議会では勉強会やヒアリング調査などを行い、2020年7月にまちづくりビジョン「年間700万人もの参拝者を迎える熱田神宮にふさわしい門前町」を目指すことが全会一致で合意され、ビジョンには、名古屋

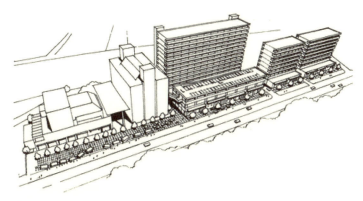

図5-1 熱田神宮駅前地区まちづくり協議会 まちづくりビジョンイメージ図
資料:熱田神宮駅前地区まちづくりビジョン

市内に不足している観光バスの駐車場設置も明記された[7]。

また、当まちづくり協議会では、2019年から正月三が日の期間、エリア内にある約0.7ヘクタールの名古屋市空地の利活用事業として、熱田神宮の初詣参拝者向けの臨時駐車場運営を行うこととなった。近隣への迷惑駐車の低減と商店街の活性化を目的として実施し、生まれた余剰金は、エリア内にある神宮小路共同トイレの改修や商店街の落書き消し作業などで地域に還元している。

写真5-6　神宮前商店街落書き消しワークショップ（名古屋学院大学の学生がボランティアとして参加）

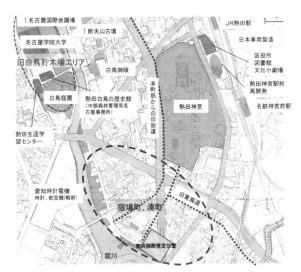

図5-2　熱田神宮周辺の位置関係
資料：熱田湊まちづくりビジョン

【宮の渡し・大瀬子地区の再構築と「熱田湊まちづくり協議会」】

　熱田神宮南側のエリアは、旧東海道で最大級の規模であったといわれる宿場町「宮宿」があった。特に、宮の渡し界隈には、東浜御殿、浜鳥居など、現存していれば歴史的・文化的な価値があったであろう建造物の存在も多数確認されているが、現在では残念ながら、その面影はない。江戸時代以降、人や物流の大動脈であった堀川や旧東海道も、今ではその賑わいもない。

　熱田神宮周辺地域の回遊性を検討するうえでこのあたりは重要なエリアであるにも関わらず、それに向けての整備が進んでいないのが現状であった。

　名鉄神宮前駅前再開発計画、「熱田神宮駅前地区まちづくり協議会」の設立を受けて、このエリアでも回遊性を向上させるなどのまちづくりに対する機運が高まり、地元白鳥学区連絡協議会がコアメンバーとなり、あつた宮宿会、名古屋学院大学が支援するかたちで2019年4月に「宮の渡し・大瀬子地区まちづくり協議会」が設立された（その後、「熱田湊まちづくり協議会」に改名した）。

　ビジョンづくり実現に向けての勉強会やアンケートなどを実施し、最終案

図5-3　熱田湊まちづくり協議会　まちづくりビジョンイメージ図
資料：熱田湊まちづくりビジョン

では「熱田プライド（誇り）」の醸成と継承、そして、観光まちづくりとの両立が最終案にまとめられ、2022年4月に承認された[8]。合意された案の中には、江戸時代に存在した東浜御殿や浜鳥居をモチーフとした構造物の設置なども盛り込まれた[9]。

また、2022年度から当まちづくり協議会は名古屋市SDGsまちづくり推進事業の選定を受け、その取り組みのひとつとして、2023年11月には、市営神戸荘1階の空き店舗を改装して「熱田湊子ども図書室」をオープンさせた。

（3）フェーズ3：観光まちづくりへの展開
【地下鉄伝馬町駅駅名変更を巡る対立から合意形成へ】

2019年8月名古屋市に地下鉄駅名称懇談会が立ち上がり、名古屋市営地下鉄の駅名変更が検討されることになった。これは、中村区役所の本陣駅前移転による「中村区役所駅」の駅名変更に伴って、他の駅についても観光や利便性の面から変更について検討されることになったことが発端である。

当初「中村区役所」「本陣」「市役所」「浅間町」「伝馬町」「桜山」の6つの駅が俎上に載った。「伝馬町」駅は熱田神宮正門の最寄り駅であるため、あつた宮宿会から改名の提案がなされたが、その後、地元白鳥学区連絡協議会、熱田区役所と協議の上、新駅名を「熱田神宮伝馬町」で合意し、地元総意の提案として懇談会にて受け入れられ、最終的に2023年1月に名古屋市営地下鉄「伝馬町駅」を含めて4駅の駅名が変更されることになった。

2019年あつた宮宿会から「熱田神宮正門前」という駅名での変更が地元白鳥学区連絡協議会に示されたが、当初は地元からは反対の声が大きかった。そこで熱田区役所が仲介し協議を重ねる中で、「伝馬町」名を残すことで合意し、新駅名「熱田神宮伝馬町」での提案となった。

駅名はなじみの地名を採用していれば、変更に際しては地域の大多数が反対するケースが多いため、今回のように名古屋市営地下鉄の駅名変更案で地元からの要請で変更に至った駅は「伝馬町駅」のみであった。反対意見が多い中、熱田をよくしていきたいという想いで推進側と反対側が協議を重ね合意できた成功体験は、その後の「観光まちづくり」に向けた推進力につなが

写真 5-7　地下鉄「熱田神宮伝馬町」駅　一番出入口装飾
（写真左側が現在の熱田、右側が江戸時代の熱田の風景を描いている）

ることになった[10]。

　合意形成後、名古屋市、あつた宮宿会、白鳥学区連絡協議会は、新駅名に合わせて、伝馬町駅構内の装飾事業にも共同で取り組むことになった。装飾は、駅の一番出入り口通路の両側の壁面などに施された。

【あつた観光まちづくりプラットフォームの立ち上げ】
　2023年8月に、名鉄神宮前駅西街区の再開発事業案が公表され、観光客等の来街者をターゲットとした開発が行われることになった。解体されたショッピングセンタービルとは真逆の木造平屋の長屋風の建築物、まさに熱田神宮の門前町を意識したデザインとコンセプトが提示されたのであった[11]。

　そして、この発表前後に、熱田に「観光まちづくり」に特化した2つのプラットフォームが立ちあがることになった。
　ひとつめは、2022年11月にスタートした「熱田神宮周辺の来訪者のため

図 5-4　名鉄神宮前駅西街区完成予想図
資料：名古屋鉄道ニュースリリース https://www.meitetsu.co.jp/profile/news/2023/__icsFiles/afieldfile/2023/08/29/23-08-29jinguumae.pdf

のまちづくりにむけた勉強会」である。名古屋市住宅都市局まちづくり企画課が事務局となり、あつた宮宿会、名古屋学院大学がコアメンバーとなり、名鉄、名古屋観光コンベンションビューロー、名古屋商工会議所などが構成員となっている。名鉄神宮前駅再開発事業後の熱田観光のビジョンづくりを行うとともに、将来的にはエリアマネジメントを担う組織についても検討する予定である。

もうひとつは、2024年2月に立ち上がった「あつた観光まちづくり連盟」である。熱田区役所地域力推進室が事務局となり、あつた宮宿会、名古屋学院大学、熱田神宮駅前地区まちづくり協議会、熱田湊まちづくり協議会が発起人となっている。

これまで熱田では、上記2つのまちづくり協議会にてそれぞれまちづくりビジョンを取りまとめており、その中で観光まちづくりについて産学官民で推進することが謳われているが、これまで観光まちづくりをテーマにした区内横断的な組織がなかった。

そこで、オール熱田で熱田の観光まちづくりについて意見・情報交換する場（プラットフォーム）を立ち上げることになった。

30を超える団体が参加を表明しており、この中には、熱田の各学区連絡協議会（町内会）も含まれており、オーバーツーリズムなど観光の持つ負の

部分についても忌憚のない意見交換ができる場を目指している。

　この2つの観光まちづくりプラットフォームは、それぞれ名古屋市役所、熱田区役所が事務局を務める形で構成されており、官民連携のモデルケースとして期待されている。今後この2つがそれぞれの役割を担いながら熱田の観光まちづくりを推進していくことになるであろう。

3　熱田のストック・シェアリングはどのように進化したか

【あつた宮宿会幹部へのインタビュー調査】

　本節では、あつた宮宿会現主要幹部4名のインタビュー調査を通じて、ストック・シェアリングの観点から特に「人材・人脈」そして「空間・地域資源」に絞り、この10年でどのように変わったのかを明らかにする[12]。

　インタビュー対象者は、東海道シンポジウム宮宿大会実行委員そしてあつた宮宿会設立発起人からかかわりを持ち現幹部になっている3名、花井芳太朗氏（㈱亀屋芳広社長／あつた宮宿会会長）、田中良知氏（㈱妙香園社長／あつた宮宿会副会長）、筧和歌子氏（NPO法人堀川まちネット／あつた宮宿会事務局）と、私とともに2つのまちづくり協議会の設立から運営に関わっていただいた加藤剛嗣氏（円銘建設㈱社長／あつた宮宿会エリアマネジメント部会長）である。それぞれあつた宮宿会立ち上げ時から考えると、現在の状況はいい意味で想定外であり、予想をはるかに超える展開になっている証言している。

　そこで、彼らへのインタビュー調査から、「人材・人脈」「空間・地域資

　　花井芳太朗氏　　　田中良知氏　　　　筧和歌子氏　　　　加藤剛嗣氏

写真5-8　インタビュー調査に協力していただいたあつた宮宿会幹部の方々

源」がどのように広がり、そしてシェアリングが進んでいったのかを明らかにする。

【人脈の広がりからメンバーシップ力の向上へ】
　4名ともあつた宮宿会発足を契機に、これまで出会うことのなかった人材と出会い、同志として仲間として活動を共にすることで、さまざまな関係者との交流ができたと語っている。「「はじめまして」から始まって、名古屋市長、熱田区長を始め、公職者や名古屋市職員、大学の先生や学生、熱田のさまざまな企業経営者など、いち企業人ではつながることがなかったであろう多くの方々とつながることができた。メンバーも当初20名ほどから始まり今では80人近くにまで増えた。(田中)」
　また、発足当初に老舗親世代を排除し、老舗若衆をコアメンバーにすることによって、柔軟な発想と行動力に結び付いたとの評価もあった。「親世代・年配の方が少ない分やりやすかったのではないか。JC (青年会議所) の地域版のような組織に育ったことが良かった。(寬)」
　学生が参加することで大人たちが刺激になったことをあげる意見もあった。「学生たちががんばっているので、我々大人ががんばらないわけにはいかなかった。いい刺激をもらっている。(花井)」
　あつた宮宿会の活動を通じて熱田での知り合いが増えたことが本業への好影響につながっているとの回答も複数あった。「あつた宮宿会の活動が自分の仕事の面でも活きており、本業へのフィードバックもある。(田中) (加藤)」
　さらに、個々人のあつた宮宿会の活動へのモチベーションとして「危機感と熱田の誇り (花井)」「会員メンバーの適正に合わせてリーダーが役割を与えている (加藤)」「ボランティアとしてやっている意識はなく、楽しいからやっている。(田中)」と回答しているが、これらの発言からいわゆる「メンバーシップ」がこの組織に生まれていることがわかる。
　ここでいうメンバーシップとは、一人ひとりがそれぞれに与えられた役割を果たして組織全体に貢献することを指している。この組織に入って自分の得意分野で力を発揮して、あつた宮宿会の活動に貢献しようとする人材が多

いことから、互いに刺激を受けることによって個々人のメンバーシップ力が高まっていることがうかがえる。

【空間・地域資源の継続利用は信用の積み重ねがあってこそ】
　あつた宮宿会は空間・地域資源との関係では、熱田区内の公園、名古屋市市有地、小学校、大学などでさまざま利活用の展開があるが、その中でも重要な位置を占めるのが熱田神宮である。熱田神宮とは「あつた朔日市」開催などであつた宮宿会との関係はあるが、日本三大神宮の一つで日本を代表する神社であること、また年間700万人を超える参拝者数を誇るため、地域社会への影響も計り知れない存在である。関係構築には関係者の多大な努力があった。
　「ロータリークラブなど地域の社会奉仕団体での交流をきっかけに熱田神宮との関係が徐々にできたが、我々の活動が神職の方々から神宮のビジネス利用との誤解がうまれないよう常に留意している。(花井)」「毎月のあつた朔日市を通じて神宮との関係ができているが、それとは別に、若手神職の方々との草野球等で親睦を深めることも関係構築に寄与している。(田中)」とも述べている。
　また、大学を地域資源のひとつとするならば、企業と行政がつながることが難しい中、大学がつなぎ役になったことで、行政との連携活動ができたことをあげている。「名古屋学院大学が大学COC事業を通じて熱田区役所や名古屋市役所との関係がすでにできていたので、活動当初に大学があつた宮宿会と行政とのつなぎ役としての役割を担っていた[13]。(花井)」
　活動を継続していく中で、名古屋市市有地や公園・空き店舗利用、小学校との交流などから活動の場が広がったとも述べている。「子どもたちが熱田に誇りを持ち、地域に愛着を持ってもらえるような活動を小学校などで展開できたことは大きい。紙芝居だけでなく、食や環境・仕事などの分野においても出前授業を通じた交流ができている。(筧)」
　さらに、空間の利活用方法のさらなる展開についても継続的な活動の中から生み出されたとの証言もあった。「30年間塩漬け状態だった名古屋市空地の有効活用として始めた社会実験（正月三が日の臨時駐車場運営）だったが、

継続する中で観光バスの需要がある程度見込まれることが実感できた。これをビジョンに反映させるとともに、行政と相談しながら社会実験をバージョンアップさせていきたい。（加藤）」

このように空間・地域資源との信頼関係は、あつた宮宿会の活動とその成果を通じた信用の積み重ねによってもたらされているといえる。また、その継続的な場の活用は信頼関係だけでなく経験知にもなり、次の展開につなげる影響力を保持していることがわかる。

4　おわりに―官民連携のモデルケースへの期待―

本章では、前半では「あつた宮宿会」の発足以来約10年間の活動を3つのフェーズ［あつた朔日市とシビック・プライド］［エリアマネジメントとまちづくりビジョン］［観光まちづくりへの展開］に分けて概説した。イベント実行委員会から始まった組織が、活動を継続し実績をあげながら着実に次のまちづくりのステージに進んでいることを述べた。

後半では、あつた宮宿会現主要幹部4名のインタビュー調査を通じて、ストック・シェアリングの観点からこの10年での変化について語っていただいた。

「人材・人脈」では、あつた宮宿会に多様な人材が集まってきているだけでなく、メンバーシップ力の高い人材の活躍がうかがえる。また「空間・地域資源」においては、場の継続的な利用が、信用の積み重ねのうえに成り立っていることを幹部らは認識しており、その一方でその利活用について、行政や地域に対して影響力を及ぼすことができるほどに信頼されていることにも言及した。

今後しばらくは活動の中心が観光まちづくりになるが、官民連携のモデルケースになり得る活動を期待したい。

注

1. ストック・シェアリングの考え方は、参考文献【1】に基づいている。
2. 筆者は、東海道シンポジウム宮宿大会実行委員会、あつた宮宿会、熱田神宮駅前地区まちづくり協議会、宮の渡し・大瀬子地区まちづくり協議会（現熱田湊まちづくり協議会）、あつた観光まちづくり連盟の設立発起人および役員として名を連ねている。
3. 以下、参考文献【2】を引用している。
4. シビック・プライドとは「地域への誇りと愛着」を表す言葉で、主体的にまちをよくしようとする「意志」も含まれる。
5. 国土交通省はエリアマネジメントを「地域における良好な環境や地域の価値を維持・向上させるための、住民・事業主・地権者等による主体的な取組み」と定義している。参考文献【3】参照。
6. 以下2つのまちづくり協議会は、名古屋市「地域まちづくり支援制度」を活用している。同制度については参考文献【4】に詳しく分析されている。
7. 参考文献【5】
8. 参考文献【6】
9. 2018年に徳川林政史研究所から東浜御殿の詳細な間取り図が発見されたことから研究が進み、東浜御殿が名古屋城本丸御殿に匹敵する絢爛豪華な建築物であったことが推測されている。参考文献【7】参照。
10. 参考文献【8】には、駅名変更の合意形成に至ったプロセスが当事者からの証言をもとにまとめられている。
11. 名鉄の再開発事業のほかに、宮の渡し界隈には現存する歴史的建造物である旧旅籠屋「伊勢久」をリノベーションした飲食店が2024年末にオープンする予定もある。参考文献【9】参照。
12. 4名のインタビュー調査は、2023年11月に実施した。
13. 大学COC事業とは文部科学省「地（知）の拠点整備事業」のことであり、地域拠点大学をバックアップする施策のこと。"COC"は"Center of Community"の頭文字を取った略語。参考文献【10】参照。

参考文献

【1】井澤知旦〈2023.10〉「ストック・シェアリング試論」『名古屋学院大学論集社会科学篇第60巻第1.2号』名古屋学院大学
【2】名古屋学院大学地域連携センター〈2014.3〉『第26回東海道シンポジウム宮宿大会　記録集』
【3】国土交通省土地・水資源局〈2010.2〉「エリアマネジメントのすすめ」Web入手
【4】吉村輝彦〈2019.10〉「地域まちづくりの推進に向けた支援の仕組みのあり方に関する一考察～名古屋市「地域まちづくり」の取り組みを事例に～」『都市計画論文集Vol.54』公益社団法人日本都市計画学会
【5】熱田神宮駅前地区まちづくり協議会〈2020.7〉『熱田神宮駅前地区まちづくり構想―年間700万人もの参拝者を迎える熱田神宮にふさわしい門前町を目指して―』

Web 入手
【6】熱田湊まちづくり協議会〈2022.4〉『熱田湊まちづくりビジョン 2022―熱田の誇りを次世代につなぐ湊まちづくり―』Web 入手
【7】原史彦〈2021.3〉「熱田東浜御殿・西浜御殿の成立と終焉及び構造の分析」『研究紀要第五十五号』徳川林政史研究所
【8】名古屋学院大学現代社会学部 3 年水野ゼミナール〈2022.12〉「地下鉄「伝馬町駅」駅名変更に伴う調査報告書―駅名変更で地域はどのように変わるべきか―」
【9】山内正照〈2023.3〉「旧旅籠屋「伊勢久」の保存活用」『アーバン・アドバンス No.79』名古屋都市センター
【10】文部科学省〈2013〉「地（知）の拠点整備事業について」Web 入手

第6章
空き家の外部不経済の実証分析と空き家等対策

上山仁恵　秋山太郎　井澤知旦

1　はじめに

　2018年現在、日本の空き家数は846万戸、住宅総数に占める空き家率は13.6％と過去最高の水準になっている。特に老朽化した空き家は、近隣への物理的危険や公衆衛生の悪化等、周辺住民に外部不経済をもたらし、その対策は政策的にも喫緊の課題となっている。これらの空き家ストックをシェアしながら有効活用することで「資産」とするのか、そのまま放置をして地域の「負債」とするのかが問われている。
　そこで、名古屋学院大学が立地している名古屋市熱田区を対象に、空き家等の外部不経済の影響について分析する。また、空き家の問題は該当物件の周辺住民の問題だけではなく、住宅の資産価値を守る全ての住宅所有者の問題である。そして、昨今の自治体による空き家等の対策では、民間の活力を利用し始めていることを背景に、不動産取引業者の空き家に対する考え（ニーズ）について調査した。さらには名古屋市を含む、全国の空き家活用の事例を紹介し、これからの空き家等の有効活用に資する政策論について言及する。

2　名古屋市および熱田区における空き家の現状分析

（1）名古屋市の空き家の実態

　2018（平成30）年の住宅総数は1,234,600戸、世帯数は1,076,100世帯、世帯あたり住宅数は1,147戸となっている。統計調査開始以来、住宅総数、世帯数は増加傾向にあったが、2018（平成30）年に初めて双方とも減少に転じ

た。世帯あたり住宅数は平成15年の1.164戸をピークに減少傾向にある。

　1968（昭和43）年に初めて世帯数を住宅数が上回り、空き家が発生した。それ以降、長らく増加傾向にあったが、2018（平成30）年には減少に転じている。空家率は2003（平成15）年の13.7％をピークに減少傾向にある。（図6-1）

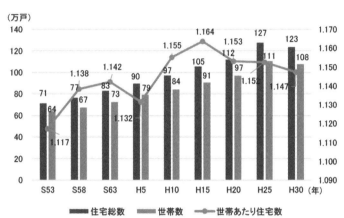

図6-1　名古屋市の住宅数、世帯数、世帯あたり住宅の推移
資料：「住宅・土地統計調査住宅の長期推移」より

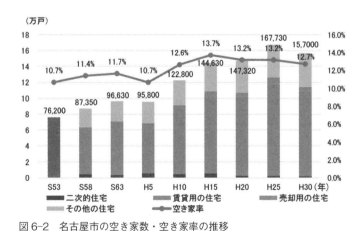

図6-2　名古屋市の空き家数・空き家率の推移
　注：1978（昭和53）年は内訳不明、1983（昭和58）年〜1998（平成10）年の「賃貸用の住宅」のなかに「売却用の住宅」を含む。

空き家の内訳をみると、賃貸用の住宅が最も多く、次にその他の住宅（例えば、転勤などのため居住世帯が長期にわたって不在の住宅や、使用目的がない住宅など）が多く、空き家のほとんどを占める。（図6-2）

（2）熱田区の空き家の実態

熱田区は、名古屋市を構成する16区の1つであり（名古屋市中央のやや南寄りに位置する）、現在の人口（2023.12.1）は67,065人と、名古屋市16区の中で1番人口が少ない区である。また、65歳以上の人口比率（2023.10.1）は26.9%であり、名古屋市全体の25.5%を上回る状況となっている。

次に今回分析対象とする熱田区についての空き家の実態を整理する。

過去40年間、住宅数、世帯数ともに一貫して増加傾向にあるが、空き家率は1998（平成10）年の15.3%をピークに減少傾向にあり、2018（平成30）年には12.4%と1.9ポイントの減少を見た。熱田区の空き家戸数は3.7万戸である。（図6-3）

市内16区のうち熱田区の空き家率は8番目の高さであり、名古屋市全体の空き家率12.7%と比較して若干低い。因みに最も空家率の高い区は都心区中区の15.8%、最も低い区は新興住宅地の緑区7.9%であった。（図6-4）

熱田区内の全住宅の建築時期を見ると、2001～2010年に建築された住宅

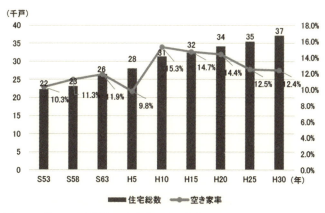

図6-3　熱田区の世帯数、住宅数、空き家率の推移
資料：「住宅・土地統計調査住宅の長期推移」より

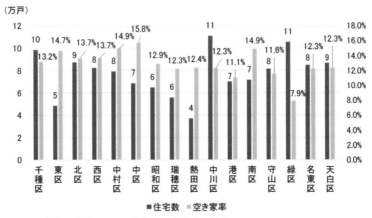

図 6-4　名古屋市内 16 区の住宅数・空家率の比較

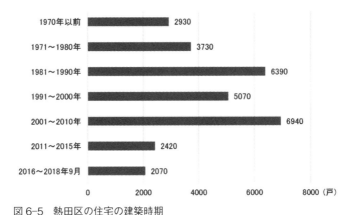

図 6-5　熱田区の住宅の建築時期
資料：「2018（平成 30）年住宅・土地統計調査結果（名古屋の住宅・土地）住宅及び世帯に関する基本集計」より（図 6-4、図 6-5）

が最多の 23.5％を占める。次いで 1981 〜 1990 年に建築された住宅が多い。新耐震基準施行（1981.6）以前の住宅は区内に 6,660 棟（ここでは 1980 年以前の住棟を対象にした）が存在し、区全体の 22.5％を占める。（図 6-5）

(3) 熱田区の地域別空き家・空き地の分布

ここでは㈱ゼンリンの地図情報（ZENRIN GIS Application）から空き家およ

び空き地の分布状況を把握した。空き家は799件、空き地は244件あった。その分布状況を図6-6に示した。

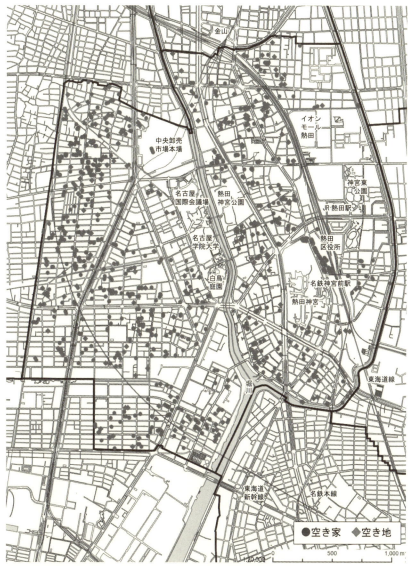

図6-6　熱田区の空き家・空き地の分布（2019年1月時点）

熱田区の都市構造は中央部を南北に堀川が流れ、その両サイドに中央卸売市場本場、名古屋国際会議場、白鳥公園、名古屋学院大学、白鳥庭園、熱田神宮公園などの公共空間・公益空間がある。少し離れたところに熱田神宮があり、その南は江戸時代の宿場町"宮の宿"があった場所である。また、区内は鉄道や幹線道路で分断されている。また、そこは戦前からの工業地帯であったので、多くが空襲により大きな被害を受けた地域でもある。堀川の東は熱田台地であるため、地盤はしっかりしている。

　そのうえで空き家・空き地をみると、堀川の西の住宅地には多くが広く分散しているのに対し、同東はどちらかといえば、集中して立地している。名鉄神宮前駅と熱田神宮の間に直線的に空き家が並んでいるのは、商店街の空き店舗である、いわばシャッター街となっている場所である。

3　空き家の外部不経済に関する実証分析

　ここでは、名古屋市熱田区を対象に、住宅地価に与える空き家の外部不経済の影響について検証する。まず、（1）推定モデルの提示、（2）分析に用いるデータ解説、（3）実証分析の結果の順で述べていく。

（1）推定モデル

　住宅地価の推定にあたってヘドニック・アプローチを用いて推定する。住宅購入者は、最寄り駅への距離（立地）や周辺環境等の多数の特性（$h=(h1, \cdots, hn)$）を考慮して住宅購入を決定する。住宅地の市場価格は、これらの特性に応じて形成されると考えるのがヘドニック・アプローチであり、住宅地の市場価格関数は $p=p^{*}(h)$ で表される[1]。ここでは、住宅地の市場価格に与える特性の1つとして、空き家の存在を組み込み、その影響について検証するものである。

（2）分析に用いるデータ

　この節では、分析に用いるデータについて説明する。まず、推定モデルの被説明変数である住宅地価については、粟津（2014）や藤田（2017）を参考

に、固定資産税路線価の標準宅地の価格を用いる（調査年次は2020年1月現在である）。

　なお、本来であれば、住宅地価については実際の取引価格（実勢価格）を用いることが望ましいが、国土交通省が提供する土地総合情報システムでは詳細な立地情報は入手できない。ちなみに、住宅地価について固定資産税路線価を用いることの妥当性を確認するため、不動産取引業者200名を対象に、不動産取引における公示価格の参考度について調査した。その結果、200人の不動産取引業者の内、過半数を超える62.5％が参考にしているとの回答が得られたため、固定資産税路線価（一般的に公示価格の7割程度の評価額）と住宅の取引価格は相関が高いと考え、本稿においても固定資産税路線価を用いて分析した（不動産取引業者に対する調査の詳細については4を参照）。

　名古屋市熱田区内における固定資産税路線価の標準宅地の調査地点は合計115ヶ所あり、図6-7にあるようにZENRIN GIS Applicationを用い、各調査地点の半径100m内にある空き家の有無やその数についてデータベースを構築した。調査地点から半径100m以内とした基準については、粟津（2014）において、100～300m以内にある空き家の存在が地価に影響を与えているという結果が得られているためである。

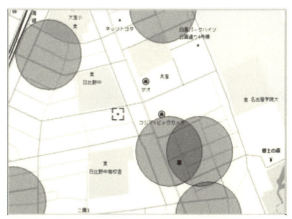

図6-7　地価調査地点の周りの空き家立地の調査方法
（注）ZENRIN GIS Application Data-Onlineを利用（個人情報のため空き家の画像は削除）

そして、空き家に関するデータについては、株式会社ゼンリン調査の空き家分布（GIS：Geographic Information System）のデータに基づき（ゼンリンの調査は 2019 年 1 月現在のもの）、その後 2020 年 1 月に筆者らにより外観目視で空き家の状態とその老朽度合いについて調査したデータを用いる（空き家の詳細な分布状況等については、上山・秋山・井澤（2021）を参照）。

　なお、空き家の老朽度のグレードについては、以下のように定義した。

1）「かなり悪い」：屋根や壁・塀等のかなりの部分に破損が見られる。また、破損が無くても、建物の全体に老朽（黒ずみ等の汚れ）が見られる。一方、建物に問題が無くても、庭にゴミ等が多く置かれていたり、樹木や草木が伸び近隣に迷惑をかけていたりするような状態も含む。
2）「悪い」：建物に破損は見られないが、老朽度（壁や塀の黒ずみ等の汚れ）がひどく、建物の半分近くを占める場合。
3）「やや悪い」：建物に破損は見られないが、建物や塀の老朽度（黒ずみ等の汚れ）が部分的に見られる。
4）上記に該当しないが、古い物件（おそらく築 20 年以上）である。
5）上記に該当しない（古い物件とは考えられない）。

　そして、「かなり悪い」あるいは「悪い」に該当する場合を「腐朽・破損の有る空き家」とし、空き家全体の分析に加え、「腐朽・破損の有る空き家」

表 6-1　分析に用いる変数の記述統計量

変数	平均値	標準偏差	最小値	最大値
住宅地価（固定資産税路線価）	208,861.7	177,747.2	85,200	1,540,000
住宅地価（固定資産税路線価）対数値	12.1	0.41	11.4	14.2
最寄り駅までの距離（m）	547.1	347.2	51	1683
人口密度（人/ha）	80.0	13.3	64.8	98.8
用途地商業ダミー	0.30	0.46	0	1
用途地工業ダミー	0.10	0.31	0	1
空き家ダミー	0.62	0.49	0	1
空き家数	2.50	3.66	0	19
腐朽・破損の有る空き家ダミー	0.58	0.50	0	1
腐朽・破損の有る空き家数	2.54	3.84	0	20

（注）人口密度は、路線価調査地点の学区の人口密度である。

の影響についても検証する。以下、表6-1が実証分析に用いた変数の記述統計量である。

(3) 実証分析の結果

表6-2は、住宅地価（固定資産税路線価）の対数値を被説明変数とし、空き家の存在や空き家の集積状況、及び空き家の老朽度の影響についてOLSで分析した結果である。なお、分散不均一の検定より、分散が均一であるという帰無仮説が棄却されたため、Huber-White-Hinkleyの分散を調整した推定方法で分析している。

表6-2より、空き家ダミーは1％水準でマイナスに有意であり、半径100m以内に空き家が存在すると住宅地価の水準を有意に押し下げている。

表6-2 住宅地価に与える空き家外部不経済の検証結果

	Model 1	Model 2	Model 3	Model 4
定数項	12.3*** (116.9)	12.3*** (115.9)	12.3*** (115.9)	12.3*** (111.3)
最寄り駅までの距離（km）	−0.00037*** (−5.48)	−0.00036*** (−5.56)	−0.00037*** (−5.56)	−0.00036*** (−5.41)
人口密度（人/ha）	−0.00064 (−0.50)	−0.00072 (−0.56)	0.00013 (0.10)	−0.0011 (−0.83)
用途地商業ダミー	0.32*** (4.70)	0.36*** (4.46)	0.32*** (4.60)	0.37*** (4.51)
用途地工業ダミー	−0.29*** (−4.66)	−0.25*** (−5.08)	−0.28*** (−4.73)	−0.25*** (−5.08)
空き家ダミー	−0.18*** (−2.88)			
空き家数		−0.010* (−1.92)		
腐朽・破損の有る空き家ダミー			−0.16*** (−2.88)	
腐朽・破損の有る空き家数				−0.012** (−1.98)
自由度調整済決定係数	0.49	0.45	0.48	0.46
サンプル数	115	115	115	115

（注）***は1％水準、**は5％水準、*は10％水準で有意であることを意味する。

なお、空き家数については 10％水準の有意性であるため、腐朽・破損の無い空き家も含む場合、住宅地価に与える空き家の影響は、集積（数）よりは空き家の存在の有無が大きいという結果である。

そして、腐朽・破損の有る空き家ダミーを見ると、1％水準でマイナスに有意であり、腐朽・破損の有る空き家数は 5％水準で、マイナスに有意である。空き家（腐朽・破損の無い空き家も含む）場合と同様、100m 以内に腐朽・破損の有る空き家があると住宅地価の水準を押し下げるが、その集積効果については、腐朽・破損の有る空き家が多く存在するほど住宅地価をより押し下げる結果となった。

4 不動産取引業者の空き家に対する考え

3では、空き家の存在（集積）が住宅地価を統計的有意に押し下げていることを実証分析から明らかにしたが、実際住宅を売買する不動産取引業者の実感と符合するものなのか、アンケート調査から確認する。さらに、不動産取引業者の空き家に対する考え（ニーズ）についても調査した結果を紹介する。

（1）調査の概要

ここでは、不動産取引業者 200 名を対象に、空き家に対する考えについてアンケート調査を実施した[2]。調査時期は 2021 年 6 月であり、株式会社サーベイリサーチセンターに委託して実施したものである。

なお、調査対象の基本属性については、男性が 90％、女性が 10％、平均年齢は 50.3 歳（最低年齢 21 歳から最高年齢 69 歳）である。また、回答者の居住地については、東京都在住の回答者が 23.0％、大阪府が 12.0％、神奈川県が 11.0％と 1 割を超える。それ以外の都道府県のサンプルについては 1 割未満であるが、全国の都道府県から回答が得られている[3]。

(2) 空き家の存在が住宅の取引価格に与える影響

図6-8は不動産の取引として持家戸建に限定し、該当物件の周辺(目視で見える範囲)に空き家が存在する場合、取引価格にどの程度の影響を与えるのか、回答者の取引経験に基づいた実感について調査した結果である。なお、空き家については、腐朽・破損の老朽度の有無、及び空き家の集積度(多い・少ない)に分けて尋ねている。

まず、腐朽・破損の無い空き家が少ない場合(図6-8の「老朽無空家・少」のケース)、持家戸建の取引価格に影響を与えないと実感している回答者は全体の35.0%、影響が小さいは35.5%、影響が中程度は23.0%、影響が大きいは6.5%である。空き家が老朽化しておらず、少ない場合でも影響があると実感している回答者は過半数を超え、空き家の存在が不動産取引に与える影響の大きさが読み取れる。

そして、空き家が老朽化するほど、かつ、そのような空き家が多くなるほど不動産取引に与える影響は大きくなる傾向が見られる。特に老朽化した空き家が多い場合(図6-8の「老朽有空家・多」のケース)、9割の回答者は影響すると実感しており、その影響の度合いも63.5%が影響は小さくはない(影響中・影響大の合計)と実感している。

3の実証分析より、空き家の存在が住宅地価に統計的有意な影響を与えていることが確認されたが、実際現場で住宅を取引する不動産業者の実感とも符合するものであり、空き家の外部不経済の影響は不動産市場に反映されて

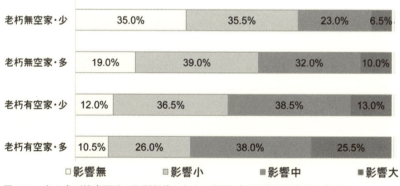

図6-8 空き家が持家戸建の取引価格に与える影響(不動産取引業者の実感)

いることが確認される。

なお、空き家が不動産取引に与える影響の実感については、不動産取引業者の担当エリアにおける空き家の存在程度に依存するものと考えられる。その影響について見たものが図6-9である。担当エリアにおいて腐朽・破損の有る空き家があるか否かに分けて、取引価格に与える影響の実感について比較したものである（担当エリアに老朽化した空き家が有ると回答した不動産取引業者は170人、無いと回答した不動産取引業者は30人である）。

全体的に担当エリアに老朽化した空き家があると回答した不動産取引業者ほど、空き家の存在が持家戸建の取引価格に影響を与えると実感している人が多くなる傾向が見られる。特に、老朽化した空き家が多い場合の取引価格に与える影響は、担当エリアに老朽化した空き家が有ると回答した不動産取引業者の3割弱（27.1%）が影響は大きい（38.8%が影響は中程度ある）と実感しており、担当エリアにおいて空き家がある場合、取引価格に与える影響をより強く実感している様子が伺える。

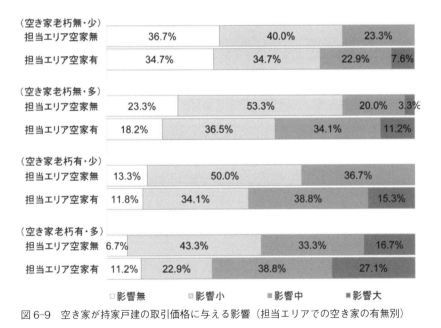

図6-9　空き家が持家戸建の取引価格に与える影響（担当エリアでの空き家の有無別）

（3）不動産取引業者の空き家に対するニーズ

以上、不動産取引業者においても、空き家の存在は取引価格に影響を与えるという実感が確認されたが、それでは空き家に対してどのように考えているのだろうか、そのニーズについて調査したものが図6-10である。設問内容は、問1「空き家の所有者の情報を入手できるシステムがあれば利用したい」に対する同意度と、問2「空き家を利活用するため自治体と連携を取りたい」に対する同意度について尋ねたものである。

まず、問1の空き家の所有者情報に対するニーズについて見ると、「そう思う」が33.0％、「ややそう思う」が33.5％である。過半数を超える7割弱（66.5％）の不動産取引業者が空き家所有者の情報について入手したい意向があることがわかる。

そして、問2の空き家の利活用を目的とした自治体との連携については「そう思う」が25.5％、「ややそう思う」が33.0％であり、過半数を超える約6割（58.5％）が空き家について自治体と連携するニーズを持っている。

なお、空き家に対する考えの自由記述（表6-3）を以下に列記している。空き家をビジネスとして取り入れたいニーズがある一方で、空き家に関する課税状況や所有権に対する法整備等の問題が指摘されており、国全体で取り組まなければならない課題が浮き彫りにされている。

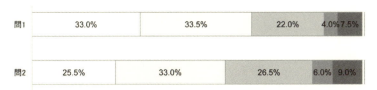

□そう思う　□ややそう思う　■どちらともいえない　■あまりそう思わない　■そう思わない

問1　空き家の所有者の情報を入手できるシステムがあれば利用したい
問2　空き家を利活用するため自治体と連携を取りたい

図6-10　不動産取引業者の空き家に対するニーズ

表6-3 不動産取引業者の空き家に対する主要コメント（自由記述一覧）

分類	コメント
相続	・相続等の諸問題が多く、ビジネス的には課題が多い。 ・相続手続きがされておらず、所有権者が多数いる。所有権者名義が現住所と一致しない場合が多く、固定資産税は新住所に郵送されているケースを合致させるか、申請により開示されるようになれば空き家・空地の活用促進が進むと思う。 ・相続人不存在の空き家で居住可能な物件が放置されているのはもったいない。この手の物件は、国が主体的に相続人不存在および特別縁故者不存在を確定して、国有財産として売りに出すべき。
税制	・建物の公租公課が負担となるので、何らかの措置があれば助かる。また自治体が介入することで安心感を提供できる。 ・権利関係が複雑なケースが多いので取引しづらい。固定資産税の絡みが影響しやすいので、税法の改正など法律の改正を先に進めて欲しい。 ・空家対策特措法と併用で空家を更地にした際の課税価格を現在より下げるべき。放置され危険、環境、景観を損ねる状況が多々散見される。
制度や仕組み	・空き家が簡単に管理できるシステムがあると便利。 ・空き家に限らず不動産は流通性に多大な影響がある。長く空き家で売れない物件は、流通性の悪い地域に存在する。しかし近年、田舎が見直されつつあり、業者及び行政も積極的に活用促進に乗り出すべきと考えるが、業者であれば収益性も考慮しなければ事業自体が成り立たない。空き家を含め田舎の物件が、ある程度認知されるまで仲介手数料等の特例処置等の施策を更に促進させ業者が事業として成り立つ施策が必要と考える。 ・空き家が多くなってきている中、今後より一層どうするかと思われ、倒壊の危険等社会問題にもなっているが、他方ビジネスチャンスはあると思う。官民協力して取り組んでいく必要があり、有効活用等をどんどん進めていくシステム作りが急務である。 ・所有者情報知らせてもらえるのが一番ありがたいが、個人情報保護法で困難ならば他の方法を考えてほしい。 ・所有者不明の空家が多い。地元の町内等でも連携して取引となるような仕組みが欲しい。
行政対応	・再生をビジネスとして取組みたい。自治体はもっと柔軟に積極的にこちらの提案を聞いて欲しい。 ・隣地が空き家で境界確定ができない場合がある。行政による積極的な介入が必要だと思う。 ・現在積極的に空き家対策に取り組み始めている自治体もあるので、色々提案している所だがコロナ対応に追われて人手不足なのか、先延ばしにされる印象。
その他	・空き家の所有者にリノベーションなど空き家再生のノウハウを提供するコンサルタントが必要。 ・物がないと固定資産税が高くなるため廃墟化老朽化した建物が意図的に放置されている。リノベして老朽化を延命させることは建物の状態によって可能なものは流通している。都市部であれば物流のラストワンマイルの一時保管所倉庫サテライトワークスペース、短期倉庫、都市型セカンドハウスなど活用法はある。

（4）商店街における空き店舗に対する意識

　熱田神宮前商店街の空き店舗等の状況について、事情に詳しい大学教員[4]にヒアリングを行った。その概要を下記に整理した。ヒアリングは2020年2月である。コロナ禍の中で個別ヒアリングが実施できなかったので、代表者ヒアリングとなった。

　なお、この熱田神宮前商店街は比較的空き店舗が多い。これまでに比べて、新規出店も現れており、多少の新陳代謝はあるようだ。空き店舗が店舗として利用できないのは店舗上階に住む居住者の存在がある。

【空き店舗の状況】
・空き店舗も多少増えているが、数年内に新規出店した店舗も数件あり、店舗の入れ替わりはある。中には若者による出店や人気の店などもある。
・新規出店希望者に対しては、商店街で問い合わせ等に対応している。

【空き店舗と居住】
・空き店舗でも利用できるのは、半分程度である。店舗は空いていても住居として利用している場合は貸すのは難しい。
・住居は5～7坪と小さいため、仮に売ったとしても、新居等を買うほどにはならず、商店街から出ていくことが難しい。

5　国内の空き家・空き店舗の活用事例の分析

　ここでは全国の空き家・空き店舗の活用事例を下記の4つの視点で整理した。もちろん全国には様々な取り組みがあるが、すべてを網羅するわけにはいかないので、注目されているものを4～5事例をピックアップしている。
　（1）空き家単体の活用
　（2）エリア展開（地域として面的に空き家活用を実施）
　（3）利活用の仕組み（地域組織等が空き家活用を事業として展開）
　（4）空き家・空き店舗の想定される活用

（1）空き家・空き店舗単体の活用

　ここでは、活用の用途別に、①福祉、②コミュニティ、③商業、④観光の

4つに分類して、整理した。
① 福祉施設
　福祉利用は枚挙にいとまがないが、空き家活用となると老人ホームや小規模多機能型住宅のような大規模な活用例でなく、戸建住宅1棟丸ごとを活用するグループホームやデイサービスが中心となる。公益法人が活用主体となっている事例が多い。(表6-4)
② コミュニティ施設
　コミュニティ施設は多様な人々が集まりやすい場所での活用が見られ、それゆえ、空き家だけでなく、商店街の空き店舗の活用事例が見られる。また、カフェや交流スペースを運営する事例（福山市・豊田市）では団体ではなく、個人利用もある。また、行政（長久手市）が積極的に小学校区単位で空き家・空き店舗をコミュニティの拠点施設として位置づけ、整備している。(表6-5)
③ 商業施設
　商店街や空き店舗群の活用事例である。活用用途は多様であり、物販も

表6-4　福祉施設としての活用事例

場所	事業名	主体	連携	主な用途	概要
東京都世田谷区	タガヤセ大蔵	社会福祉法人大三島育徳会	民民	デイサービス	普通の築古アパート壁をぶち抜き、高齢者デイサービス＆カフェに改装。
愛知県名古屋市南区	グループホームなも	南医療生活協同組合	民民	グループホーム	組合員が自転車で地域を回り（チャリンコ隊）、見つけ出した空き家を改修した施設。まちに溶け込んだ介護施設として、介護甲子園大会優秀賞を2年連続で受賞。
東京都墨田区	こととい こども食堂	一般社団法人つくろい東京ファンド	民民	子ども食堂、居住	空き家×シェアハウス×こども食堂を目的に、ファミリー向けの一軒家を借り上げて、東京の家賃の高さに悩む若者向けのシェアハウス（定員3名）として活用。
埼玉県三郷市	ほっとサロン・いきいき	三郷市	公民	高齢者見守り	UR団地の空き店舗を活用し、高齢者の孤立化を防ぐために住民の見守り、自由に立ち寄れる交流施設を市が設置。

あり、サービスもある。立地的には商店街や同一業種店舗（ここでは繊維系）の集積地など、商業利用しやすい条件が整っている。主体は商店街やTMO（タウンマネージメント機関）、行政が関わっている。行政は直接関与する場合（和歌山市の例）と間接的に関与する場合（京都市）がある。後者は市のモデル・プロジェクト制度を活用して、個人がテナントを募集し、実現している。（表6-6）

④　観光施設

　観光による地域活性化を図るために、空き家・空き店舗の活用を展開している。利用目的は宿泊施設や飲食店・土産売場、工房等など、幅広い。主体は公益法人が多い。純民間もあるが、行政との連携が不可欠となっている。（表6-7）

表6-5　コミュニティ施設としての活用事例

場所	事業名	主体	連携	主な用途	概要
東京都大田区	空き家等地域貢献活用事業	大田区	公民	地域貢献	公益的利用をしたい空き家等オーナー登録とNPO、地域等公益的活動に空き家を必要としている団体・個人をマッチング、サポート。世田谷区と違い助成金はない。実績25件（保育室、ゲストハウス、アトリエ、グループホームなど2023.10時点）
群馬県前橋市	シェアフラット馬場川	商店街	民民	学生シェアハウス	空き店舗（雑居ビル）を活用した学生用シェアハウス。学生のまちなか居住促進。商店街有志でLLPを組織して事業化。
愛知県豊田市	多世代交流サロンひだまり	個人	民民	コミュニティカフェ等	古民家を改修したコミュニティカフェ、2団体が交代で飲食を提供、貸しスペースでイベントも開催。
愛知県長久手市	地域共生ステーション	長久手市	公住	地域活動の場	ワークショップで地域住民が地域の居場所づくりとなる施設を計画。小学校区ごとに空き家・空き店舗を活用して市が整備。
広島県福山市	コミュニティハウスumbrella	個人	民民	交流施設	商店街、カフェや起業に向けたシェアルーム、BOXショップ、多目的スペースを備えた交流施設。「ふくやま輝く女性大賞」最優秀賞を受賞。

表 6-6 商業施設としての活用事例

場所	事業名	主体	連携	主な用途	概要
長野県佐久市	岩村田本町商店街	商店街	民民	起業育成施設、子育て支援施設、学習塾	「商店街はコミュニティの担い手」というビジョンに基づき、住民アンケート等から必要となる施設をデザイン。空き店舗を活用して、生活密着の施設を導入。
和歌山県	リノベーションまちづくり	和歌山市	公民	多用途	市がリノベーションスクールを開催し、その参加者によって複数の家守会社が立ち上がり、空き店舗等のリノベーションを進めて、中心市街地を活性化。
岐阜県多治見市	ヒラクビル	多治見まちづくり㈱	民民	本屋、シェアオフィス等	商店街にあった3階建て空きビルをまち会社がリノベーション。キーテナントに本屋を誘致、ほかに喫茶店、シェアオフィス、レンタルルーム。2019年オープン。
京都府京都市島原	複合商業施設 itonowa（イトノワ）	個人	公民	商業	かつて繊維関係の店が多かったことにちなみ、2軒の空き店舗に着物やヴィンテージドレスなど、主に糸や布に関連したショップを集結。クリエイターによるワークショップ等も開催。市の「空き家活用×まちづくり」モデル・プロジェクトで選定。

表 6-7 観光施設としての活用事例

場所	事業名	主体	連携	主な用途	概要
岩手県一関市	一BA（いちば）	一般社団法人一関平泉イン・アウトバンド推進協議会	民民	観光案内	コワーキング・スペース兼ワークショップ・スペース〈co一ba ichinoseki〉、地元産商品を扱うショップ、民泊施設、観光案内所などの機能を持つ。
石川県金沢市	HATCHi金沢	㈱リビタ	民民	ホテル	築50年、地下1階・地上4階建てのビルをシェア型複合ホテルへリノベーション。コンセプトはシェアリングによる出会いをきっかけとした北陸ツーリズムの発地。「中心市街地再生事業」として市とも連携。

場所	事業名	主体	連携	主な用途	概要
兵庫県篠山市	NIPPONIA	一般社団法人ノオト	民民	ホテル	篠山城の城下町をひとつのホテルと見立て、一般社団法人ノオトが、古民家等を活用して、宿泊棟、レストラン、カフェ、工房、シェアオフィス棟などを配置。
広島県尾道市	尾道空き家再生プロジェクト	NPO尾道空き家再生プロジェクト	公民	多用途	NPO尾道空き家再生プロジェクト（行政連携）が、市から空き家バンクを受託、物件探しから定住支援まで移住希望者たちをサポート。空き家×観光として、空き家を長期滞在用に提供したり、まち歩きを面白くする趣味のお店や工房にも再生。

（2）エリア展開

　エリア別展開とは、個々の空き家・空き店舗を個別に活用するのでなく、地域として面的に空き家・空き店舗の活用を実施している取組みを指す。（表6-8）

　事例を見ると、エリアは観光地や商業・業務地が対象となっている。面的対応であるがゆえに、いわばエリアマネジメントの視点を導入して、空き家・空き店舗の活用を図っている。利用目的は観光地や商業・業務地であるため、ほとんどが商業施設（物販・宿泊など）であるが、アートや居住も含まれている。

　事業主体は民間中心であるが、NPOやTMOなどの公益法人もかかわっている。ここでも行政との連携は不可欠であり、情報交換や活動支援のための補助金の提供などで、活動の下支えがなされる。

表6-8　エリア展開による活用事例

場所	事業名	主体	連携	主な用途	概要
新潟県新潟市沼垂地区	沼垂テラス商店街	民間	民民	商業	旧市場を再生するため、地元商店主が旧市場全体を買い取り、地域の暮らしを支える店や個性的な店を募り、長屋の古いたたずまいを残した「沼垂テラス商店街」として再生し、空き店舗を解消。
長野県長野市門前町界隈	門前暮らしのすすめ	民間	民民	商業	クリエイター集団「ナノグラフィカ」が中心になり、様々なイベントやワークショップ、門前の町歩きマップの制作、まちの情報誌の発行、空き家の見学会・相談会等の開催を通して、移住を促進。
静岡県熱海市	リノベーションまちづくり	NPO atamista	民民	アート	NPO法人atamistaがリノベーションまちづくりを展開。リノベーションスクールを開催。宿泊施設をつくり、通いから定住へつなげる。
滋賀県長浜市		長浜まちづくり㈱	民民	商業、住居	まちづくり会社が、町家再生バンクやシェアハウスの取組などエリアマネジメント活動を実践。
大阪府大阪市阿倍野区昭和町		丸順不動産	民民	商業	不動産屋が長屋を中心に活用・テナント誘致、地元商店を集めたマーケットイベントも企画し、エリアの価値を向上。

（3）利活用の仕組み

　空き家・空き店舗の活用にあたって、どのような仕組みで行われているのかの事例分析である。基本的には所有者と利用者のマッチングが求められている。マッチングにあたって、大手の不動産紹介業者（例えば、SUUMO、LIFULL HOMES、at homeなど）が空き家バンクとなって、そこに所有者が空き家・空き店舗を登録し、全国からの利用ニーズを集めてマッチングする仕組みがある。しかし、きめ細かな所有者情報や地域として望まれる利用ニーズを調整するために、地元の組織団体（純民間というよりTMO的公益団体）が関わる、あるいは直接行政が関わる事例を掲載している。自治体単位での空き家登録では出会いが少なくて、マッチングしづらいのが実態であろう。（表6-9）

表 6-9　空き家・空き店舗活用の仕組み

場所	事業名	主体	連携	主な用途	概要
東京都世田谷区	世田谷区空き家等地域貢献活用助成事業	（一財）世田谷トラストまちづくり	公民	地域貢献	地域貢献活用を目的に、空き家等を保有するオーナーとNPO等活動団体とのマッチング。団体から提案を募集し、審査の上、助成（最大300万円）。実績24件（コミュニティカフェ、コワーキング、デイサービス、子育て支援、障害児施設等2024.2時点）。
東京都八王子市	空き店舗撲滅プロジェクト	まちづくり会社・商店街・市・商工会議所	公民	多用途	まちづくり会社が中心となり、市や地元不動産事業者、地域の学生等と協働しながら、地域ネットワークの確立、地権者との信頼関係の構築、空き店舗活用のスキーム作りを行う。
京都府京都市六原学区	六原まちづくり委員会	学区	住民	住宅	学区が不動産、建築家など専門家と協働し、空き家対策の委員会を組織、住民主導で相談、見守り、片付け支援、利活用促進の「空き家の手帖」を出版し全国に販売。
京都府京都市	「空き家活用×まちづくり」モデル・プロジェクト	京都市	公民	多用途	空き家をまちづくりの資源と捉えた新しい活用方法の提案を募集し、選定された提案に対して、実現するために必要な費用の一部を助成（500万円まで）。
大阪府豊中市	空き家マッチング支援事業	豊中市	公民	多用途	多様な利活用を促進するため、空き家の利活用を望む空き家の所有者と、空き家の利活用を希望する団体・個人双方からの情報収集、相談対応、マッチングの機会づくりなどを支援。

（4）空き家・空き店舗の想定される活用

　市街地に存する空き家・空き店舗の形態は、主として戸建の空き家、戸建の歴史的建造物、空き店舗、空きビル・空き室があり、活用できる用途としては他都市の事例等から表6-10のようなものが想定される。

　また、活用を行う主体としては、個人や企業、NPOや社会福祉法人などの目的を持った団体、地域団体などが考えられよう。

表6-10 空き家・空き店舗の想定される活用一覧

空き家タイプ	想定される活用（用途）	想定される活用者
（1）戸建ての空き家	【福祉】 ・グループホーム ・保育ママ 【コミュニティ的活用】 ・子育て支援 ・多世代交流の場 ・サークル活動 【観光】 ・工房、アートギャラリー	個人、企業 NPO、一般社団法人 社会福祉法人 地域団体
（2）戸建ての歴史的建造物	【観光】 ・飲食店、カフェ ・ゲストハウス ・工房、アートギャラリー ・案内所、お土産屋 ・レンタサイクル貸出所等	
（3）空き店舗	【商業】 ・スモールビジネス店舗 ・アニマルカフェ等新業種の店舗 【コミュニティ的活用】 ・子育て支援 ・子ども食堂 ・コミュニティカフェ	
（4）空きビル・空き室	【コミュニティ的活用】 ・シェアオフィス ・サークル活動 【観光】 ・ゲストハウス	

6　おわりに

　本章では、名古屋市熱田区を対象に、空き家の存在が住宅地価に与える影響を計量的に分析した。また、その活用について事例分析を通じて整理した。

（1）空き家・空き店舗がもたらす外部不経済

　名古屋市熱田区においても、空き家の存在は住宅地価を統計的有意に引き下げていることが確認された。

　さらに、全国の不動産取引業者200人に対し、空き家の存在が不動産（特

に持家戸建）の取引価格に与える影響について尋ねた結果、過半数以上の人が影響はあると実感しており、特に空き家が老朽化しているほど、またその数が多いほど取引価格に与える影響は大きいと実感する業者が多かった。

　このように、空き家の外部不経済の影響は不動産市場にも反映されており、多くの不動産取引業者からも、空き家所有者の情報開示や自治体との連携を望むニーズの高さが確認された。空き家の問題は、空き家の急増や行政の人手不足を背景に自治体のみで対処できるものではなく、民間の活力を利用しながら対応していくことが望ましい。

　ただし、空き家の解消や発生予防に問われるのは、住宅所有者の意識である。空き家の問題は該当物件の周辺住民だけの問題ではなく、住宅所有者全体の資産価値を守る問題として認識する必要がある。従って、住宅資産の価値の維持・向上のため、早期の段階から空き家の発生を予知し、長期間に渡り、空き家にしないよう住民同士で連携を採り対策する必要がある。行政や関連事業者はそのための手段に過ぎず、空き家に取り組む主体はあくまでも住民である。

（2）空き家・空き店舗活用のための課題と方法

　空き家・空き店舗となってしまった場合には、それらを活用する、あるいは一般の流通市場に委ねていく場合も含め、「空き家の掘り起こし」すなわち所有者への働きかけが必要である。

　そのためには、空き家等所有者がもつ様々な問題に対応できる相談体制をつくることが重要だといえる。また、熱意のあるNPOや地域団体、家守会社が、きめ細かく地域の空き家等の掘り起こしを行うことが効果的と思われる。一方、行政が相談窓口を開設する場合は、各専門家団体の参加がしやすく、相互の連携が容易にできるところに利点がある。

　空き家等の活用をすすめるためには、改修費用や建築法規の問題などがネックとなっている。また、活用のノウハウをもつ人材がまだ少なく今後育成していく必要がある。

　すなわち、改修資金については補助や融資の制度が、額の多寡はあるものの用意されていることが多い。資金のかからない改修の手法としてDIYや

ワークショップも試みられている。建築法規（用途変更や耐震）、改修方法、契約等に関する相談体制も必要である。より事業性の高い商業・観光的活用の場合は、活用案の作成段階においてリノベーションスクールのような知恵を結集するシステムも求められよう。

（3）空き家活用の推進組織

　事例にあげた、表6-6の和歌山のリノベーションまちづくりも、表6-7のNPO法人尾道空き家再生プロジェクトも、空き家・空き店舗の掘り起しから活用、さらにまちづくりまで一貫して携わる組織・システムが構築されている。前者では、リノベーションスクールを公（市）が仕掛け、民が家守会社を立ち上げて事業を回し、エリアマネジメントへと発展させており、公民の協働が推進力を生み出している。後者では、空き家の再生に必要なことを、移住希望者に対しても、NPO自身の活動についても、きめ細かく網羅的に行っており、NPOの主体性・柔軟性が発揮されているといえる。

　名古屋のような大都市のなかでも、やや衰退しているエリアには空き家再生の動機があり、そのようなエリアで商業的活用に継続的に取り組んでいるのがナゴノダナバンクである。当初は名古屋市西区の円頓寺商店街の店舗再生からスタートし、今や全国展開している。

　住居地域については、まだあまり事例が見られないが、地域密着型の地域団体やNPOがまちづくりの一環として空き家に関する相談体制をつくることは有効だと思われる。

　他方、大都市市街地の中には、広範に空き家が散在しており、一般の不動産市場が大きなウェイトを占めているのが前提であるため、空き家の再生・活用の目的を明確にしたうえで、方向性を考える必要がある。
①小規模な福祉施設に活用する
②コミュニティの場として活用する
③商業的に活用する
④観光的に活用する

　①②を目的に活用するならば、表6-5の大田区のように公的な組織が専門家団体と連携しながらマッチングや支援を行うことが考えられる。

③④を目的に、特に④として活用するならば、行政・市民・企業・大学等からなる協議会で観光まちづくり方針を定め、その中で必要とされる用途（カフェ、ゲストハウス、案内所、ギャラリー等）に、空き家・空き店舗をその立地や建物形態などからマッチングし、協議会内のワーキングチームが所有者への働きかけを行い、実現していくことが想定される。

*本稿は、上山仁恵・秋山太郎・井澤知旦（2022）「空き家の外部不経済の実証分析―名古屋市熱田区を事例とした空き家の住宅地価に与える影響―」をもとに本文1～4(3)、6(1)を構成している。また本学社会連携センターが名古屋都市センターに委託した報告書「空き家・空き店舗の有効活用に関する調査研究委託業務」（2020）をもとに、委託担当であった井澤が大幅に加筆修正し、本文4(4)～5、6(2)(3)を構成している。なお、表6-4～9は2020年3月までの情報をもとに整理している。ただし、一部最新情報で修正している（修正時点を記入）。

注

1 ヘドニック・アプローチの詳細については、例えば金本・藤原（2016）などを参照。
2 不動産取引業の定義は、主として不動産の売買、交換またはその代理、中間を行う者であり、主として不動産の賃貸、管理を行う不動産賃貸・管理業は含まない。
3 本稿の分析が名古屋市熱田区を対象としているため、本来であれば同エリアの不動産業者に調査をすることが望ましいが、計量的に特徴を捉えることが可能なサンプル確保が難しかったため、調査対象は全国で実施した。
4 名古屋学院大学　水野晶夫教授

参考文献

【1】粟津貴史（2014）「管理不全空き家等の外部効果及び対策効果に関する研究」，「都市住宅学」，87号，pp.209-217。
【2】上山仁恵・秋山太郎・井澤知旦（2021）「名古屋市の空き家発生の要因分析並びに熱田区市町村の空き家分布状況に関する報告書」名古屋学院大学ディスカッションペーパー，No.138。
【3】金本良嗣・藤原徹（2016）「都市経済学」東洋経済新報社。
【4】藤田幸夫（2017）「老朽家屋等の外部不経済と行政による対策のあり方につい

て」修士論文（政策研究大学院大学）。
【5】中川雅之・斎藤誠・清水千弘（2014）「老朽マンションの近隣外部性―老朽マンション集積が住宅価格に与える影響―」,『季刊　住宅土地経済』夏季号, No. 93, pp. 20-27。
【6】吉田資（2020）「空家法施行後の空き家の現状」ニッセイ基礎研究報, Vol. 64, pp. 231-241。

第7章
地域のチカラを引き出す3つのアプローチ
大学は如何にして「支え合いの地域づくり」に貢献できるか

山下匡将　澤田景子　玉川貴子　伊沢俊泰

1　活動の目的

　本実践は、「ストック・シェアリングを通じた地域価値の編集による新世代型コミュニティの実現に向けた多層的研究」が描く「新世代型コミュニティ像」のうち、「一人ひとりがコミュニティを支える行動人間」に該当する「人的な資源」（人材）がもつ知識や経験、才能や時間といった"チカラ"のシェアリングに着目したものである。

　第4次熱田区地域福祉活動計画によると、熱田区は、「名古屋市の16区中、面積は2番目に小さく、人口と世帯数は最も少ない区」であり、「昔からの『顔なじみ』の住民が多い、比較的つながりが残っている区」である。また、名古屋学院大学（以下、本学）が移転してきてからは、「熱田区は『学びのまち』として変化」している。しかし、地域福祉活動について、「面積としては狭いが、個人で活動を展開するには広い」、「活動の担い手が高齢化している」といった課題がある。その上で、当該計画では、「困ったときにヘルプが言える」こと、そして「ヘルプに気づき助けてくれる付き合いがある」ことが熱田区の地域福祉の理想像であるとして、いわゆる「支え合いの地域づくり」を目標としている[1]。

　そこで、熱田区が抱える「支え合いの地域づくり」という地域課題の解決、ひいては「支え合いの地域づくりに貢献できる大学」という本学のブランディングに資するべく、「大学はストック・シェアリングの観点から如何にして『支え合いの地域づくり』に貢献できるか」とのリサーチ・クエスチョンを設定し、「望ましいと考える社会的状態の実現を目指して研究者と研究対象者が展開する共同的な社会実践」[2]であるアクションリサーチ的実

践を展開した。

2　CBPR の原則に基づいた地域のステークホルダーとの連携・協働

　先述した目的を達成すべく、本実践では「CBPR（Community-Based Participatory Research）」という研究アプローチ方法を採用した。CBPR は、「コミュニティを基礎とする参加型リサーチ」と訳され[3]、その特徴として、①コミュニティとの協働、②コミュニティ内のストレングスや資源の尊重、③リサーチのすべての段階で平等に協働するパートナーシップ、④すべての関係者の協同の学びと能力開発の促進、⑤リサーチとアクションの統合、⑥地域密着性とエコロジカルな視点の重視、⑦循環的な反復のプロセスによる変革、⑧すべての関係者との結果の共有と協働による結果の公開、⑨長期にわたるかかわりと関係の維持、という9つの原則に基づいた研究（実践）の展開が挙げられる[4]。

　本実践では、第4次熱田区地域福祉活動計画をプラットフォームに、地域住民や地域活動団体、当事者グループ、行政機関等、地域のステークホルダーとの"対等な関係"に基づいた連携あるいは協働を通して、当該原則を遵守している。

　例えば、本実践のアウトカム指標の一つとなる「ぬくといつながり尺度」の作成にあたっては、第4次熱田区地域福祉活動計画策定委員会作業部会のメンバーと2018年度に計5回にわたって検討会を開催し、6領域（「家族」「友人」「ピアグループ」「近隣住民」「町内会」「家族以外の親族」とのつながり）5段階からなる尺度を作成した（図7-2参照）。なかでも「支え合いの地域づくり」に関連が深い「ピアグループ」「近隣住民」「町内会」とのつながりについては、それぞれ「会合に参加している」こと、

図7-1　「ぬくといつながり尺度」作成の様子

※筆者撮影（以下、特に記述がない写真は「筆者撮影」）

熱田ぬくといつながり尺度

以下の問A~Iについて、現在、あなたがもつ「つながりの程度」に最も近い表現の番号（①~⑤）を回答欄に記入してください。

問A 「家族」とのつながり										回答
①	あいさつをしない	②	用事があるときだけ会話する	③	普段から日常会話をする/普段の行動を把握している	④	感謝の気持ちを声に出して伝えている	⑤	深刻な悩みを相談する/相談される	

問B 「友人」とのつながり										回答
①	友人と呼べる人がいない	②	SNSや年賀状だけの付き合い	③	直接会って遊ぶ・話をする	④	悩みを相談する/相談される	⑤	家事や育児などの手伝いを頼める/頼まれる	

問C 「同じ状況にある方々（同じ悩みや関心事をもつ方々）」のグループとのつながり										回答
①	周りにいない	②	グループの存在(所在)を知っている	③	会合に参加している	④	会合以外で個別に連絡を取り合っている	⑤	困ったときに助けを頼める/頼まれる	

問D 「ご近所さん」とのつながり										回答
①	顔も名前もわからない	②	あいさつや会釈を交わす	③	軽い日常会話をする	④	井戸端会議に参加する	⑤	家事や育児などの手伝いを頼める/頼まれる	

問E 「町内会」とのつながり										回答
①	町内会に加入していない	②	町内会に加入している	③	行事には参加する	④	組長やサロンの世話役などを担っている	⑤	会長や会計などの役員を務めている	

問F 「（家族以外の）親族」とのつながり										回答
①	連絡を取っていない	②	冠婚葬祭や年賀状だけの付き合い	③	たまに電話等で連絡をとる	④	よくお互いの家を行き来する	⑤	育児や介護などの手伝いを頼める/頼まれる	

図7-2 ぬくといつながり尺度（調査票）

「軽い日常会話をする」こと、「行事には参加する」こと（いずれも5段階中3段階目の水準）が地域福祉の実現において必要であるとの統一見解に至った。

3 地域のチカラを引き出すための3つのプロジェクト

（1）プロジェクトのコンセプト

本実践において「地域」とは、フィールドとなる「熱田区」のことであり、人的な資源（人材）がストックされている「コミュニティ」のことである。MacIverによれば、コミュニティは「社会的存在の共同生活の焦点」であり、アソシエーションは「ある共同の関心又は諸関心の追求のために明

確に設立された社会生活の組織体」である[5]。つまり、コミュニティの特徴は、「共同性」と共同生活を営む場としての「地域性」にあり、加えて、アソシエーションとの対比において「自生性」が挙げられる。よって「支え合いの地域づくり」という表現には、「コミュニティには共同性が欠けており、それをアソシエーション的に"つくる"（必要がある）」という意味あるいは意図が読み取れる。

とはいえ、本実践が依拠するのは、「コミュニティとして欠けたものを補うために、アソシエーション的に新たなものをつくる」という発想ではなく、「コミュニティやシステムなど、『場』全体の力を引き出し、活性化する」という「コミュニティ・エンパワメント」の視点である[6]。すなわち、本来コミュニティが有しているはずの「支え合いが自然発生する土壌としての"チカラ"」を取り戻す試みであり、本報告のタイトルに冠した「地域のチカラを引き出す」ことである。加えて、コミュニティ・エンパワメントは、先述したCBPRの原則「②コミュニティ内のストレングスや資源の尊重」に対応する概念でもある。

上記コンセプトのもと、本実践では、①ダブルケア支援体制の地域支援モデルづくりプロジェクト（リーダー：澤田景子）、②ひびの健やかフェスティバル＆つながり動画企画プロジェクト（リーダー：玉川貴子）、③熱田区誰もが暮らしやすい街づくりプロジェクト（リーダー：山下匡将）の3つのプロジェクトを立ち上げ、地域において具体的な取り組みを展開してきた。以下、3つのプロジェクトの概要（ねらい、取り組み内容、成果等）を順に示す。

（2）ダブルケア支援体制の地域支援モデルづくりプロジェクト（リーダー：澤田景子）

「ダブルケア」とは、狭義では子育てと介護が同時期に発生する状態を指し、広義では家族や親族等との密接な関係における複数のケア関係とそこにおける複合的課題を指す和製造語である[7]。ダブルケアは課題が子育てと介護、就労など複数分野に跨るため、実態が把握されづらく、適切な支援につながらないまま孤立しているケースが少なくない。こうした複合的課題については、既存の縦割り制度の枠組みを越え、行政によるフォーマルな支援と

支援団体らによる活動、地域での助け合いといったインフォーマルな支援とが丁寧につながり、意識や方向性を共有しながら、実効性のある包括的・重層的な支援体制を構築することが求められる。

そこで、熱田区を拠点として自助、互助、共助、公助をともに高めていくための「ダブルケア支援体制の地域支援モデル（熱田モデル）」の構築を目指したプロジェクトを推進した。以下、第一期から第四期に分けてその概要について述べる。

【第一期：安定した運営・活動の基盤づくり（2019年度）】

熱田区を拠点としたダブルケア支援の動きは、本学と任意団体ダブルケアパートナー（現：一般社団法人ダブルケアパートナー）が共同開催したダブルケアカフェ（当事者・経験者らの集いの場、情報交換の場）が始まりとなる。当時、ダブルケアという言葉の認知は行政や専門職においても今以上に低く、ダブルケアパートナー代表の杉山仁美氏は開催にあたって、当初居住地区の社会福祉協議会に相談したものの、区民対象の活動ではないことを理由に場所の貸し出しを断られた他、「ニーズは多くないのではないか」「働き盛りの世代は集まらない」として活動へのサポートは得られなかった。

そうした中、本学とつながり、熱田区比々野にある社会福祉法人杏園福祉会からの協力を得て、デイサービスセンターの休館日を利用しての開催が実現した。開催当初の課題は「どのように当事者、経験者とつながりを持てるか」であった。そこで参加者募集にあたって参加者の居住地域を限定せず、当事者・経験者のみならずダブルケアに関心のある人を含む幅広い対象者に呼びかけることとした。SNS、ホームページ等での広報とともに、市及び区内の関係機関へのチラシ配架、新聞社への記事掲載を依頼した。筆者が関わりを持っていたダブルケア経験者らにも参加を呼び掛け、第1回ダブルケアカフェの参加者は20名となった。その後も2ヶ月に一度、会場は固定せずに開催を継続している。

第一期は、ダブルケアカフェの安定的な運営を目指し、知見を蓄積しながら、参加者数と運営を担う団体メンバーの確保に奔走した時期といえる。一般住民もさることながら当事者・経験者らも「ダブルケア」という言葉を知

らない、さらには行政や専門職であっても社会的課題と認識していない中で、どのように「つながり」を広げるかが課題であった。そこで、①ダブルケアそのものの社会的認知度の向上を図る、②地域の子育て世代、子育て・福祉関

図 7-3　ダブルケアカフェの様子

係者、市民活動団体等へのダブルケアの理解を促す、③ SNS 等を通じてダブルケア経験者へ呼びかける、の３つを柱にイベント連携・協働や普及啓発活動、SNS 等の積極的活用、メディア等への働きかけ、「ダブルケア版クロスロードゲーム」をはじめとする啓発ツールの製作に取り組むこととした。

　初年度にもかかわらず多くのイベント連携・協働や啓発活動ができた背景としては、ダブルケアパートナーが当事者・経験者のみならず、支援者や研究者らを巻き込みながら活動を担う団体メンバーを着実に増やしていったこと、本学の持つネットワークや信用を基盤とした熱田区の行政・関係機関との連携、特に第４次熱田区地域福祉活動計画と連動できたことが大きかったと考える。そして、こうしたイベント連携・協働の機会や意見交換を通じて、熱田区内の児童館や保健センター、福祉会館やいきいき支援センター（地域包括支援センター）、熱田区民生子ども課や福祉課、社会福祉協議会からの理解・協力が得られる関係性の下地が徐々に整っていった。

　一方、活動を通じて広がったつながりを元に当事者・経験者らへのインタビュー調査を実施し、支援ニーズを明らかにするとともに、大阪府堺市、京都府等ダブルケア支援に関する先進地域への視察を行った。さらに横浜国立大学の相馬直子氏らを招き、合同研究会を実施するなど、研究面からもダブルケア支援の在り方についての検討を進め、その成果を実践へと還元した。

【第二期：オンラインを活用した参加者層拡充の取り組み（2020 年度）】
　新型コロナウイルス感染症の拡大により、2020 年 5 月からはオンラインでのダブルケアカフェ開催となった。当事者が比較的時間がとりやすい夜時

間帯の開催とし、北海道、関西、九州等全国各地から参加があった。また自立運営に向けてダブルケアカフェの主催をほぼダブルケアパートナーに移し、本学はサポート、または必要に応じて連携する形をとった。多忙で時間のないダブルケア世代とオン

図 7-4　オンラインカフェの様子

ラインとの相性の良さを実感する中で、活動全体がオンラインを主軸とした展開となっていった。中でもダブルケアパートナーの公式 LINE アカウントの開設により、参加者や関心のある人たちに対して、リアルタイムに情報を届け、双方向でのコミュニケーションが円滑に図れるようになるとともに、それらに対応するための体制整備が急務の課題となった。一方、コロナ禍での活動自粛が長期化する中、熱田区や名古屋市を中心とした活動は再考を余儀なくされ、当事者・経験者、支援者らとのつながりも地域を限定しない形で広がることとなった。運営スタッフと話し合いを重ねる中で、オンラインとの相性の良さに着目し、コロナ収束後はリアルとオンライン双方の利点を取り入れた活動を展開していくことを想定し、オンラインの積極活用、それに向けた体制整備へと舵を切った。また熱田区内での取り組みはほぼ中止せざるを得なかったものの、第一期での働きかけが結実し、「令和二年度熱田区区政運営方針」では、新規事業としてダブルケアに関する啓発事業が盛り込まれ、熱田区役所・保健センター、熱田区社会福祉協議会と大学主催のダブルケアシンポジウムが YouTube 配信されることとなった。

　また第二期では、支援を考える上では欠かせない福祉関係者等専門職への働きかけにも注力した。これまでの実践・研究の成果を窓口対応者・相談支援者・ソーシャルワーカー向け研修用テキストにまとめるとともに、名古屋市介護サービス事業者連絡研究会（以下、「名介研」という）と本学、ダブルケアパートナーとの共催による「ダブルケア支援力向上研修」をオンライン開催した。

【第三期:多様なピア・サポートの仕組みづくり(2021 年度)】

　2020 年度末時点で団体メンバーが 14 名となっていたダブルケアパートナーは、対面・オンラインの両立、活動内容の多様化に対応するため、2021 年 4 月から一般社団法人化し、杉山氏と筆者が代表理事となった。オンライン上でのつながりが増えたことも相まって、メールや SNS 等での相談や苦しさを吐露する書き込みが増え、共感や相談共有の場を求めながらもダブルケアカフェのスタイルではない形を求める層の存在や個別でじっくり悩みを聞いてほしいというニーズが顕在化していた。こうしたニーズに対応するべく、ダブルケアパートナーと本学との共催による個別相談事業を新たなピア・サポート活動として試行的に実施することとした。また、経験者が相談対応できる力を高めるための傾聴講座の開催、当事者・経験者らが相談し合える LINE オープンチャットの開設といった新たな取り組みに動き出した。

　ピア・サポートのメニューが徐々に増え、LINE オープンチャットでは匿名で緩やかにつながれる場を、ダブルケアカフェではリアルな仲間と出会う場を、個別相談事業では当事者・経験者や専門職にじっくり相談できる場をといった形で、当事者らが自らのニーズに合わせてピア・サポートの場を選べる環境が少しずつ形となっていった。

　また、研究分野では、これまでのダブルケアカフェの参加状況やアンケート結果の分析を行い、その役割や今後の展望について検討を行った[8]。

　併せて対面講座などが再開され始め、熱田福祉会館主催の講座にて地域の認知症予防リーダーと本学学生がともにダブルケアについて学び、「熱田区でのダブルケア啓発案」を考えた他、熱田区生涯学習センター主催の市民講座でもダブルケア講座が開催された。

図 7-5　個別相談事業の様子

〈コラム「ダブルケアお悩み相談（個別相談事業）とは？」〉

　個別相談事業は、外出の余裕がない、集団では話しづらいといった当事者・経験者の声を踏まえ、悩みや困り事を抱えていても、相談できずにいる当事者が個別でじっくり話せる場として、試行的に始めたものである。2021年6月から11月までの試行期間を経て、2022年度からは継続的に実施している。相談は無料、月2日で1日あたり2枠、1枠あたりの相談時間は1時間とし、対面またはオンラインにて実施している。トラブル防止の観点から、高度な知識を要する助言や他機関等への連絡・調整（緊急性が高い場合を除く）といった専門的な相談援助は行わないことを原則とした。相談対応者は、原則、ダブルケアパートナー所属の当事者・経験者スタッフと福祉又は子育て分野での支援経験及び資格を有する専門職スタッフがペアとなり行うこととした。

　利用者アンケートからは、「張り詰めた気持ちをほぐすことができました」「自己肯定しているものの、家族以外から認めてもらえる喜びは大きい」「現状を客観的に考えることができました」など傾聴・相談による気持ちの整理・安定、一歩前へ進めるアドバイス、わかってもらえる場所としての価値を感じていることがうかがえた。

【第四期：世代を包括したケアラー支援のつながりづくり（2022年度、2023年度）】

2022年度からは、対面等のイベントが本格的に再開され始め、本プロジェクトのダブルケアカフェにおいても対面を再開した。ただし、遠方からのリピーターも増えていたこと、近隣であっても外出が難しい、日中時間が取れないなどの理由でオンラインでの参加を希望する者もみられたため、対面とオンラインを両立していく形とした。

　さらに、学生による啓発活動にも積極的に取り組んだ。熱田イオンモールでのダブルケア啓発ポスターや啓発動画の放映、熱田区区民まつりでの啓発活動、啓発ツールの製作などの他、熱田区役所民生子ども課主催の主任児童委員研修にて本学学生らも参加し「ダブルケア研修」を実施した。同時に、

毎年開催している福祉専門職向けの研修に加えて、名介研主催の介護職員等キャリアアップ研修にてダブルケア研修を実施した。

これまでの3年間の取り組みから熱田区内のステークホルダーとの関係性は構築されてきたものの、一般住民にまで、ダブルケアへの理解や支援のネットワークの必要性が届いているかという問いには疑問が残った。やはり日々多忙な生活に追われる人々にとって、ダブルケアは自分の身に降りかからなければ対岸の火事にならざるを得ないのが実情である。つまり分野や立場、年代が異なる一般住民、ステークホルダーをそれぞれの「自分事」でどうつなげるかが重要なカギになるということである。そこで、2022年度からはダブルケアを子育て世代だけのリスクとして捉えるのではなく、それぞれの世代にとって身近な課題に引き寄せ、世帯支援といった広い観点から訴え、幅広い世代の「自分事」でつなげていけないかと考えた。

そこで、2022年度新たな取り組みとして、ヤングケアラーに着目し、啓発ツールとしての「ヤングケアラー版クロスロードゲーム」の製作に取りかかることとなった。なぜヤングケアラーなのかは、大きく3つの理由が上げられる。ひとつには、本学学生らにとって同世代が直面する課題であり、身近なテーマとして取り組みやすいこと、二つ目には、ヤングケアラーの親がダブルケア当事者であるケースは少なくない中、子だけでなく親自身も過負担な状況にあることを併せて考えていかなければ、解決にはつながらないと考えたこと、三つ目としては、ダブルケア当事者は、自分がケアの両立を維持できなくなれば、そのしわ寄せが子にいくことを危惧しており、これは極端に考えればヤングケアラーとなるリスクにつながると考えたことである。製作は本学とダブルケアパートナーに加え、京都府の立命館大学内にある「子ども・若者の声を届けようプロジェクト事務局（YCARP）」と名古屋市を拠点とした「きょ

図7-6　学生らによる啓発活動の様子

うだい」の自助グループである「nagosib」との4団体での共同製作とした。ゲーム完成後の2023年度には、学生らによるヤングケアラー版クロスロードゲームの啓発チーム「BE HAPPY」を立ち上げ、ゲームを通してヤングケアラーへの理解を深めるとともに、家族全体を捉え支援する必要性を訴えている。

【小括―活動を通じて明らかになったこと、所感、課題等―】
　熱田モデルはスタート時点において明確なモデル像があった訳ではない。コミュニティ・ソーシャルワークの視点に基づき、地域コミュニティと協働する中で調整を図りつつ、得られた知見・関係性を踏まえ、更なる展開へと結び付けていくといったプロセスを繰り返すことで、全体像を描いていった。本プロジェクトで立ち上がった取り組み・事業は表7-1に示すとおりである。
　この熱田モデルの特徴は以下の4点に集約される。ひとつにはコミュニティ・ソーシャルワークの視点である。つまり、今日的な制度の枠組みでは解決が難しいダブルケアのような新たな生活課題に対しては、個々の実情に合わせた援助システムを構築するといった「個を地域で支える援助」と地域住民等インフォーマルサポートの積極的参画を促す仕組みづくりである「個を支える地域を作る援助」双方の視点を一体的に展開していくコミュニティ・ソーシャルワークの視点[9]が必要だということである。二つ目は、既存資源のシェアリングの促進である。熱田区にはすでに多様な組織、施設、人、つながりが豊富に存在していた。そこで新たに何かを作り出すという発想ではなく、ストック・シェアリングの概念をもとに既存資源を再編集し分かち合うことで、地域コミュニティのエンパワメントを強化し、ダブルケアという新たな地域課題を解決しうる力を生み出したいと考えた。ストック・シェアリングの発想に基づく、ダブルケア支援を展開する上で基盤としたのが、子育て・介護・地域といった多分野に跨るメンバーで構成され、既に地域での様々な取り組みを展開していた地域福祉活動計画である。そこで熱田モデルの特徴の三つ目としてあげるのが、プラットフォームとしての地域福祉活動計画である。地域福祉活動計画の構成委員は、「育む」「組み合わせ

表7-1　本プログラムで立ち上がった取り組み・事業

開始年月	活動名	活動内容	実施主体
2020.5	ダブルケアカフェ	当事者・経験者・予備軍を対象とした集いの場、情報共有の場 2ヶ月に1回対面またはオンラインにて開催	ダブルケアパートナー
2019.9	ダブルケア支援力向上研修	ケアマネジャー・ソーシャルワーカー等相談支援者を対象とした支援力向上のための研修 年1回対面またはオンラインにて開催	名古屋学院大学 ダブルケアパートナー 名介研
2021.6	ダブルケアお悩み相談	当事者を対象とした個別相談事業 経験者と子ども・福祉専門職が相談対応 毎年4月から12月まで月2回対面またはオンラインにて実施	名古屋学院大学 ダブルケアパートナー
2021.10	聴き上手さん講座	支援者及び支援活動に関心のある者を対象としたケアラー支援の基礎的理解、傾聴、コンプライアンスについて学ぶ3回連続講座 年1回オンラインにて開催	名古屋学院大学 ダブルケアパートナー
2021.12	LINEオープンチャット	当事者・経験者同士での情報共有や相談、愚痴や不安を吐露する場 登録者80名（2023年8月末時点）	ダブルケアパートナー
2022.3	支援者セミナー＆交流会	ケアラー支援に携わる者を対象とした情報共有、交流の機会 対面またはオンラインにて年3回の頻度で実施予定	ダブルケアパートナー
適宜	各種講座の開催	当事者らのケア対応力の向上を目指す「ケア力UP講座」 予備軍を対象にケアへの備えを学ぶ「ケア活講座」 当事者・経験者らの経験談を発信する「経験談リレー講座」など	ダブルケアパートナー

る」「活かす」の3つのアプローチの視点に基づいて、支えが必要な人と支えることができる人、従来からの活動団体と新たな活動団体など人と人、団体間の「つながりの橋渡し役」として機能をしていた。3つのアプローチのうち「組み合わせる」が本プロジェクトと連動したことで、地域福祉活動計画がプラットフォームとしての役割を担うことが可能となった。そして四つ目が包括的・重層的な支援体制づくりである。熱田モデルは自助、互助、共助、公助をともに高めていくための取り組みとして、①研修用テキストの制作や専門職向け研修の開催といった専門的な支援体制の構築や行政との連

携、②ダブルケアカフェや個別相談事業、LINE オープンチャットといった自助力の向上に加え、③地域コミュニティとの協働による支え合える地域づくりといった三方面からのアプローチを試みてきた。まだまだ未完成ではあるものの、社会的認知が低く、支援の仕組みも模索段階であるダブルケアの課題は、一方面だけのアプローチで前に進むことは難しく、垣根を越えた多様な連携・協働の機会を設ける中で、また実践と研究の両面から将来世代を見据えた支援のあり方についての検討を進める中で、徐々に"理解のわ"、"支援のわ"を広げていくことが望ましいと考える。

　また「熱田モデル」と銘打ったものの、社会的認知の低いテーマであるといった点や行政や専門職支援についての検討を進めるといった点からも一行政区を単位とした働きかけには限界があるということを痛感した。そこで「熱田モデル」は熱田区内での取り組みや支援を指すのではなく、熱田がダブルケア支援の先駆的な取り組みの発信地として、当事者同士がつながり、様々なステークホルダーを巻き込む中心地としての支援モデルの構築を目指した。しかしながら、第四期ではヤングケアラーへと視野を広げ、若者世代を巻き込んだ取り組みを進めているものの、一般住民にまで理解が広がっているとは言い難い。今後は、さらに分野や立場、世代を包括した視点からの取り組みを推し進めていきたい。

（3）ひびの健やかフェスティバル＆つながり動画企画プロジェクト
　　（リーダー：玉川貴子）

　熱田区内にかぎらず普段、多世代にわたって人々が交流することは難しい。そこで、子育て応援団体「おやこサロン Smile Link」の代表者からの発案で「熱田区社会福祉協議会」に協力を得て、熱田区内にある社会福祉法人杏園福祉会が運営する特別養護老人ホーム「ひびのファミリア」内で、「健康×多世代のつながり」をテーマとしたイベントである「ひびの健やかフェスティバル」を実施した。しかしコロナ禍でイベントの中止を余儀なくされ、つながりをどう創出するかが課題となった。イベントは多くの団体がかかわるものであるが、その団体が活動を続けていることを動画として記録に残し、それら情報がイベントにかわるつながりを生み出すと考え、動画制

作を始めた。

　イベントと動画という一見、地域コミュニティあるいは、地域の資源とは無関係に思われる活動を実施することには、理由がある。それは、金子郁容のいう情報の「バルネラビリティ（vulnerability）」[10]を実感しているからである。金子のいう「情報のバルネラビリティ」は、個人の自発性やかかわり方、つながりに関するものである。金子によれば、情報は自分から提供すると、他から攻撃されやすく、傷つきやすくなるため、自分から動こうとはせず、傍観者ばかりになりやすい。しかし、こうした困難と同時に情報が本来持っている「与えることで与えられる」という力を活かし、「力と弱さが表裏一体になったパラドキシカルな状況」が「情報のバルネラビリティ」だという[11]。

　イベントはそうした情報集積と発信、あるいは力と弱さが同時に発露する機会であると考えられる。ただ、イベント自体は、新型コロナが示したように、不測の事態に対応してその意義を失いやすい（中止されてしまうような）「バルネラビリティ」をはらむ。しかし、同時に活動団体が他の団体とつながるきっかけになるオープンな場でもある。イベント参加者だけではなく活動団体自身が別の団体とつながることで、情報を共有しつつ地域課題への協働解決の姿勢が生まれやすく、その促進が見込まれる。本稿では、「活動団体同士のつながり」を生むイベントや動画制作の取り組みについて、報告する。

【ひびの健やかフェスティバルの立ち上げ＆運営】
　「ひびの健やかフェスティバル」は、2018年に始まり、2019年に第2回目を実施した。音楽や体操などのステージや、健康に関する啓発活動と体験、脳トレなど、楽しみながら健康について考えられる催しを企画した。さらに、第2回目では、会場近くで開催・実施されている日比野商店街「ひびの秋祭り」と熱田区「はいかい高齢者おかえり支援事業」を巡るスタンプラリー企画によって、スタンプを集めた参加者は、中北薬品からの特典付きという仕掛けもあった。また、ダブルケア支援体制の地域支援モデルづくりプロジェクトから、熱田高校演劇部による「ダブルケア寸劇」と、ダブルケア

パートナーおよび熱田区保健センターとの協働による「高齢者＆妊婦体験ブース」の参加があった。

さらに、会場内において、関係者（ステージ出演者およびブース出展者）向けおよび来場者向けに「健康・介護・ケアへの関心と地域とのつながり」をテーマとした量的調査を実施した。ブース・ステージ関係者28名、参加者34名分を有効回答数とした。その結果が表7-2、表7-3である。参加者の性別では、女性がやや多い。これは健康をテーマとしているイベントの特性などが影響しているかもしれない。

参加者、ブース・ステージ関係者ともに40代が多かった。家事、育児、仕事と忙しい年代ではあるが、子どもなどを通して地域で活動しやすい年代でもあるのだろう。子どもとのつながりが深いこの年代をとりこむことで、地域の団体も継続しやすくなる。ブース・ステージ関係者の特性としては、28名のうち、熱田区内の関係者・団体が14であった。団体設立年数で最も多かったのは1年以上5年未満だった。

ブース・ステージ関係者が所属している団体が、他団体と交流した経験があるかどうかを尋ねたところ、12名は他団体と交流していることがわかった。なお、他団体との交流でどういう分野の団体かを尋ねたところやはり所属団体とほぼ同様の結果であった。このことから、似たような団体との交流が多いことがわかる。したがって、各団体の強みを活かすには、同分野以外の団体との交流が必要だと考えられる。また、他団体をどうやって知った

表7-2　参加者の性別

カテゴリ	度数	%
男性	14	41.2
女性	20	58.8
計	34	100.0

表7-3　ブース・ステージ関係者の年代

カテゴリ	度数	%
20代	2	7.1
30代	4	14.3
40代	12	43.0
50代	4	14.3
60代	2	7.1
70代以上	2	7.1
NA	2	7.1
計	28	100.0

かについては、「社会福祉法人・社会福祉協議会からの紹介」が最も多く、次いで「もともとその団体に知り合いがいた」であり、同数で「所属団体の一員が、その団体とつながっていた」と「SNS・ネットの情報によって知った」という結果だった。

今回の調査では、調査数が少ないため、確かなことはい

図7-7　ひびの健やかフェスティバルのブースの様子

えないが、比較的活動経歴が短い団体が多いにもかかわらず、他団体の交流があることがわかる。また「社会福祉法人・社会福祉協議会」が今回、団体の紹介窓口になっていたので、当然ながらそこからの紹介は多いが、一方でSNSなどを駆使している可能性も大いにあることだった。ブース・ステージ関係者の世代として多い40代であれば、SNSを駆使してつながりをもつことへの抵抗感は少ないので、他団体の交流においても生かされやすいと考えられる。

【「つながり動画」の制作＆本学公式YouTubeでの配信】
コロナ禍で「ひびの健やかフェスティバル」が中止になったことを受けて、2020年以降は「アクションリサーチ」を取り入れた動画を制作することにした。先の量的調査からは、交流団体同士のつながりでは、SNS・ネットが活用されることが考えられ、そうした「つながり」を創出するためにもネット上の情報発信の重要性が視野に入れられるべきだと考えた。制作した動画は、本学の社会連携センター協力のもと、大学内のYouTubeにアップロードしてもらえることになった。以下では、具体的な事例として、直近に行われた2022年12月16日第3回「つながり動画企画発表会」について報告する。

まず、現代社会学部の2年次開講科目である「専門基礎演習（玉川・山下

担当クラス）」で履修者らを3チームに分け、各チームで熱田区内の活動団体を調べることから始めた。その際、動画の企画コンセプト・動画の構成などを考え、それらをもとに活動団体に自ら連絡をとっている。もちろん、団体からは断られることもあった。活動団体から許可が下りると、その団体の活動の場

図7-8　つながり動画企画発表会の様子

に行き、インタビューなどの様子を撮影した。パワーポイントで動画の説明を行い動画含め1チーム10分の持ち時間を使い発表してもらった。熱田区社会福祉協議会事務局次長田中和快氏が審査をし、①「地域住民と大学生のつながり」、②「観光で広げるつながり」、③「孤立せずに長生きする秘訣とは？」の3つが優秀動画として選出された。

①は視覚障害者が商店街を歩き、それを支えている学生の様子と二人へのインタビュー動画である。②は観光ボランティアへのインタビューで構成されている。③は、高齢者サロン「おひさまクラブ」での活動の様子とそれを支えるスタッフへのインタビュー動画であるが、動画自体への配慮、つまり見やすさ、聞きやすさを意識した動画を作っていた。

2022年度の動画は、リサーチに重きを置いたものと障害を抱えた人々への配慮を動画に生かしたものという、動画を視聴する層とその違いを意識したものになっている。つまり、リサーチは、地域にある見えにくい問題やピンポイントにしか関心をもっていなかった層を拾い上げるために実施されていること、障害を持つ人への動画上での配慮は、その動画視聴者が必ずしも健常者ばかりではないこと、また障害を持つ人が活動できる地域を目指すことを再認識させるものとなっていた。そういう点では、活動団体同士が知り合う場だけではなく、活動を知らないが、そういう活動を今後担う層に対して、一からわかるような動画作りがされていたことになる。

図7-9　名古屋学院大学社会連携センター内YouTube画面

　動画制作は、地域にある諸問題への地道な取り組みとはいえないかもしれない。また、つながりの効果や評価がしやすいものというわけではないだろう。ただ、学生自身、活動団体を知らないところから始め、自ら活動団体に連絡し、動画制作へとこぎつけている。動画制作を通して新たな知識を獲得すること、また地域や団体が動画を通じて可視化され、それを視聴してくれる人へとつなげていくという、地域における「点を線として」と引く試みと考えることができる。

【小括―活動を通じて明らかになったこと、所感、課題等―】
　地域では活動している人が地域の主体と思われがちである。しかし、そもそもそこに居住している人は、皆、活動者になりうる人々である。ただ、そういう人達を人材として掘り起こすことは難しい。そこで、まずは、活動団体（施設等含む）に参加してくれそうな人へ情報提供できるかどうかを考える必要がある。地域で学ぶ／地域を学ぶことは、地域の情報を取得し、それを発信することでもあり、そこで活動する人材のストックをしていくことだといえる。
　このストックは、3つの点に分けられる。「ひびの健やかフェスティバル」でいえば、「子どもとその親世代」、「大学生」、「高齢者」である。同時に、熱田区内に広がる3つの点として、活動団体や施設、大学、熱田区社会福祉

協議会を挙げることができる。「ひびの健やかフェスティバル」はこれらの3つの【点】を【線】にするようなつながりを創出し、活動の相互促進に結び付ける試みでもあった。しかし、新型コロナの影響からこの線が切れかかりそうになった。そこで、「動画」によって活動団体を発掘し、活動状況の情報集積を行うことへとシフトした。

　大学生らは、動画のテーマを掲げ、活動団体を調べていくことから始める。その団体についてより詳しく知るためインタビューをしてそれらを編集し、まとめるというリサーチの手法を取り入れて動画を制作している。動画を通して、地域について学ぶだけでなく情報を発信することの重要性を再認識することになる。大学生の目から見て【点】でしかない団体がそこに行っ

〈コラム「地域で学ぶ／地域を学ぶ」〉

　大学生は高校生の頃とは違い、行動範囲も広がり、地域には関心をもたなくなる場合が多い。サークルなどで積極的に地域に出て活動している場合を除けば、大半の学生は大学が立地しているところを「一時期通った場所」としか認識せず、卒業してしまえば、ほぼ関わりがないだろう。そういう学生を地域の将来を担う人材として掘り起こすことは非常に難しい。しかし、人生のライフステージが変わっていくなかで、いつ、どんな形で地域の中で活動していく人材となるかはわからない。したがって、地域で学ぶ／地域を学ぶことは、すぐに活躍する人材になることを目指すのではなく、地域にある活動団体の種類を知り、いずれその知識や情報を活かすことができるような機会を提供することだと考えられる。名古屋学院大学のゼミ活動として動画を制作することは、大学生が地域について学ぶ機会を提供することでもある。さらに、その活動団体にはどんな由来があり、その活動を継続していくなかで、どんな困難があったか、どうやってのりこえたかなどの記録を作ることでもあり、その団体について多くの人に知ってもらう機会ともなる。地域を学ぶのは、居住者だけでなくそこに住んだことがないような大学生や偶然、動画を視聴した人達へと広がる。活動団体自体もそうした機会があることで、他の団体の動画を見る機会にもつながるだろう。

て動画を制作することで【線】となっている。この線を大学側や大学生が地域にいくつも引いていくことで【網目】になり、「情報のバルネラビリティ」のもつ力と弱さが地域を包み込む可能性がある。今後は、さらなる網目づくりとして、大学や学生がどこまで活動団体同士のマッチングを担えるかを検討していくことが課題である。

（4）熱田区誰もが暮らしやすい街づくりプロジェクト（リーダー：山下匡将）

　本プロジェクトは、熱田区の住民がもつ"チカラ"を活用し、多様な視点・角度から熱田区の街やそこで暮らす人々の生活をあらためて見つめ直すことによって、「誰もが暮らしやすい街」につながるアイデアの発見やその実現に向けた活動の創出、ひいては新たな地域の担い手の育成を目的としたものである。具体的には、熱田区地域福祉活動計画と連動した、①視覚障害当事者の皆さんとのフィールドワーク、②「ぬくといつながりマップ」の制作、③「つながりあったかいぎ（つながり熱田会議）」の開催、④市営神戸荘「みんなの縁側mochiyori」の開設および運営の4つの取り組みから構成されている。以下、順に概要を述べる。

【視覚障害当事者の皆さんとのフィールドワーク】

　この取り組みは、現代社会学部「プロジェクト演習B」科目の一環として、街のバリアフリー化の状況調査やガイドヘルパーの養成を目的に、視覚障害当事者である松岡信男氏、そして、同じく視覚障害当事者である竹内江里加氏による指導の下、フィールドワークを実施するものである。

　フィールドワークは、1年間、計6回（学生による「共生社会の実現」に向けたアイデア

図7-10　松岡氏・竹内氏とのフィールドワークの様子

のプレゼンテーションや振り返りを含み、夏休みを除く）月1回程度の頻度で実施した。具体的には、大学周辺の歩道や交差点、熱田生涯学習センターなどの施設を、両氏と一緒に踏査するとともに、アイマスクを用いて視覚障害を体験したり、ガイドヘルパーとして求められる誘導の所作や補助のポイントといった基礎的な知識・技術を学ぶ機会を設けた。

　2022年度には、初めての試みとして、公共交通機関（名古屋市営地下鉄および市バス）の協力を得て、地下鉄西高蔵駅から熱田区役所までの道のりをガイドヘルプしつつ調査した。さらに、これまで新型コロナウイルス感染症拡大により開催が自粛されていたため実施できなかった「熱田区民祭り」でのガイドヘルプ実習兼視覚障害当事者と学生との交流会を実施した。

【「ぬくといつながりマップ」の制作】
　この取り組みは、地域の社会資源の把握および発掘、「活動したい人と出来る場所」や「困っている人と力になれる人」などのマッチングを支援することを目的に、誰もが自由に情報を貼り付けることができるマップを作成するものである。

　当該マップを作成する背景には、現在、熱田区内の行政機関や地域活動団体等が発行している、いわゆる「社会資源マップ」は、限られた紙幅のなかに必要な情報をすべて掲載しようという意図から（例えば、「障害をもつ方が相談できる場所」のように）掲載する情報が限定されてしまい、情報の多様性に欠けているという問題がある。清河らは、「アイデア生成時に利用可能な知識の範囲は、個人の関心や知識といった内的な要因だけでなく、外的に呈示される情報の性質といった外的な要因の影響も受ける」[12]と指摘しており、多様な情報との出会いは、創造的なアイデアの生成を促すと考えられる。

　行政機関や社会福祉法人に加え、地域活動団体が開設するサロンや住民が集う喫茶店など、計19箇所を「ぬくとく（ゆるやかに、あたたかく）つながることができるコミュニティ」として抽出し、現在、ベースマップ（図7-11参照）は、熱田区包括的相談支援チームが運営する「にばん荘ハウス」に設置されている。

図 7-11　ぬくといつながりマップ（ベース）

【「つながりあったかいぎ（つながり熱田会議）」の開催】

　この取り組みは、地域の多様な主体がお互いの課題や"チカラ"を共有し、対話と協働を積み重ねながらその解決に向けて取り組む「地域円卓会議」を開催するものである。

　しかしながら同会議は、2019年度以降、新型コロナウイルス感染症拡大の影響を受けて対面での開催を自粛している。とはいえ、情報の共有、地域課題の掘り起こし、支えてもらいたい人と支えてあげられる人とのマッチング、地域住民に対する実践や研究の成果の発信などの点で、同会議は重要な役割を持つため、紙媒体での「誌上開催」という形式で継続している（図7-12参照）。

図 7-12　つながりあったかいぎ誌上フォーラムの冊子

翻って、本学「2019年度秋季シティカレッジ」において、「まだ困っていないからこそ聞いてもらいたい福祉のお話」と題した講座を開催した（全3回）。そのなかで、受講者の多くが「今後何らかの形で地域活動に参加していきたい」と考えているにもかかわらず、「どのように活動へ参加したらよいかわからない」という悩みを抱えていた。地域住民の"チカラ"を活かすには、このような悩みを相談できる場（解決につながる場）が重要であり、「つながりあったかいぎ」のような機会が求められていることが窺える。

【市営神戸荘「みんなの縁側 mochiyori」の開設および運営】
　この取り組みは、名古屋市が推進する市営住宅の空き家活用・コミュニティ活性化策の一環として、空き家が増加し、かつ住民の高齢化や役員のなり手不足により自治会活動が低迷している「市営神戸荘」において、学生と住民、そして、地域活動団体や企業との協働によってコミュニティ・エンパワメントの実現を目指すものである。具体的には、2022年度に、「みんなの縁側 mochiyori（もちより）」を市営神戸荘内に開設し、住民が「集まる」仕掛けとして、ふらっと立ち寄れる休憩・談話スペースの提供や、住民が「協働する」仕掛けとして、手芸やDIY等の住民の特技を活かしたサークルの立ち上げ等に取り組んでいる。

　「mochiyori」という名称は、上記ステークホルダーが持つ知識やスキル、物といったストックをシェア（共有）し、それらのストックを組み合わせる（編集する）ことによって、新たにできることを増やすというコンセプトにもとづいている。その上で、運営に携わる学生メンバー達には、開設当初こそ、学生メンバーによる積極的なイベントの企画・運営のかかわりが求められるであろうが、「自ら企画・運営する」というよりも、「自ら企画・運営してくれる人や団体を生み出してい

図7-13　mochiyoriでの活動（防犯講座）

く（あるいは mochiyori につなげていく）」という姿勢で取り組むようにアドバイスしている。

開所からまだ間もないが、取り組みを進めるなかで、特定の住民間の不和、1号棟と2号棟との確執、市営神戸荘と学区との軋轢といったコミュニティの問題が浮き彫りになった。とはいえ、学生メンバーからは、「『神戸荘の中で1棟2棟や階の違う人』といったように『関わりのなかった入居者たち』に繋がりを持たせることに成功した。」、「裁縫の先生だったという人、いつも見守ってくれる人、スマートフォンで株の売買をしている人、戦争や伊勢湾台風を経験した人など様々なストックを持つ人が発見できた」、「学生の活力や柔軟さ、若さは住民にとって喜ばれるものでありストックであることが分かった。」といったコメントが業務記録に残されており、mochiyori が市営神戸荘コミュニティのチカラを活性化させる一助となることが示唆された。

【小括（活動を通じて明らかになったこと、所感、課題等）】

先述の通り、本プロジェクトの取り組みは多岐にわたるが、新型コロナウイルス感染症拡大により自粛を余儀なくされているものや最近になって活動が本格化してきたものが含まれる。そのため、ここでは、プロジェクト立ち上げ当初から継続的かつ密接に地域住民との協働がなされた、①「視覚障害当事者の皆さんとのフィールドワーク」の取り組みを中心に考察する。

当該の取り組みを通して、例えば、学生たちは、主要なバス停から公共施設までに点字ブロックが敷設されていないケースが多くあることや、交通量が多い幹線道路以外の交差点では音声誘導が不十分であるといった視覚障害当事者の視点に立った「不便」だけでなく、点字ブロックが車いす利用者の移動の邪魔になったり、音声誘導が近隣住民の騒音になったりと、誰かの便利は誰かの不便になるという「葛藤」にも気づけるようになった。

また、本実践の目的である「支え合いの地域づくり」という観点から、とりわけ重要と言えるのは、1年間という（福祉教育的なプログラムとしては比較的長い）期間、視覚障害をもつ方々と「ともに過ごす」機会を設けることによって、学生たちがガイドヘルプを「スムーズ」に行えるようになった点で

ある。とはいえ、ここでいう「スムーズ」とは、研修を修了した「ガイドヘルパー」が見せる専門的な知識・技術に裏付けられた「支援のスムーズさ」とは異なるものである。学生たちに課したレポートでは、「自分がその人達〔視覚障害当事者〕の事を無意識に弱い立場だと下に見ていた事も分かりとても失礼だったなと考えを改めました。(〔 〕内筆者)」、「共生社会とは、『私たち〔晴眼者あるいは健常者〕が支える』という意識を持たずに、『〔互いに〕支え合う』ことなのではないか(〔 〕内筆者)」という記述が見られた。これを、「『当事者』を、障害当事者に限定または固定化するのではなく、個人を取り巻く、親・施設職員・ソーシャルワーカーそしてボランティアや地域住民まで拡張して捉えるべき」[13]とする「包括的な当事者」としての当事者性の芽生え（あるいは深まり）とすれば、先述した「スムーズ」さとは、「同じコミュニティのメンバー」として"自然に"生じた支え合いであったからにほかならない。まさに、「支え合いが自然発生する土壌としての"チカラ"」を取り戻す試みであったと評価できるだろう。

4　まとめと考察

(1) 本実践の評価

【本実践によって生まれた新たな地域資源（ストック）】

　はじめに、本実践（3つのプロジェクト）の主な成果物を表7-4に示す。表を作成する際に用いた3つのカテゴリ「モノ」「空間（場・機会）」「スキル（情報・相談）」は、シェアリングエコノミーにおいて一般的に用いられる分類であるが、本実践は、その3つすべてのカテゴリにおいて、多くの新たな地域資源（ストック）を生み出したといえる。

【本実践のプロセス・ゴール評価】

　一方、本研究では、先述したように「第4次熱田区地域福祉活動計画」をプラットフォームとしている。社会福祉学の分野、なかでも地域福祉計画の評価について、川島は「〔プロセス・ゴール評価とタスク・ゴール評価〕この2つの評価を車の両輪として実施することにより、地域福祉計画の総体的

表7-4　本実践によって生まれた新たな地域資源（ストック）※一部

モノ	クロスロードゲーム（ヤングケアラー版、ダブルケア版）、冊子『「ダブルケア」のあれやこれ…分からないことは経験者の声から学ぼう！』、テキスト『窓口対応者・相談支援者・ソーシャルワーカー向け子育てと介護のダブルケア支援研修用テキスト』、ダブルケアシミュレーションシート、ダブルケアハンドブック、ダブルケア＆ヤングケアラー説明カード、ぬくといつながり尺度、ぬくといつながりマップ、ミニ冊子『つながりあったかいぎ（誌上フォーラム）』、テキスト『大学生が教えるスマホ教室テキスト』
空間 （場・機会）	講座（ケア力UP講座、ピア・サポーター連続講座、ダブルケア講座）、ダブルケアカフェ、ダブルケア個別相談事業、ダブルケア当事者＆経験者LINEオープンチャット、ダブルケア支援者向け研修、ひびの健やかフェスティバル、市営神戸荘「みんなの縁側mochiyori」
スキル （情報・相談）	ダブルケア寸劇、ダブルケア啓発動画、動画「ダブルケア時代のライフデザイン—子育てと介護のダブルケアシンポジウム」、動画「つながり動画」（計18タイトル）、ガイドヘルプ実習、バリアフリー状況調査

※カテゴリ名は、本事業キックオフ・シンポジウムにおける積田氏の基調講演の発表資料[14]をもとに命名した。

な評価が可能になる（〔　〕内筆者）」と述べている[15]。地域福祉活動計画と地域福祉計画は異なる計画であるが、両評価が地域福祉活動計画においても同様に重要であるということに異を唱える者はいないだろう。

　しかしながら、本実践は、新型コロナウイルス感染症拡大の影響により、予定していた実践活動が変更や中止を余儀なくされ、最近になって本格化した取り組みも少なくない。また、評価指標としての活用を想定していた「ぬくといつながり尺度」についても、「第4次熱田区地域福祉活動計画令和4年度第1回推進会議」において、その到達目標（「ぬくといつながり」として求める「地域のつながり」の水準）は「コロナ禍によって達成困難な水準までに、そのハードルが高くなっている可能性がある」との指摘を受けた。そのため、二つの評価軸のうち、タスク・ゴール評価については先述した成果物を提示するに留め、以下、プロセス・ゴール評価について述べる。

　プロセス・ゴール評価の観点はいくつかあるが、本研究が着目するのは「フィデリティ評価」である。「フィデリティ（Fidelity）」とは、「忠誠」や「忠実」、「誠実」といった意味をもち、「サービスの質のモニタリングに活用できるとともに、プログラムモデルを発展・改善させるために用いられ

る」評価法である[16]。その観点から、本研究が「忠実」あるいは「誠実」であるべきものは、「CBPRの9つの原則」であり、「地域の人たちとの協働」と「コミュニティの状況を改善するためのアクション」である。この点について、あらためて具体例を挙げて詳細に検討する紙幅はないが、すでにこれまで述べてきた「地域のステークホルダーとの連携・協働」や「3つのプロジェクトの概要（ねらい、取り組み内容、成果等）」等を参照していただければ、本実践がCBPRに「忠実」あるいは「誠実」に進められてきたことは自明の理といえるだろう。

（2）"地域のチカラ"を引き出す3つのアプローチ
【本研究チームが地域において果たした役割】

　以上のことを踏まえて、最後に、冒頭に述べた「大学はストック・シェアリングの観点から如何にして『支え合いの地域づくり』に貢献できるか」というリサーチ・クエスチョンについて検討する。

①地域のバランサー（調整役・緩衝材）として

　「支え合いの地域づくり」あるいは「コミュニティ・エンパワメント」において、最も肝要であるのは、住民と住民、住民と活動団体、活動団体と活動団体、住民と行政機関、当事者と専門職など、地域のステークホルダーの間を「つなぐ」ことである。例えば、「ひびの健やかフェスティバル＆つながり動画企画プロジェクト」では、【点】を【線】にするようなつながりを創出し、この線を大学側や大学生が地域にいくつも引いていくことで【網目】とすることの重要性について言及している。しかしながら、実際に「つながり」「支え合う」までに至るには、その前提として、お互いの間に信頼関係が築かれている必要があり、それが無ければ「ダブルケア支援体制の地域支援モデルづくりプロジェクト」で挙げられていた「場所の貸し出しを断られた」ケースのような結果を招くこともある。したがって、大学がもつ「地域における信頼」というストックを活用し、「地域のバランサー（調整役・緩衝材）」として、ステークホルダーの間に入ることが求められる。

②地域のモチベーター（動機づけ・励まし役）として

　そもそも、ストック・シェアリングの仕組みによって地域課題を解決するためには、地域住民や団体等がそのシェアリングの仕組みに参加し、そのチカラを「活かそう／活かしたい」と思えるような動機付けが必要である。そのため、「ダブルケア支援体制の地域支援モデルづくりプロジェクト」や「熱田区誰もが暮らしやすい街づくりプロジェクト」で見られたような「win-win」となる取り組みが有効であり、「それぞれの"自分事"でつなぐ」という視点が求められる。その一方で、新型コロナウイルス感染症拡大下においては、感染症予防の観点から「ソーシャル・ディスタンシング（フィジカル・ディスタンシング）」が推奨され、人々の「つながろう」という意欲は削がれ、既存の活動は停滞していった。しかしながら、われわれは、新規取り組みの企画・実施やICTの活用によって、地域との関わりを止めることはなかった。こうした大学の姿勢や取り組みは、疲弊する地域の人々の励ましとなり、停滞する活動に刺激（Inspiration）を与えた。したがって、大学が各ステークホルダーの得られるメリットを提示したり、あるいは、地域と関わり続ける姿勢を示したりと、「地域のモチベーター（動機づけ・励まし役）」として、ステークホルダーの間に入ることが求められる。

③地域のクリエーター（造り手・アイデアマン）として

　3つのプロジェクトの取り組みを推進する上で、すべてに共通することは、CBPRが大切にする「協働」という理念である。一般的に、「大学の役割」として挙げられるのは、「教育」「研究」「社会貢献」であり、その点で、われわれ（研究者としての大学教員、研究機関としての大学）が社会貢献の場で求められることが多いのは「有識者」という役割である。しかしながら、本実践でわれわれが担った（担おうとした／担いたくなった）役割とは、リサーチの成果を"ロジカル"にフィードバックするような「有識者」にとどまらず、そこで明らかになった課題を冊子やゲーム、動画のような「わかりやすい形」で示したり、講習会やお祭り、交流の場などの「関わりやすい機会などに"デザインする"ことであった。経済産業省『高度人材育成ガイドライン』は、予測不可能な現代社会において、「答えが明確でない問題や状況へ

の対処としてデザインのアプローチが重要となる局面が増加」しており、求められるデザインスキルとして、「ビジュアライゼーション（抽象的概念の可視化）」を挙げている[17]。今回、われわれは、「クリエイティブな提案や課題設定」によって当該スキルを発揮したと考えられる。したがって、大学が有識者として関わるだけでなく、「地域のクリエーター（造り手・アイデアマン）」として、ステークホルダーと関わることが求められる。

【地域のパートナー（相棒・仲間）として】
　以上、本実践にてわれわれが地域において果たした役割について検討した結果、「支え合いの地域づくり」において大学は、地域の「バランサー（調整役・緩衝材）」や「モチベーター（動機づけ・励まし役）」、「クリエーター（造り手・アイデアマン）」として貢献できることが示唆された。とはいえ、このように地域や地域活動を「分析」することは、ややもすると、研究者が「上から目線」でそれらを「評価」することになってしまうため、「協働」という観点では、注意が必要である。本稿では、これまで、われわれ（研究者や大学）が担うべき「役割（機能）」にばかり着目してきたが、地域の「パートナー（相棒・仲間）」として関わるという（地域のステークホルダーとの／地域における）「関係性」がより重要であるかもしれない。

注

1　参考文献【1】pp.2-8
2　参考文献【13】p.1
3　参考文献【10】p.I
4　参考文献【10】pp.39-50
5　参考文献【11】p.47
6　参考文献【7】p.70
7　参考文献【9】
8　参考文献【8】
9　参考文献【2】
10　参考文献【4】
11　参考文献【4】pp.207-208
12　参考文献【6】p.645
13　参考文献【12】

14 積田有平（2019）「シェアリングエコノミー概論―街づくりにおける活用事例，今後の展開」名古屋学院大学私立大学研究ブランディング事業キックオフ・シンポジウム資料．
15 参考文献【5】
16 参考文献【3】
17 経済産業省ホームページ「高度デザイン人材育成研究会ガイドライン及び報告書」（https://www.meti.go.jp/shingikai/economy/kodo_design/20190329_report.html, 2023年11月9日閲覧）．

参考文献

【1】熱田区社会福祉協議会，編（2019）『第4次熱田区地域福祉活動計画「ぬくといつながり」のあるまちの育て方』社会福祉法人名古屋市熱田区社会福祉協議会．

【2】岩間伸之（2011）「地域を基盤としたソーシャルワークの特質と機能」『ソーシャルワーク研究』37（1），4-19．

【3】大島巌（2010）「精神保健福祉領域における科学的根拠にもとづく実践（EBP）の発展からみたプログラム評価方法論への貢献～プログラムモデル構築とフィデリティ評価を中心に～」『日本評価研究』10（1），31-41．

【4】金子郁容（1992）『ボランティアもうひとつの情報社会』岩波書店．

【5】川島ゆり子（2007）「地域福祉計画の固有性と評価」，牧里毎治・野口定久『協働と参加の地域福祉計画―福祉コミュニティの形成に向けて―』ミネルヴァ書房，220-235．

【6】清河幸子・鷲田祐一・植田一博・Peng Eileen（2010）「情報の多様性がアイデア生成に及ぼす影響の検討」『認知科学』17（3），635-649．

【7】酒寄学・宇留野光子・宇留野功一・安梅勅江（2016）「社会福祉法人のエンパワメント・プログラム評価」『社会福祉学』57（3），69-77．

【8】澤田景子（2022）「ダブルケア当事者が集う「ダブルケアカフェ」の役割と展望―名古屋市熱田区を拠点とした取り組みを事例に―」『名古屋学院大学論集（社会科学篇）』58（4），203-218．

【9】相馬直子・山下順子（2016）「ダブルケアとは何か」『調査季報』178, 20-25．

【10】武田丈（2015）『参加型アクションリサーチ（CBPR）の理論と実践―社会変革のための研究方法論』世界思想社．

【11】MacIver R. M.（1924=1975）『コミュニティ』（中久郎・松本通晴監訳）ミネルヴァ書房．

【12】松岡廣路（2006）「福祉教育・ボランティア学習の新機軸：当事者性・エンパワメント（〈特集〉福祉教育・ボランティア学習における当事者性の位置）」『日本福祉教育・ボランティア学習学会年報』11, 12-32．

【13】矢守克也（2010）『アクションリサーチ―実践する人間科学』新曜社．

第8章

地域ストック資源の評価と価値再編集

杉浦礼子　佐藤律久

1　地域ストック資源を活用した「編集・再編集」を目指して

（1）地域ストック資源に恵まれたコミュニティ「熱田」
【ストックの新結合と価値再編集で蓄積増価型社会を目指して】

　本章ではストック・シェアリングの定義「現実系コミュニティであれ、情報系コミュニティであれ、蓄積（ストック）された資産を交換したり、共有化したりすることをストック・シェアリングと呼ぶ。蓄積された資産はシェアリング・エコノミーであればマッチングのマネジメントを、コモンズであればエリアのマネジメントを必要とする。それらを通じて、人々が活動、交流し、安寧を得、創造する場[1]」としてのコミュニティを熱田区に限定し、熱田区を生活あるいは労働の場とする人間（人材）が認識する安寧を乱す課題とは何かを明らかにし、同時にコミュニティ内の公共施設・空間・人間（人材）のストックを把握したうえで、課題改善に向け「編集・再編集」さらにはシェアリング可能なストックをより豊かにするまでの試みについて叙述する。

　本学が名古屋キャンパスを構える場でもある熱田区には、広域からの集客力ある熱田神宮や名古屋国際会議場、白鳥庭園、食生活に欠かすことのできない生鮮食料品の集分荷を担っている名古屋市中央卸売市場本場、名古屋のまちづくりに寄与してきた堀川、多機能を有する公園など、大規模で多様な公共施設・公共空間が集積している。「場」のストックに恵まれたコミュニティにおいて、それらをどのように活用し編集・再編集することで、地域の課題解決やエンパワーメント[2]を図ることが可能となるのか。イノベーションの学びに触れたことがある方であれば、経済学者であるシュンペータ（J.

A. Schumpeter, 1883-1950）が『経済発展の理論』（1912 年）でイノベーションに触れていることをご存知であろう。『経済発展の理論』は著名の通り経済が発展する様を理論構築することを目的としており、経済はあたかも血液のように均衡な状態で連続性を保ち循環する一面を有するとともに、非連続的・断絶的な変化を呈することも指摘し、経済活動の中で生産手段や資源、労働力などをそれまでとは異なるやり方で新結合することにより、非連続的・断絶的に経済を飛躍的に発展させるとしている。この「新結合」こそが、後にイノベーションと呼ばれる概念でありイノベーション理論の原点となった。なお、ここで表現されている「生産」の概念は、産出することに加えて、利用可能な資源や力を結合することを含むとしている[3]。つまり、コミュニティに内在するストックをそれまでとは異なるやり方で新結合する（シェアリング、編集・再編集する）ことは、非連続的・断絶的にコミュニティを飛躍的に発展させる可能性を創造することとなる。

コミュニティが有するストックを結合したりシェアリングしたりアップデートしたりすることで、コミュニティの課題改善にアプローチする「編集・再編集」の在り方を見出すために実施した取り組みから、先進地視察先の概要、各種調査の結果、実践的活動内容の一部を次節以降で紹介する。

（2）先進的取り組み事例紹介

【「所有」と「利用」の主体を分離し価値を再編集する】

近年、個人や法人等が保有する遊休資産（場所・車・スキル・時間など）をインターネット上のマッチング・プラットフォームを通じて貸借したりする、言い換えると資産の「所有」と「利用」の主体を分離しシェアリングするビジネスモデルの市場は急成長した。

本節では、公共施設・公共空間の「所有」と「利用」の主体を分離しシェアリングすることで公共施設・公共空間の活用を促し、新たな価値を創出している事例を紹介する。井澤（2023 年）によれば、ストック・シェアリングという言葉こそ使われてはいないものの同類のコンセプトのもとで様々な先進的取り組みが海外では展開されて広がりを見せている。例えば、ドイツやイタリア、デンマークなどいくつかの市で見られる「歩道・公園上のオープ

ンライブラリーによる図書シェアリング」も、その一例である。これは、公的機関所有の文化施設の敷地内や埠頭の公園内、歩行者専用道路をはじめとする公共空間にライブラリーの機能価値を付加した取り組みで、そこに設置されたオープンな書棚に個人が所有（ストック）していた書物を自由に持ち込んだり、第三者が自由に持ち帰ったりすることができる仕組みである。ドイツにおいては全16州に3,129カ所設置されており普及していることがわかる（2023年2月1日時点）[4]。

【場・空間ストックをシェアリング可能とするエリアマネジメント】
　国内における先進的取り組み事例として札幌市中心部における事例を3つ紹介する。札幌市の都心部では地域特性に応じて、主に駅前通、大通、創成東の3地区でエリアマネジメントが推進されている。駅前通地区と大通地区それぞれには、エリアマネジメントを推進する目的でまちづくり会社（札幌駅前通まちづくり株式会社、札幌大通まちづくり株式会社）が設立されており運営管理がなされている。なお、本項の内容は、文部科学省平成30年度私立大学研究ブランディング事業にて2019年10月に筆者らが現地を視察しヒアリングで得た情報の概要であり、実績数値等のデータはヒアリング時点のものである。
　まず、札幌駅前通地下歩行空間「チ・カ・ホ」である。これは札幌駅と大通駅の間を繋ぐ520メートルの地下空間で、札幌駅周辺地区と大通地区を地下歩道で接続することで二極化していた商圏の回遊性を高め、積雪の多い同地区においても四季を通じて安全で快適な歩行空間を確保している。その歩行空間の一部の「所有」と「利用」の主体を分離して「広場」として利用価値を再編集し直したことで、各種イベントや展示、プロモーションなどの空間として利用可能とした。この取り組みは、都心の賑わい創出を目的に公布された「札幌駅前通地下広場条例（2010年10月公布）」によるもので、2011年3月12日に開通し、指定管理者の指定を受ける目的で設立された札幌駅前通まちづくり株式会社が運営管理を行っている。開通5年後の「チ・カ・ホ」を含めた札幌駅前通の地上・地下の歩行者通行量を開通前の歩行者通行量と比較すると平日で約2.3倍、休日は約2.9倍に増加した。なお、「広場」

としての新たな利用価値を付加した地下空間「チ・カ・ホ」の公共空間貸出スペースの稼働率は90%を超えている。

次に、「アカプラ」である。都市計画道路である北3条通に隣接する街区の民間事業者（三井不動産株式会社、日本郵政グループ）らとともに、広場化を見据えた都市計画を策定し実現させた札幌市北3条広場の愛称が「アカプラ」である。「アカプラ」も「チ・カ・ホ」同様に札幌駅前通まちづくり株式会社が行政からの指定を受けて運営管理を行っている。これは公共空間である道路に「広場」としての機能も持たせ、また容易な手続きで利用可能とした事例である。「札幌市北3条広場条例」によると、当広場の設置目的は、「札幌の都心において、市民等に多様な活動や休憩・滞留ができる場を提供し、都心全体のにぎわいを創出することにより、集客交流の活性化と独自の都市文化の創造を促進し、もって札幌の魅力と活力を高めるとともに、より豊かな市民生活を実現する」こととされている。道路法上の「道路」としての位置づけのまま、地上部分は地方自治法上の公の施設である「広場」と条例で位置付けることで、道路の制約を緩和しつつ使い勝手の良い広場として利用することを可能とした近代道路の発祥の地でもある。一般的に道路を通行以外の目的で使用する場合、使用者が個々に複数の関係機関から許可を受ける必要があるが、広場の管理者でもある札幌市にさえ申し込みをすれば許可を受け使用を可能とした事例でもある。

最後に、「大通すわろうテラス」である（図8-1参照）。これは、2011年12月に札幌市から札幌大通まちづくり株式会社が都市再生推進法人の指定を受けて、2013年8月に国道36号線札幌駅前通歩道部にオープンした食事購買施設である。札幌大通まちづくり株式会社は、2000年代当初の札幌駅前再開発に危機感を抱いた地

図8-1 「大通すわろうテラス」の写真
資料：乃村工藝社 WEB サイト
https://www.nomurakougei.co.jp/cn/achievements/page/odori-suwaro-terrace-on-sapporo-ekimae-street/

元の6つの商店街や商業施設などが集結し設立したまちづくり会社である。「大通すわろうテラス」は、一般的なオープンカフェとは異なり歩道より座る場所の高さを高くすることで、歩行者の視線を回避する様に工夫した施設にしている。道路占用許可の特例制度を利用し、国道が提供する価値とは全く異なる価値を有する常設の食事購買施設を国道に付加した全国初の取り組み事例である。食事購買施設では保健所の営業許可を得てカフェや物販などの用途展開が可能で、お客様の滞留空間としてデッキを設けている。札幌市は、季節柄ゴールデンウィーク明けの時期から出店者の利用が増え始め、冬に近づくと利用者が減る傾向が強く、稼働率は夏場で40～50％程度、年間で30％程度である[5]。道路占用料は9割減免となり、占用期間も都市再生整備計画の実施期間と同じになる。また、企業のキャンペーンやプロモーションなどは実施が不可能となっている。

2　コミュニティにおける課題と公共施設・公共空間へのニーズおよび人的ストックの現状

（1）熱田区民対象アンケート調査の概要と単純集計結果

【熱田区の暮らしと地域活動に関するアンケート調査】

　コミュニティとして特定した熱田区には大規模かつ多様な公共施設・公共空間のストックが集積していることは前節で紹介した通りである。恵まれたこれら公共施設・公共空間を地域課題の解決に向けて、どのように生かすかが問われている。諸外国では、道路や公園、河川などの公共空間を一定のルールの下でオープンカフェやオープンライブラリー（ストリートライブラリー）としての利用を促進したり、公共施設においては屋上を開放してオペラハウスの展望台や人工スキー場としての機能を付加したり、場が提供する質の水準を高める事例が多く見受けられる。そこで、公共施設や公共空間の有効活用を検討するにあたって、コミュニティにおける課題およびニーズは何であるのか、それらの課題やニーズに対応できる人間（人材）の存在確認を通じてコミュニティのエンパワーメントの水準はどれくらいであるかを把握するため、筆者らは2019年度に熱田区民を対象に「熱田区の暮らしと地域活動に関するアンケート調査」を実施した。学区ごとに町内会を通じて

調査票を配布し、郵送により回収した結果、配布総数1,182に対し、回収数は742となり、回収率は62.6%となった。本項及び次項では、本アンケート調査の主要な集計・分析結果を、著者らによる発表済みの報告書（参考文献【11】）および論文（参考文献【8】）から抜粋し、一般読者向けに再構成しながら紹介する。

まず、表8-1はアンケートの質問項目の一覧である。質問項目は、回答者および回答世帯の属性に関する質問（問1とF）、生活上の困りごとなどの地域課題を把握するための質問（問2）、「場」やサービスへのニーズを把握す

表8-1　アンケート質問項目一覧

設問番号	設問内容	回答種別	選択肢数
問1	居住地区（小学校区）	単一	7
	居住年数	単一	5
	世帯構成	単一	5
問2	地域で生活する中での困りごとや不満	複数	20
問3	利用したい場やサービス：暮らしに関するもの	3つまで	14
	利用したい場やサービス：地域コミュニティに関するもの	3つまで	14
	利用したい場やサービス：まちづくりに関するもの	3つまで	14
問4	居住地域の地域活動への参加頻度	単一	5
問5	地域活動に参加していない理由	複数	11
問6	今後参加してみたい地域活動	複数	19
問7	地域活動に参加できそうな頻度	単一	6
	地域活動に参加できそうな曜日	複数	2
	地域活動に参加できそうな時間帯（平日）	複数	3
	地域活動に参加できそうな時間帯（休日）	複数	3
問8	アンケート回答者が持っている資格	自由記述	—
	アンケート回答者が得意とすること・経験	自由記述	—
	アンケート回答者の家族が持っている資格	自由記述	—
	アンケート回答者の家族が得意とすること・経験	自由記述	—
F	年齢	単一	2
	性別	単一	8
	職業	単一	9

資料：参考文献【8】p.37 表19（共著者同意の下で転載）

るための質問（問3）、回答者の人的ストックとしての側面を把握するための質問（問4～8）に大きく分けられる。

最初に、回答者および回答世帯の属性（問1およびFの回答結果）に関する特徴・傾向について述べておく（集計表の掲載は割愛する）。最も大きな特徴は、60歳以上の高齢者が約68％であり、実際の分布（熱田区公表データによれば約35％）に比べて大きな割合を占めていることである。また、職業に関しては、会社員（公務員含む）が少ない一方、自営業者や無職者の割合が大きい。さらに、熱田区での居住年数に関しては、20年以上の居住者が70％を超えており、国勢調査から得られる数字（約30％）より顕著に大きくなっている。今回のアンケート結果は、これらの偏りの影響を受けている可能性がある点に留意されたい。

次に、回答者が熱田区で生活する中で感じている困りごとや不満を尋ねた問2の回答結果を紹介する。問2は地域住民の視点から見た熱田区の地域課題の把握を意図したものである。本問には記述式の「その他」を除いて計20の選択肢があり、その中から該当する選択肢を個数の制限なく選ぶ形式であった。

表8-2は問2において選択数が多かった選択肢5つを示したものである。表中の「選択率」は当該選択肢を選んだ回答者数の回答対象者数に占める割合を示す。これを見ると、最も多く選択されたのは「災害時の対応が不安」であり、選択率は約3割であった[6]。次いで「近くに買い物や飲食店が少ない」が多く、約2割の回答者が選択した。3位から5位の選択肢は順に「町内会など地域活動の負担が大きい」、「地域や近所の人との付き合いが少な

表8-2　地域で生活する中で感じている困りごとや不満（上位5項目）

回答選択肢（選択数上位5つ）	選択数	選択率（％）
災害時の対応が不安	234	31.5
近くに買い物や飲食店が少ない	168	22.6
町内会など地域活動の負担が大きい	128	17.3
地域や近所の人との付き合いが少ない	113	15.2
自宅以外に気軽に過ごせる場がない	101	13.6

回答対象者数：742

い」、「自宅以外に気軽に過ごせる場所がない」であり、地域コミュニティにおける住民同士のつながりに関連する内容が続いている。なお、問2において回答者が選択した項目の数は平均で2.35個であり（無回答者を除いて算出）、90％以上の回答者の選択個数が4個以下であった。これらの数字を見る限りでは個人単位での困りごとや不満の種類は必ずしも多くない。しかし、「その他」を除く20の選択肢の中で選択数が0だったものはなく、したがって熱田区民の抱く困りごとや不満は全体としては多様に分布していると言える。

次に、アンケートの問3では、居住地域においてもしあれば利用したい場やサービスを(1)暮らしに関するもの、(2)地域コミュニティに関するもの、(3)まちづくりに関するもの、の3つのカテゴリに分けて尋ね、より具体的なニーズの把握を試みた。表8-3は各カテゴリにおいて選択数が多かった選択肢を3項目ずつ並べたものである。なお、回答形式はそれぞれ14の選択肢から3つまでを選択可能とするものであったが、集計においては3つを超えて選択を行った回答者の分も含めている。

表8-3から読み取れる特徴の1つは、(2)と(3)のカテゴリにおいて災害

表8-3　住地域にもしあれば利用したい場やサービス（上位3項目ずつ）

カテゴリ	回答選択肢（選択数上位3つ）	選択数	選択率（％）
(1) 暮らしに関するもの			
	日常から離れてリフレッシュできる場	274	36.9
	身近で買い物できる場	162	21.8
	子どもがのびのびと遊べる場	161	21.7
(2) 地域コミュニティに関するもの			
	安否確認など災害時の助け合い	220	29.6
	誰もが気軽に過ごせる居場所	193	26.0
	近所や地域の人が気軽に集える場	168	22.6
(3) まちづくりに関するもの			
	災害時の避難場所	203	27.4
	スポーツや運動ができる場	195	26.3
	緑や水、生き物など自然豊かな環境	168	22.6

回答対象者数：742

対策に関する選択肢の選択率が最も高いことである[7]。先述の通り問2において「災害時の対応が不安」が最も多く選ばれており、その「不安」の具体的な内容として安否確認などの助け合いや避難場所（の不足）があると解釈できる。また、カテゴリ（1）の「日常から離れてリフレッシュできる場」や（2）の「誰もが気軽に過ごせる居場所」、「近所や地域の人が気軽に過ごせる場」は、問2における「地域や近所の人との付き合いが少ない」および「自宅以外に気軽に過ごせる場がない」の選択率の高さと対応しており、地域コミュニティにおける人間関係の希薄化や孤独・孤立への対策を求める声とも考えられる。

次に、図8-2は回答者の地域活動への参加頻度を尋ねた問4の単純集計結果である。地域活動に「よく参加している」もしくは「時々参加している」回答者の占める割合は約78％と高く、多くの回答者が熱田区の地域活動に貢献しているといえる。なお、上記2項目の合計割合はどの年代においても高いものの、「よく参加している」に限った場合には50歳代以下の年代における選択率は3割以下となり、選択率が5割近い70歳代と比べると低い値であることを補記しておく。また、問2において「町内会などの地域活動の負担が大きい」の選択率が高かったことを鑑みると、地域活動への参加率の高低だけなくその内容・あり方に目を向けることも必要であろう。

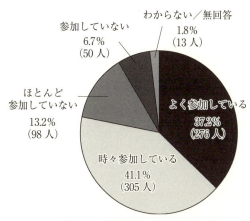

図8-2　地域活動への参加頻度（N=742）

続いて、問4において「ほとんど参加していない」または「参加していない」を選択した回答者に対し、その理由を尋ねたのが問5である。「特にない」と「その他」を含む11の選択肢から任意個を選ぶ形式であった。その中で多く選ばれた5項目をまとめた表8-4を見ると、「忙しくて時間がない」に次いで「参加するきっかけがない」や「知り合いや仲間がいない」が多く、地域内でのつながりの希薄化を示唆する傾向がここでも見られた。

　アンケートの問6では、今後参加してみたい地域活動について選択形式で尋ねた。選択肢は「活動分野は決めていない」、「地域活動に参加したいと思わない」、「わからない」を含めて19項目であり、選択数に制限はなかった。問6における選択数の上位5項目を示したものが表8-5である。最も選択率が高かったのは「スポーツや健康づくり」であり、約3割の回答者が選択した。次いで選択率が高かったのは「文化、芸術」であり（約2割）、以降は「生涯教育」、「防災」、「まちづくり」が続く。上位の3項目は自己実現的な側面をもっていることに共通点が見い出せるが、1位と2位の選択率の間に

表8-4　地域活動に参加していない理由

回答選択肢（選択数上位の5つのみ）	選択数	選択率（%）
忙しくて時間がない	52	35.1
参加するきっかけがない	45	30.4
活動内容をよく知らない	41	27.7
知り合いや仲間がいない	35	23.6
役員をやりたくない	34	23.0
回答対象者数	148	

表8-5　今後参加してみたい地域活動（上位5項目）

回答選択肢（選択数上位の5つ）	選択数	選択率（%）
スポーツや健康づくり	250	33.7
文化、芸術	146	19.7
生涯教育	144	19.4
防災	129	17.4
まちづくり	116	15.6
回答対象者数	742	

は14ポイント程度の差があるのに対し、2位と3位の選択率にほとんど差はない。なお、16の具体的な地域活動のうち、少なくとも1つを選択した回答者は全体の70％を超えており、参加意向は全体として高いことが確認された。加えて、1人当たりの平均選択項目数は約2.7個であり、複数種類の地域活動への参加意向をもつ回答者の多いことも明らかになった。また、問6の付帯質問として、参加してみたい地域活動への実際の参加頻度に関する意向や参加可能な曜日・時間帯を尋ねる問7があるが、ここではその説明を割愛する。

最後に、問8では、地域活動に活用できそうな資格や得意なこと・経験を回答者本人と回答者の家族のものに分けて尋ねた。全体の約4割に相当する293人の回答者から具体的な回答があり、それらをいくつかの分野に分類し、分野ごとの件数をまとめたものが表8-6である。まず、資格について、本人と家族の合計で見た場合に最も多かったのは「介護・医療」分野であり、看護師やヘルパー、介護福祉士など合計79件の記載があった。次に

表8-6 地域活動に活用できそうな資格や得意なこと・経験（分野別件数）

資格			得意なこと・経験		
分野	本人	家族	分野	本人	家族
教育	46	28	文化	36	21
建設	47	10	スポーツ・運動	29	9
工業	23	2	生活関連	19	3
介護・医療	58	21	専門技術	42	15
防災	7	2	地域活動	9	2
IT	4	2	計	135	50
語学	17	7			
文化	20	8			
スポーツ・運動	6	3			
調理	14	9			
経営	5	3			
理美容	8	2			
その他	19	8			
計	274	105			

多かったのは「教育」分野であり、教員、保育士、幼稚園教諭、学芸員などの資格が挙げられていた。また、建設関係の資格の記載も多く、その内容も電気工事士、建築士、宅地建物取引士、建築施工管理技士など多岐にわたっている。なお、「防災」に関する記載は9件と少ないが、防災士や防火管理者、建物応急危険度判定士などの資格をもち、地域課題としての災害対策を担うことのできる人材の存在が確認された。一方、得意なこと・経験については、「文化」と「専門技術」に分類されるものが特に多い。前者については、手工芸、毛筆、絵画、踊り、長唄、料理など、後者については、パソコン、経営指導、簿記、デザイン、電気工事など、いずれも多種多様な内容であった。

　以上の結果は、熱田区には地域の様々な活動に役立つ可能性のある資格（スキル）や経験を有する人材が多様に分布していることを示している。問4の集計結果からは、調査時点においてすでに多くの回答者が地域活動に参加していることが確認されたものの、回答者が有する上記のような資格や経験が十分に活かされているとは限らない。地域の課題解決やエンパワーメントを図る上では、それらをよりよく発揮できる場の充実やその恩恵を地域で共有（シェアリング）する仕組みづくりが求められる。

（2）多重対応分析および凝集型階層クラスタリングによる分析

　前項における熱田区民対象アンケートの単純集計結果の紹介に続き、本項では同アンケートの結果に対してより詳しい分析を施した2022年発表の論文（参考文献【8】）の主要部分を紹介する。同論文では、多重対応分析と凝集型階層クラスタリングという分析手法を組み合わせることで[8]、地域に関する困りごとや不満（問2）、場やサービスに対するニーズ（問3）、地域活動への参加頻度（問4）、地域活動の内容に関する意向（問6）、の4つの要素に関するアンケート回答者の傾向・パターンを、適切に要約しつつ構造的かつ総合的に把握することを試みている。

　分析の詳しい手順や過程は割愛するものの、まず、問2〜問4、および問6の回答データに対して多重対応分析を適用することにより、718人の回答者[9]を、①地域活動への関心の強さ、②自己実現欲求と安全欲求の相対的な

強さ（どちらが強いか）、③私的充足と社会的充足への関心の相対的な強さ、④地域の「内のつながり」と「外とのつながり」への関心の相対的な強さ、という4つの尺度で測ることが可能になった。さらに、その結果に対して凝集型階層クラスタリングを適用することによって、上記4つの尺度で測った際に似た傾向をもつ回答者同士のグループ（クラスタ）を見つけることができた。表8-7は分析によって得られた5つのグループの構成人数および基本的な特徴をまとめたものである。

以下では、各グループの基本的な特徴と性別や年代などの回答者属性に関する特徴を説明する。なお、以下の説明において、あるグループにある属性をもつ回答者が「多い」または「少ない」と述べるとき、それは5グループ間の人数構成比から予想される値と比較しての表現である（つまり絶対数や同一グループ内での比率としての大・小ではない）ことに注意されたい。

まず第1グループは、地域活動への関心が相対的に低い回答者の集まりであり、全体の約19％に相当する137人の回答者が属している。このグループに属する女性回答者の数（82人、女性回答者に占める割合は22.4％）が、5グループ間の人数構成比から予想される値と比べて多いことが特徴の1つである。他の特徴として、40歳代・60歳代の回答者が多い一方、70歳代の回答者の数が少ないこと、および居住年数が20年以上の回答者が少ないことなどが挙げられる。

一方、第2グループは、地域活動への関心が高く、なおかつ自己実現と安全との対比において後者を希求する傾向をもつ集団である。ただし、ここでの「自己実現」とは具体的には趣味や文化・芸術、スポーツ・運動、生涯教育、近隣他者との交流などの活動を意味しており、一方「安全」は地域にお

表8-7　分析によって得られた5つのグループ（クラスタ）

グループ	人数（構成比）	特徴
1	137人（19.1％）	地域活動への関心が低い
2	134人（18.7％）	地域活動への関心が高く、地域の安全・安心を希求
3	91人（12.7％）	私的充足への関心が高い
4	165人（23.0％）	「内の」つながりへの関心が高く、自己実現を希求
5	191人（26.6％）	「外とのつながり」への関心が高い

ける防犯、交通安全、防災、子どもや高齢者の見守りなどを意味する。すなわち、第2グループは、特に地域の安全・安心に関するニーズをもつか、あるいはそれに関連のある地域活動への関心をもっている回答者から構成されている。回答者属性に関する特徴としては、40歳代の回答者や、会社員、主婦・主夫、居住年数が20年以下の回答者が少ない一方、男性回答者や、70歳代の回答者、無職者、居住年数が20年以上の回答者が多いことが挙げられる。

　構成人数が5つのグループの中で最も少ない第3グループは、私的充足への関心と社会的充足への関心との対比において、前者への関心の高さによって特徴づけられる集団である。ただし、ここでの「私的充足」とは、スポーツ・運動をできる場の充実や自己の健康づくりなどに加え、子どもの遊び場や子育て支援の充実など、自分の家族を含んだ形での「私的な」生活の充実を意味する。一方「社会的充足」は地域全体としての豊かさや価値の向上のことであり、具体的には、歴史文化や環境の保全、国際交流の活性化、観光振興などの多様な内容を含む。回答者属性に関する特徴としては、40歳代以下の子育て世代が多く、60歳代以上の高齢世代が少ないことが挙げられる。この傾向と関連して、会社員や居住年数が20年未満の回答者が多いといった特徴も見られる。

　第4グループは、地域の「内のつながり」と「外とのつながり」との対比における前者への関心の高さと、自己実現欲求の高さによって特徴づけられる集団である。ここにおける「内のつながり」とは地域内での連携・連帯を意味しており、具体的には災害時の助け合い、障がい者・要介護者が暮らしやすい場や地域住民が気軽に過ごせる場の提供、高齢者世帯の見守り等の活動を指す。一方「外とのつながり」は具体的には国際交流や観光・イベント振興など、熱田区外の人々との交流やそこからの集客を意味している。つまり、第4グループの回答者は、熱田区内の人同士のつながりへの関心が高く、趣味などを通じての自己実現を希求する人々であるといえる。回答者属性上の特徴としては、40歳代以下の若い世代や自営業者が少ない一方、居住年数が20年以上の回答者が多いことが挙げられる。

　最後に、第5グループは、5つのグループの中で最大の構成人数をもち

(191人、構成比は26.6%)、熱田区の「外とのつながり」に対する関心の高さを特徴とする集団である。より具体的には、国際交流や観光などに対するニーズや関心をもっている。このグループに属する回答者の性別や年代、居住年数等に関しては特筆すべき傾向は見られないものの、職業属性に関しては自営業者が多いという特徴がある。

以上で紹介した通り、多重対応分析と凝集型階層クラスタリングの適用により、今回のアンケートの回答者群は上記5つの特徴的なグループから構成されていると考えることができる。もしこの結果を熱田区の地域住民全体に敷衍することができるとすれば、各グループの特徴をより詳しく調査・分析し、それにあわせたアプローチをとることによって、地域課題の解決やニーズの充足、そして地域住民のもつスキルや経験のシェアリングをより円滑に進めることが可能になると期待される。

【Column 8-1：多重対応分析と凝集型階層クラスタリングから得られる図】

図8-3は、第2節(2)で紹介した、熱田区民対象アンケートの多重対応分析と凝集型階層クラスタリングによる分析の中で得られたものである[10]。図中の横軸は本文中で説明した4つの尺度の内の「地域活動への関心の強さ」を測る軸であり（横軸の「0.00」から左方向が弱い関心、右方向が強い関心に対応する）、縦軸は「自己実現欲求と安全欲求の相対的な強さ」を測る軸である（縦軸の「0.00」から下方向が自己実現欲求の方が高いことを、上方向が安全欲求の方が高いことを意味する）。

図中の各点が一人ひとりの回答者に対応し、上記2つの尺度で測ったときの回答者の特徴が図中の位置（どの象限に位置しているか）に現れている。例えば、地域活動への関心が強く安全欲求が高い回答者は図の右上に位置する点として打たれる一方、地域活動への関心が弱く、自己実現欲求の高い回答者は左下に位置する点となる。また、丸点は、凝集型階層クラスタリングによって第1グループに分類された回答者に、三角の点は第2グループに属する回答者に対応する（図中の楕円は、各グループの回答者の位置の平均を中心として、そのグループの回答者の大部分を含むように描かれたものであり、グループ全体の傾向を把握する上で役立つ）。

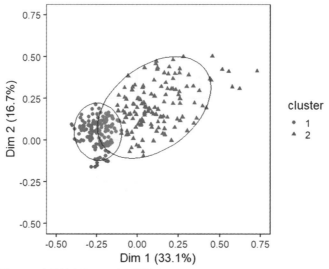

図 8-3　多重対応分析と凝集型階層クラスタリングから得られる図

3　事業所の地域との関わり方と地域課題への関心および保有するシーズとスキルの現状

（1）事業所向けアンケート調査の概要と単純集計結果

【熱田区の事業者と地域の関わり方に関するアンケート調査】

　本節では、2020年度に筆者らが実施した熱田区内の事業所（事業者）対象のアンケート調査結果を紹介する。熱田区に立地する、ものづくりをはじめとした多様な産業の事業所群は、地域の特色を生み出すとともに、そこに勤める人間（人材）を含めて重要なストック資源ともなっている。前節で紹介した熱田区民対象のアンケートで把握した防災などの地域課題の解決を図る上では、熱田区の公共施設・公共空間や地域住民のもつスキル・経験に加えて、熱田区内に所在する事業所が保有する資源（シーズや従業員のスキル・経験）の活用／シェアリングもまた必要不可欠である。本アンケート調査は、このような観点から熱田区内の事業所が保有するストック資源や地域課題への関心等を把握する目的で実施したものである。調査対象は章末注に記載の13業種[11]のいずれかを主な事業として営み、熱田区内に所在する事業所

である。調査名を「熱田区の事業者と地域の関わり方に関するアンケート調査」とし、2020年10月から2021年1月にかけて郵送法により実施した。有効回収数は310であり、回収率は13.9％となった。本項及び次項では、本アンケート調査の主要な集計・分析結果を、著者らによる既発表の報告書（参考文献【11】）と論文（参考文献【9】）から抜粋の上、再構成して紹介する。

まず、表8-8はアンケートの質問項目の一覧である。質問項目は、事業所の属性に関する質問（問1）、地域との現時点での関わり方を把握するための質問（問2）、地域課題への関心や取り組み手法を把握するための質問（問3～7）、地域課題の解決に向けて活用可能なシーズとスキルを把握するための質問（問8～9）、外部連携による研究・開発への関心を把握するための質問（問10～11）に大きく分けられる。

表8-8 アンケート質問項目一覧

質問番号	質問内容	回答種別	選択肢数
問1	熱田区内にある事業所タイプ	複数	4
	従業員数（熱田区内事業所）	単一	6
	従業員数（全事業所）	単一	6
	熱田区内での営業年数	単一	5
	本社所在地	単一	4
	業種	複数	14
	主な事業内容	自由記述	―
問2	事業所が所在する地域との普段の関わり方	複数	9
問3	熱田区の地域課題の解決へつながるような取組への関心	単一	5
問4	（問3の付帯質問）関心のある理由	複数	7
問5	関心があるまたは取組みたいと考えている地域課題	自由記述	―
問6	地域活動に取組む際の手法	複数	6
問7	企業と地域をマッチングさせる取組への関心	単一	5
問8	地域課題の解決に向けて活用可能なシーズ	自由記述	―
問9	地域課題の解決に向けて活用可能なスキル	自由記述	―
問10	外部連携による研究・開発への関心	単一	5
問11	外部と連携して研究・開発を行いたい分野や事業	自由記述	―

資料：参考文献【9】p.34 表2（共著者同意の下で転載）

最初に、回答事業所の属性（問1）に関する特徴・傾向を以下にまとめる（集計表の掲載は割愛する）。まず、事業所の種類としては、支社や営業所をもたない「単独事業所」の割合が最も大きく、約60％を占める。次いで多いのが「本社・本店」（熱田区の内または外に支社や支店をもつ事業所）であり、約30％の事業所が該当する。一方、「支社・支店・営業所」に分類される事業所は極めて少なく約3％であった。回答事業所の従業員数の規模（区内に複数の事業所をもつ場合はその合計）としては「1～9人」が約60％で最も多い。さらに、20人以下の事業所が全体の70％を占めていることから、回答事業所の多くは小規模事業所といえる。次に、熱田区内での営業年数については、20年以上の事業所が60％を超える一方、3年未満の事業所は7％に満たない。また、9割以上の回答事業所が熱田区内に本社をもつ。最後に、業種については、卸売・小売業の割合が19.0％と最も高く、次に製造業（13.5％）、専門・技術サービス業（9.0％）、不動産・物品賃貸業（8.1％）などが続く（「その他」や複数の業種にまたがる事業を営む事業所を除く）。

　次に、表8-9は回答事業所が地域と普段どのような関わり方をしているかを尋ねた問2の集計結果である。本問は「その他」および「特に関わりはない」を含めた9つの選択肢から選択する形式（選択個数の制限なし）の質問であるが、いくつかの項目については具体的な内容について記述回答する形式

表8-9　事業所の地域との普段のかかわり方

回答選択肢	選択数	選択率（％）
学区や町内会等の地域活動に参加	81	26.1
地域の活動への寄付や協賛	80	25.8
地域住民等に商品やサービスを販売	32	10.3
事業所周辺で環境保全活動を実施	29	9.4
事業所内の施設を地域住民の利用に提供	20	6.5
地域の住民や組織と協働した事業を実施	12	3.9
事業に関わる地域向けの見学会やセミナーを開催	11	3.5
その他	30	9.7
特に関わりはない	133	42.9
無回答	12	3.9

回答対象事業所数：310

になっている。この表からはまず、半数を超える事業所が普段から何らかの形で地域活動に関わっていることが分かる。また、その関わり方については、「学区や町内会等の地域活動に参加」や「地域の活動への寄付や協賛」が相対的に多い。ただし、前者に関する具体的な記述内容を見ると、町内会の役員の担当や町内の清掃、消防団への加入などが多く、事業所の主たる事業内容に関連したものは少ない。したがって、熱田区内の多くの事業所は現時点において地域活動への一定の貢献を果たしているものの、そこにおいて地域ストック資源としての潜在的な価値を十分に発揮しているわけではないとも考えられる。

次に、アンケートの問3では、前節で紹介した熱田区民対象アンケートの主要な結果（困りごとや不満、利用したい場やサービスに関する集計結果の一部）を示した上で、地域課題の解決につながる取り組みへの関心を尋ねた。図8-4はその単純集計結果を示したものである。最も多いのは「どちらかといえば関心がある」であり、全体のちょうど4割を占める。また、「とても関心がある」とあわせると約6割となり、半数を超える事業所が地域課題に対する取り組みへの関心を有していることが分かる。

さらに、アンケートの問4と問5では、問3において「とても関心がある」または「どちらかといえば関心がある」と回答した182事業所を対象

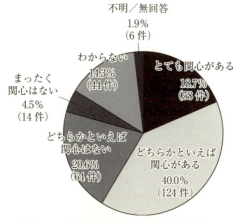

図8-4 地域課題の解決につながる取り組みへの関心

に、関心のある理由と、具体的に関心があるまたは取り組みたいと考えている地域課題について尋ねた（問4は複数選択形式、問5は記述式の質問である）。ここでは、問5の回答内容をいくつかの分野に分類した上で集計した結果を表8-10として示す。まず、回答対象となった182事業所のうち、実際に回答があったのはその73％に相当する133事業所であった。分野別の件数を見ると、「防災」関連の内容が30件で最も多く、その後には「交通事故」（19件）、「子育て支援」（15件）、「感染症対策」（14件）などが続いている。このうち、「防災」は熱田区民対象アンケートの問2において「地域における困りごとや不満」として最も多く挙げられたものであり、地域住民のみならず多くの事業所にとっても重要な関心事であることがうかがえる。また、区民対象アンケートの同じ質問では、買い物のできる店や飲食店が近隣に少ないことや、地域住民同士の関係・つながりの希薄化も地域課題として示唆されているが、このうち後者に関連する内容が「地域活動」、「交流」、「健康」、「文化」などに含まれていることも付記しておく。

次に、地域課題に取り組む手法に関する意向を尋ねた問6の結果を表8-11に示す。質問は複数回答形式であり、「ボランティア活動」、「プロボノ」、「CSR」、「CSV」の4つの選択肢[12]の他、「その他」および「わからない」がある。なお、問6はすべての事業所が回答可能な質問であるが、表8-11は問3において「とても関心がある」または「どちらかといえば関心がある」のいずれかを選択した事業所（182事業所）についてのみ集計を行ったものである。選択率が相対的に高いのは「CSR」と「ボランティア活動」であり、

表8-10　関心があるまたは取り組みたい地域課題（分野別件数）

分野	件数	分野	件数	分野	件数
防災	30	交流	9	文化	3
交通事故	19	活性化	9	教育	2
子育て支援	15	高齢者	7	保険	2
感染症対策	14	自然・環境	6	障がい者	2
防犯	11	清掃	5	働く女性支援	2
地域活動	10	健康	4	その他	2
				合計	168

表8-11 地域課題への取り組み手法に関する意向

回答選択肢	選択数	選択率（%）
CSR	76	24.5
ボランティア活動	62	20.0
CSV	49	15.8
プロボノ	25	8.1
その他	5	1.6
わからない	36	11.6
無回答	8	2.6

回答対象事業所数：182

（問2の回答結果でも見られた）事業所の主たる事業とは必ずしも関連しない形での取り組みを志向する傾向が観察された。

　最後に、熱田区内に所在する事業所が保有する、地域課題の解決に活用できそうなシーズ（商品・サービス、技術、施設・設備等）を尋ねた問8と、事業所に勤務する従業員が有する、地域課題の解決に活用できそうなスキル（資格、知識、経験等）を尋ねた問9の集計結果を表8-12と表8-13に示す。ただし、いずれもいくつかの分野に分類した上で[13]、それらの分野ごとの記載件数を示したものである。

　まず、問8については、全体の約26％に相当する82事業所が回答している。最も多いのは「防災」分野のシーズであり（19件）、具体的な記載内容としては、社屋や倉庫、工場等の避難所としての提供や、発電機、トラック、重機、防災グッズ等の提供などがあった。次いで多いのは「生活」分野であり、買い物ができる店や飲食店が少ないという地域住民のニーズに応えるテイクアウト販売や、世代間交流や異文化交流を深める場の提供、リフレッシュできる空間としてのレンタルスペースの提供などのシーズが挙げられていた。

　一方、問9についても、問8とほぼ同数の83事業所が回答している。最も件数が多かったのは「生活」分野のスキルであり（21件）、ファイナンシャルプランナーや調理師免許、管理栄養士などの各種の資格の他、自動車関連の知識、相続に関する知識、植樹活動のノウハウなど、記載内容は

表8-12 事業所が保有するシーズ（分野別件数）

分野	件数	分野	件数	分野	件数
防災	19	教育・文化	12	不動産・物品賃貸	7
生活	16	ものづくり	9	地域活動	6
建築・土木	14	医療・福祉	9	その他	10
				計	102

表8-13 事業所の従業員が有するスキル（分野別件数）

分野	件数	分野	件数	分野	件数
生活	21	経営	14	国際	4
IT	19	文化	8	ものづくり	3
建築・土木	17	運動・健康	7	その他	5
医療・福祉	16				
				計	114

多岐にわたる。次いで、プログラミングやWEB開発、サーバー保守、グラフィックデザインなどの「IT」分野のスキルが多い。なお、「建築・土木」分野のスキルには、各種重機の運転・操作スキルや耐震診断員、防火管理者などの災害対策に関連するものが含まれている。

　以上の結果からは、熱田区の地域住民だけでなくそこに所在する多くの事業所もまた地域課題の解決やエンパワーメントにつながる可能性のあるストック資源（シーズや従業員のスキルや経験）を有していることが明らかになった。しかし、問2の集計結果の説明においても言及したように、それらの資源が地域活動の中で十分に活用されているとは言えず、地域住民のもつスキルや経験とあわせて、その潜在的価値を引き出しシェアリングするための取り組みが必要である。

（2）アンケート結果のより詳しい分析
【多重対応分析および凝集型階層クラスタリングによる分析】
　著者らが2022年に発表した論文（参考文献【9】）では、第2節で紹介した熱田区民対象アンケートの場合と同じく多重対応分析と凝集型階層クラスタリングを組み合わせた手法を適用することにより、事業所の地域との関わ

り方や地域課題への関心、保有しているシーズとスキルの現状について構造的・総合的に把握することを試みている。本項ではそこで得られた主要な結果を紹介する。

まず、問2、問3、および問6〜問10の計7つの質問を使用して多重対応分析を行った結果、回答事業所の回答データを適切に要約する尺度として、①地域との関わりへの総合的な関心の有無、②地域との関わりへの関心／無関心の程度（強弱）の2つが得られた。いずれも「関心」に関する尺度であり、第2節で紹介した熱田区民対象アンケートの場合に比べるとやや抽象的であるが、これはそもそも本アンケートにおいては「地域課題の解決につながるような取組への関心」（問3）や「関心があるまたは取組みたいと考えている地域課題」（問5）、「企業をマッチングさせる取組への関心」（問7）、「外部連携による研究・開発への関心」（問10）など、地域に関する様々な事柄への関心を尋ねる質問が中心であったことによる所が大きいと考えられる。ともあれ、この尺度によって個々の回答事業所[14]を表現した上で凝集型階層クラスタリングを適用した結果、表8-14にある3つのグループ（クラスタ）を得た。

第1グループは地域活動に対し広く強い関心をもつ事業所から成るグループであり、全体の約12％に相当する32事業所が属している。現状においても多くの地域活動に参加しているとともに、地域課題の解決に活用可能と思われるシーズや従業員のスキルについても積極的に回答・開示する傾向をもっている。回答事業所の属性に関する特徴としては、従業員規模が大きく、熱田区内での営業年数が短い事業所が多く含まれる[15]ことが挙げられる。また、医療・福祉関連の事業を営む事業所が多いことも特徴の1つである。

表8-14　分析によって得られた3つのグループ（クラスタ）

グループ	事業所数（構成比）	特徴
1	32（11.8％）	地域活動に対し広く強い関心をもつ
2	86（31.6％）	地域活動に対しやや狭く弱い関心を持つ
3	154（56.6％）	地域活動に対し総じて関心を持たない

次に、第2グループは地域活動に対して（第1グループと比べ）やや狭く弱い関心をもつ事業所から成る。全体の約32％に相当する154事業所が属し、3つのグループの中で2番目に大きい。属性に関しては、支社・支店・営業所等の位置づけにある事業所や、10〜19人程度の従業員規模の事業所が多い点が特徴的である。

　第3グループは地域活動に対して総じて関心をもたない事業所の集団である。3つのグループの中で最多の154事業所が属しており、構成比では約57％を占める。地域との関わりが普段から薄く、地域課題や外部連携に関する取り組みにもあまり関心を示さない事業所が多い。また、従業員数が50人以上の大規模な事業所や熱田区内での営業年数が10年未満の比較的新しい事業所の数はやや少なく、卸売・小売業や製造業を業種とする事業所が多いという特徴が見られる。

　グループごとの特徴の違いをよく表す例として、問2（事業所が所在する地域との普段の関わり方）に対するグループ別の回答結果を紹介する（図8-5）。本節第1項で説明した通り問2は複数選択の質問であり、棒グラフは選択肢ごとに各グループの選択率（その選択肢を選択した事業所の数が、所属グループの総事業所数に占める割合）を示している。なお、図中の「C1」、「C2」、「C3」は順に第1グループ、第2グループ、第3グループを表している。これを見ると、「特に関わりはない」を除くほとんどの選択肢について第1グループの選択率が最も高くなっており、第1グループの地域活動への参画度が実際に高いことが確認できる。また、第3グループは「特に関わりはない」の選択率が最も高く、それ以外の選択肢についてはすべて3グループ中で最も低い。また、第2グループの選択率が「地域住民等に商品やサービスを販売」を除いて、すべて第1グループと第3グループの中間にある点にも注意されたい。

　グループ間の違いを示すもう1つの例として問6（地域課題に取り組む手法に関する意向）に対する回答結果を図8-6に示す。「その他」と「わからない」を除くすべての選択肢について第1グループの選択率が最も高く、特に「プロボノ」と「CSV」については第2グループとの差が他の選択肢よりも大きい。プロボノは従業員の仕事上の専門的知識やスキルを、CSVは事業

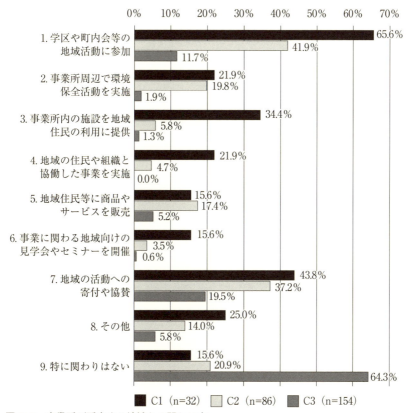

図 8-5 事業所が所在する地域との関わり方
資料：参考文献【9】p.53 図 11（共著者同意の下で転載）

所の事業内容を活かした活動であり、専門的スキルや事業内容とは直接関連しないボランティアやCSRと比べて地域活動へのより高い関心と参画意識が求められるものであることから、第1グループと第2グループとの違いが大きく現れる項目になっていると考えられる。

最後に、第1グループと第2グループの問8（事業所の有するシーズ）および問9（従業員の有するスキル・経験）に対する回答結果を紹介する。なお第3グループは当該質問に対する回答数が少ないため省略している。まず、図8-7は問8に対する回答結果を示すグラフである。横棒は各項目が占める割合をグループごとに示しており、グループ内で合計すると100％になる（グ

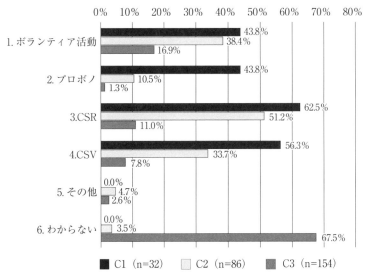

図 8-6　問 6 地域課題への取組手法
資料：参考文献【9】p.55 図 13（共著者同意の下で転載）

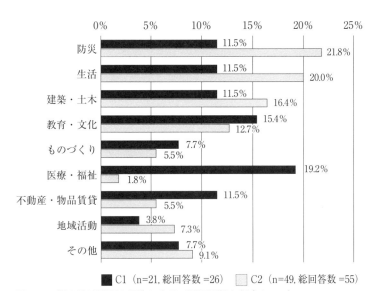

図 8-7　問 8 地域課題の解決に向けて活用可能な保有シーズ
資料：参考文献【9】p.58 図 16（共著者同意の下で転載）

ループ間での項目ごとの比較を容易にするために帯グラフではなく集合横棒グラフを採用した)。これを見ると、第1グループに属する事業所の保有シーズとしては医療・福祉分野のものが最も多いことが分かる。これは、同グループの業種構成において、医療・福祉分野の事業所が最多である(7事業所、構成比21.9%)ことによる。次に「教育・文化」が多いが、特に文化に関連したものが多数を占める。一方、第2グループは「防災」、「生活」、「建築・土木」の割合が高く、第1グループとは異なる傾向を見せている。

次に、図8-8は問9に対する回答結果を示す集合横棒グラフである(図8-7と同じく各項目についてグループ内で合計すると100%になる)。第1グループに属する事業所の従業員が有するスキルや経験としては、「医療・福祉」分野のものが最も多く挙げられており、「IT」、「建築・土木」が続く。一方、第2グループについては、「生活」関連のスキルが最も多く、「建築・土木」、「経営」、「IT」などが続いているが、それらの差は小さい。また、2つのグループを比較した場合には、「IT」と「文化」関連のスキルの占める割合が

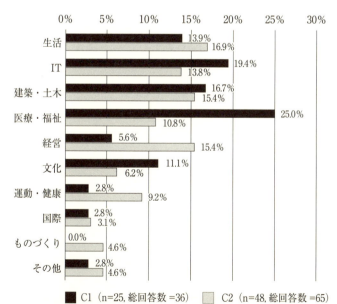

図8-8 問9地域課題の解決に向けて活用可能な保有スキル
資料：参考文献【9】p.58 図17（共著者同意の下で転載）

第1グループにおいてより大きいのに対し、「経営」および「運動・健康」関連の割合については第2グループよりも極端に小さい点が特徴的である。問8の結果もあわせると、事業所の保有シーズや従業員の有するスキル・経験の分布は2グループ間で異なる分布パターンを示していると言える。

　以上のような分析により、回答事業所の中には、地域との関わりへの関心が総じて高く、地域課題の解決に向けて積極的な協力の期待できる事業所（第1グループに属する事業所）が、割合としてはやや少ないながらも一定数存在していることが明らかになった。しかしその一方で、全体の半数以上の事業所が地域との関わりに総じて無関心なグループ（第3グループ）に分類されるという結果は少し気がかりであり、地域課題の解決やエンパワーメントに地域社会全体として取り組むためには、これらの事業所が地域活動に関心をもち、事業所の強みや従業員のスキル・経験を生かす形で参画できるような仕組みづくりが必要であることを示唆している。

4　事業所における「防災・減災」にまつわる取り組みの現状

（1）防災・減災の取り組みに関するアンケート調査

【調査の概要】

　第2節および第3節で取り上げた熱田区民と事業所（事業者）向けそれぞれのアンケート調査により、解決すべきと捉えられている地域課題、多様な地域ストックを把握した。調査研究で明らかとなった地域課題「防災・減災」への関心の高さに注目し、地域ストックを生かした防災ビジネスを創出するなどの新たな価値創造、地域の課題解決やエンパワーメントを図る活動に繋がる「編集」の方向性を検討する基礎的データを収集することを目的に2021年度に熱田区の事業所を対象としたアンケート調査を実施した。

　上記の目的を踏まえて事業所における備蓄状況と備蓄食料の地域での活用可能性、防災・減災に資する人材の状況・育成意向などを把握する調査票を作成した。調査票は郵送により配布・回収した結果、配布数370に対し回収数は117、回収率は31.6％となった。なお、回答者の属性は、従業者数が「1～7人」の小規模事業所が47.0％、次いで、「20～49人」（17.9％）、「10～

19 人」(15.4%)の順である。業種は、「卸売・小売業」が 27.4%、次いで、「専門・技術サービス業」(15.4%)、「建設業」(12.0%)、「製造業」(10.3%)の順である。業種別従業者数では、12 業種中 11 業種において「1〜9 人」の小規模事業所の割合が最も高く、「100〜499 人」あるいは「500 人以上」の従業者数を有する事業所から回答を得られた業種は、「建設業」「製造業」「電気・ガス・熱供給・水道業」「卸売・小売業」「専門・技術サービス業」のみであることから、今回のアンケート結果は、これらの偏りの影響を受けている可能性がある点に留意されたい。

次項で本アンケート調査の主要な集計・分析結果を、発表済みの報告書(参考文献【11】)から抜粋し、再構成しながら紹介する。

（2）事業所における防災・減災の取り組み実態
【防災・減災への備えとストック・シェアリングの意向】

回答事業所における防災食の備蓄状況は、「備蓄している」が 42.7%で最も多い一方、「備蓄できていない」(32.5%)または「必要だと思うが備蓄できていない」(23.1%)事業所が 55.6%と半数を上回っている。従業者数別にみると、100 人未満の事業所においては「備蓄している」事業所割合は半数を下回っている一方、「100〜499 人」の事業所においては 60.0%、「500 人以上」の事業所においては 100%が「備蓄している」結果であった（図 8-9 参照）。

備蓄していると回答した事業所に対しては、備蓄している従業員 1 人当たりの防災食の量、ローリングストックの実施状況に関する回答をさらに求めた。その結果、防災食を備蓄している事業所における備蓄量は、「3 日分」が最も多く 46.0%、次いで「1〜2 日分」(30.0%)、「4 日以上」(16.0%)の順であった。一般的に目安とされる備蓄すべき防災食の量は 3 日分以上といわれており、備蓄していると回答した事業所においても必要量を満たしていない事業所が 3 割含まれている。そもそも備蓄していない事業所をはじめ、多くの事業所において食の備えが十分になされていない実態がうかがえる。

備蓄している防災食のローリングストック実施状況に関しては、「行っている」事業所は 66.0%で最も多かったが、「意識しているが行えていない」

(22.0％)あるいは「行っていない」(12.0％)事業所は34.0％あり、3割強の事業所ではローリングストックを実施していない。従業者数別にみると、「500人以上」の事業所においては「行っている」比率は33.3％にとどまる一方、500人未満の事業所においては半数以上の事業所でローリングストックが実施されている(図8-10参照)。

なお、期限切れが近い防災食の処理・活用については、「従業員に配布する」(56.0％)、「社内で食べる機会を設ける」(46.0％)など、社内で活用している事業所が多い。一方、「廃棄する」事業所も18.0％存在した。賞味・使用期限が迫った備蓄防災食を地域イベントへ提供することの可能性については、「わからない」(48.7％)が約半数で最も多く、「提供できない」事業所も20.5％あるが、「提供できる」と回答した事業所は29.1％あった。

事業所における備蓄防災食はまさに食の地域ストックであるが、3割以上の事業所においてローリングストックが実施されておらず、期限が切れたまま放置されたり破棄されたりしている地域ストックは一定量ある。例えば、これら放置されたり破棄されている地域ストックを防災・減災に関するイベントに提供(シェアリング)することで企業価値の向上を実現し、同時に地

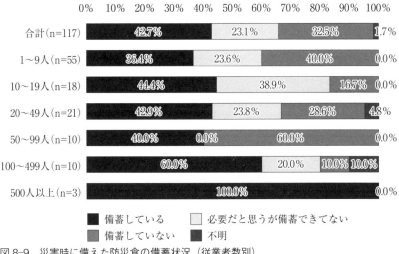

図8-9 災害時に備えた防災食の備蓄状況(従業者数別)
資料:参考文献【11】p.139(共著者同意の下で転載)

第8章 地域ストック資源の評価と価値再編集

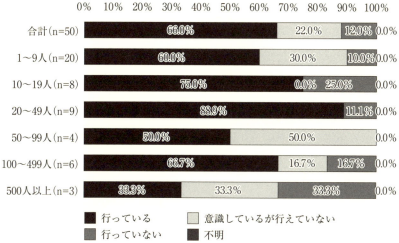

図8-10 防災食ローリングストック実施状況（従業者数別）
資料：参考文献【11】p.143（共著者同意の下で転載）

域の防災力を高める社会的価値向上にも寄与する機会を創出することは、地域ストックをシェアリングすることによる新たな価値を創造する再編集の在り方の1つとなる。このことは、食の地域ストックをシェアリングする機会となることに加えて、防災食を使った料理教室やレシピの考案、減災士によるドローンを使用した体験機会の提供など、人間（人材）の地域ストックをシェアリングする機会にもなり得るであろう。

【防災・減災に関する人材ストックの現状と育成の意向】
　回答事業所における防災・減災に関する人材育成の取り組み状況（MA）は、「社内で防災訓練を実施」（34.2%）が最も多く、「地域の防災訓練に参加」（18.8%）、「社外研修・セミナー等の受講機会を提供」（10.3%）の順であった。
　防災・減災の活動や災害発生時にリーダーとしての活動が期待される防災士をはじめ、災害時に役立つ意識・知識・技能があると認定された有資格者をどの程度有しているかについて質問した。防災士の有資格者をストックしている事業所は2.6%（3社において1名ずつ）、それ以外の防災・減災関連

の有資格者をストックしている事業所は10.3％であり、専門知識を有する人材の地域ストックは豊かとはいえない。なお、回答事業所がストックしている防災・減災関連の有資格者数の合計は65人であった。具体的記述があった資格名称には、「リフト免許」が最も多く20名であった。次いで、消防法に基づく資格であり「自衛消防業務講習」（大規模建築物等においては講習修了者等を統括管理者及び本部隊の班長として配置した自衛消防組織の設置が義務づけられている）16名、その他にも「防火・防災管理者」（4名）などの国家資格から、民間の「ドローン減災士」（2名）まで幅広く多様なものが挙げられた。

5　シェアリング可能な地域ストックをより豊かに
　～社会的価値・経済的価値を高める本学の取り組み紹介～

（1）NGUあつた防災・減災リーダー養成講座開講
【地域防災・減災力向上を目指した人間（人材）ストックの育成】

　研究対象地域である熱田区民は「防災・減災」に対する課題意識が高いこと、事業所において災害時に役立つ有資格者が一人でもいる事業所割合は1割程度にとどまっていることなどを把握したことをうけ、課題を克服する価値編集の在り方について検討した。その1つが地域防災・減災力向上を目指した人間（人材）ストックの育成である。本学の教育資源を活用して、防災・減災に生かす専門知識やスキルを学ぶ場・機会を地域に提供することで、防災・減災に長けた人・事業所を育成、つまり地域課題に寄与する人間（人材）をより多く地域にストックすることでエンパワーメントを図ることを目的に「NGUあつた防災・減災リーダー養成講座」を開講した。地域が有する様々な地域ストックをシェアリングすることで地域課題に生かす仕組みを構築すること、防災・減災の知識・スキルを有する人材を地域により多く輩出する視点を持つことも地域のエンパワーメントを一層図るために必要と考えたからである。

　そこで、本学は日本防災士機構から教育機関として認定を受け、本学社会連携センター主催の公開講座「名古屋学院大学シティカレッジ」において第1回目となる「NGUあつた防災・減災リーダー養成講座」を2022年度に開講した。なお、本講座は名古屋市に共催、名古屋商工会議所に後援いただき

実施した。受講者は、全日程を受講し本講座を修了することで防災士資格取得試験の受験資格を得て、日本防災士機構運営の下で実施される防災士資格取得試験を受験し合格した後に申請手続きを経ることで防災士の資格を得ることができる。これまでに初年度の2022度は本学学生・教職員含む64人、2023年度は同71人、合計すると防災士の称号を有する人材135人を地域に輩出している。

防災・減災の知識・スキルを有する人材を育成し地域ストックとすることは有用であり、本学における「NGUあつた防災・減災リーダー養成講座」を地域に向け開講しつづけることにより地域ストックに厚みを持たせることが可能となる。この豊かな人間（人材）ストックをプラットフォーム・メンバーとして組織化し、積極的に地域と関わり連携を強めて地域課題改善に生かす仕組みや運用システムを構築することが今後の課題である。

（2）江戸時代のご当地グルメを令和時代の防災食へ

【講座での学びを生かし、産学連携して防災食『あつた鶏飯』を商品化】

熱田区内事業所を対象とした調査で、地域課題の解決に繋がるオープンイノベーションに関心を示した事業所が約4割存在していることを確認している。また、本学学生らと連携して防災・減災に役立つ新商品開発を行うことに関心を示す事業所が19.7％存在した。そこで先述の「NGUあつた防災・減災リーダー養成講座」を修了し防災士の称号を得た本学学生が、講座で得た学びと本学学部におけるマーケティングの学びを生かし、名古屋市西区に本社をおく食品加工メーカーで熱田区においても事業を展開している株式会社あいち食研と連携して缶詰の防災食『あつた鶏飯』を開発した。

防災食として開発した『あつた鶏飯』は、本学名古屋キャンパスが学舎を構える名古屋市熱田区にあった東海道五十三次の41番目の宿場「宮宿」において、江戸時代に提供されていた当時のご当地グルメ「鶏飯」を、備蓄可能な防災食となる現代版の缶詰商品としてアレンジした商品である。【Column 8-2】は、江戸時代に宮宿で提供されていた鶏飯に関する記述を示す資料である。『熱田風土記』では、鶏飯は「唐きびを煮てその汁をつかい、飯をつくり、鶏飯のにせもの」と記述されており、鶏飯とはいえども鶏

肉は入っておらず、トウモロコシの煮汁で炊き込んだ炊き込みご飯であったこと、そしてブームは数年であったことがうかがえる。あつた産業再発見マイスターの会が鶏飯の復活再現を試み「あつた」の地名を付した「あつた鶏飯」の名称で地域活性化に繋げる試みをされている。地域ブランドとして認知度を高めるためには統一したネーミングであることが望ましいと判断し、缶詰商品のネーミングも『あつた鶏飯』として商品化した。

【環境にも体にも優しく CSV 実現を目指す『あつた鶏飯』】
　学生が商品化した『あつた鶏飯』のコンセプトは、「誰一人、取り残さない」である。災害時でも日常でも「誰一人、とり残さない」ことに加えて、サスティナブルで熱田の歴史・食文化の地域ストックを地域課題の防災・減災に活用することで、CSV（Creating Shared Value：共通価値の創造）の実現を意識して考案した。
　CSV 実現を目指した『あつた鶏飯』の商品特徴の１つに、同商品はアップサイクルフードであり環境に優しいことがある。今あるものを利用して別の用途のものに作り替え、付加価値を与えることを意味するアップサイクルは、1994 年ごろから環境配慮先進国ドイツで使い始められた用語である。日本においてはSDGs「つくる責任、つかう責任」が目指す地球にやさしい製品づくりに深く関連することからアップサイクルへの注目が集まっている。アップサイクルフードは、米国アップサイクルフード協会による定義（2020 年）で「本来であれば人間の消費にまわらない材料を使い、検証可能なサプライチェーンで調達し、生産された、環境に対して良い影響を与えるもの」とされている。アップサイクルする対象もアップサイクルされた後のものも人間が食するものであることに限定されている。例えば、しょうゆ製造過程で発生する大豆の絞りカスを家畜の飼料としたり、化粧品の原材料に転用したりした場合は、原材料が食品であってもアップサイクルフードには該当しないということである。
　『あつた鶏飯』には、愛知県内の生産者がこだわりをもって育てたにもかかわらず生産過程で間引かれた椎茸や規格外であるため既存流通システムにのらないレンコンなど、従来は廃棄されていた食材を利用している。他に

も、大豆ミートを鶏肉に似せ調理して食材に利用していることも環境に優しい商品特徴の１つである。本来、江戸時代の「鶏飯」には鶏肉は入っていなかったものの、おいしさを追求するために『あつた鶏飯』には鶏肉を入れるべきか、今の時代、商品名が『あつた鶏飯』なのに鶏肉を入れなくても景品表示法違反にならないのかなどの議論を重ねて、大豆ミートを鶏肉のように調理して使用することとした。その結果、鶏肉を使用することに比べ温室効果ガスの排出を抑えることにも寄与する環境に優しい商品となった。

さらに、誰一人取り残さないために体に優しい商品としたことも商品特徴の１つである。避難所で欠かせない防災食は高脂質・高塩分な食事に偏りがちになるほか、糖尿病のある人をはじめ、一般的に提供される防災食を口にすることができない被災者が少なくないことを防災士取得のための講座を通して学んだことから、お米の一部を「こんにゃく米」に置き換えることで糖質を抑え、脂質・塩分を控えた商品とした。「NGUあつた防災・減災リーダー養成講座」での学びを生かし、産学連携して商品化した防災食『あつた鶏飯』は、環境にも体にもやさしい缶詰商品に仕上がった。

この『あつた鶏飯』は、江戸時代の交流の拠点であった宮宿で食されていた歴史ある食文化を現代に復活させ、サスティナブルで次代に繋ぐ新たな視点から生まれた商品である。この視点は、熱田区役所が地域プロモーションとして取り組んでいる地域ブランド「熱田ブランド」のコンセプトと一致していることもあり、商品開発過程において熱田ブランドロゴマーク使用承認申請を行い承認され、熱田ブランドロゴマークを商品ラベルに付している【Column 8-3 参照】。

【Column 8-2：鶏飯】
名古屋学院大学の名古屋キャンパスがある名古屋市熱田区には、かつて東海道五十三次41番目の宿場「宮宿（みやのしゅく）」があった。以降は、その宮宿において提供された鶏飯に関する記述が確認できたものをまとめたものである。

・この築出し、古町に東海道の街道沿いに、茶屋などがたちならんで、町の様相を呈して来たのは寛政（一七八九）の頃であったと思われる。

きっかけとなったのは、名古屋城下で、唐きびを煮てその汁をつかい、飯をつくり、鶏飯のにせものを作り売出していた者が、このあたりに転住し、鶏飯に蜆汁をつけて食事をさせる飲食店を始めたことだろう。相当の資本を投じたと見え、立派な構えの店、裏庭には、池、築山、吾妻屋等を配した庭園として設計されていた[16]。

- 扇歌が生まれる少し前の寛政十二年（一八〇〇年）に鶏飯屋という新しい茶屋ができ、ここで人気のあった女中にちなんで、はやり唄が流行した。その最後には「そいつはどいつじゃ、どいつじゃ／ドドイツドイドイ」という囃子が入ったという[17]。
- 寛政年間に熱田区神戸町の鶏飯（けいはん）屋で働くお仲らが俗謡のお囃子（はやし）から•そいつはどいつじゃ　どどいつどいどい、と唄ったのが始まりだ[18]。
- 「寛政の末十二年（一八〇一年）頃に、熱田の築出に鶏飯屋といふ茶店が出来た。築出は、今の熱田傳馬町の東、姥堂の橋の附近であろうと思はれます。鶏飯といふのは、唐のきびを煮て其汁を用ひ、是にて飯を炊いて、鶏飯のにせを仕出かし賣出したもので、けいはんと音讀にしました。（中略）その飯の菜には、蜆汁を肴に、酒をすすめた」[19]
- 尾崎久弥（きゅうや、名古屋商科大学の教授）『名古屋風俗史』（昭和三十四年刊）によると、熱田神宮の門前町である熱田は、東海道の宮の宿として栄えており、神戸町、伝馬町、などの町があった。ここに寛政年間の末（一八〇〇年ごろ）、「鶏飯（けいはん）屋」と呼ぶ茶屋ができた。この店ではしじみ汁や唐きびを煮て、その汁で炊いた"鶏飯もどき"を売っていた。その後、鶏飯屋をまねた茶屋が続々と増え、女中の一人に「おかめ」という者がいて人気があったことから「おかめ」が茶屋女の総称になった[20]。
- 寛政十二年（一八〇〇）。宮の宿のはたご屋なる飯盛女をおかめと呼ぶ事は、寛政十二年申のとしの秋、熱田の築出しの町はづれに（現在、伝馬町五丁目、六丁目）大なる茶屋有りて、蜆汁をうりたり、鶏飯屋、そこの女中、お仲等が唄たったのが、どどいつ節の始まり、繁昌し、新長屋の茶店立ちつづき繁栄したが、久しからず跡をたった。飯盛女のおかめの

名が熱田の飯盛の惣名になった[21]。

- 最初の頃はめずらしいのか、商売大繁昌めでたし、めでたしであったが、一度座敷にあがって食事をすると相当の料金を取られた。勘定高い名古屋人、この鶏飯屋の「おかめ」という下女が、裏庭に縁台をだして簡単な茶菓子を売りだした。立派な庭を眺めながら、低料金の、お亀茶屋で、豪遊の気分を満喫すればこんな都合のいいことはない、とばかりにこちらで、お茶を飲んで帰る客ばかりになってしまった。東からの客人は、赤坂の宿を朝立ち、日の暮れぬ前に伝馬、神戸の宿へと急ぎ通りすぎ、西からの客は、宮の宿を旅装束もいかめしく腹ごしらへも充分と、朝出発した者ばかり、評判を聞いて立寄る客も少なく、頼みとする名古屋の御客は、神戸、伝馬で足がとまりわざわざ宿の東はずれまでは来てくれない。かえって、お亀茶屋の方に人気が集中、ついに破産、閉店ということになってしまった[22]。

- 享和二年（一八〇二）、この頃築出の「鶏飯屋」亡ぶ。「指南車」に噂見ゆ。[23]

- しかしこの鶏飯屋の全盛に刺激されてか、このあたりに急に茶屋を始めとする家並みができ、文化（一八〇四）の頃の古地図には、裁断橋から東へ、巾五米程の道があり、その南側に数軒の茶店、左にまがり北へ、五、六十米、政林寺につきあたる道の西側も茶店、途中から右折して東に向かう東海道、道巾は約六米と今にくらべれば狭い道、ここにも北、南側にと二百米程は家並び、八丁畷とのびていた。宿場の東入口、御得意先の名古屋からも最遠の地、条件の悪いのは仕方がない。なんとか客寄せの方法はと、とられたのが低料金政策これがかえって逆効果となり、客の質も低下の一方、それにつれて、もうけも少なく、どうしても、宮宿最下等をぬけだせなかった[24]。

【Column 8-3：缶詰商品『あつた鶏飯』と「熱田ブランドマーク」】

講座での学びを生かし、環境にも体にも優しい商品に仕上がった『あつた鶏飯』は、缶詰商品であるため常温で長期保存が可能である。常温で長期保存が可能であるため防災食としての備蓄に適している。しかし、災害時だけ

図8-11 『あつた鶏飯』と開発ストーリーを紹介するQRコード（左）
「熱田ブランドマーク」（右）[25]

ではなく、日常的に食べたいと思っていただける"美味しさ""連食性"にこだわることで、無意識にローリングストックされる商品を目指し開発した。そのため、常温保存の缶詰を空けてそのまま食べる食べ方以外にも、平時の食事に食べたくなるアレンジメニューやアウトドアでの使用をイメージしたアレンジレシピを掲載したQRコードを商品ラベルに付している。

　商品の顔となる商品ラベルも学生がデザインしたものである。ラベル中央には名古屋市熱田区の熱田ブランドマークの一部を水引にみたてたデザインを配置している。この「熱田ブランドマーク」は、熱田（atsuta）の「a」を表現しつつ、熱田の歴史を巨木の年輪にみたて、熱田の魅力を3本のラインに集約しデザイン化されている。この3本のラインは、①古代から受け継いだ歴史・文化・自然、②ものづくり産業や交流・交易の拠点、③熱田に根差した新しい取り組み、を示している。

注

1　本著　第1章 P.33　7〜11行
2　エンパワーメント（empowerment）とは、人や組織、地域などが持てる力を高めること、あるいはそのことにより自信を与えること。
3　参考文献【10】pp.154-155 より抜粋している。
4　参考文献【3】pp.9-12 より抜粋して紹介している。
5　冬季間の利用が減少すること、都心部での占用料が年々高騰すること、企業キャン

ペーンやプロモーション利用の問い合わせが増えていることなどもあり、また、地域で長年取り組んできた都心民間交番の移設に併せて、2023年現在では、特例制度の利用による占用から道路協力団体制度にもとづく占用へと変更を行い、元々地域にあった民間交番で行われていたインフォメーション機能の導入、一部貸出を行うという運用形態に移行している。
6 この結果を受けて、以降の著者らの研究・実践は「防災」を熱田区の主要な地域課題の1つに設定して行われることとなった。
7 カテゴリ「(1)暮らしに関するもの」には、災害に関する選択肢は含まれていない。
8 多重対応分析とは質的データの分析手法の1つであり、例えば複数の質問から成るアンケートに対する回答者の特徴をいくつかの尺度(「主軸」とよぶ)によって要約し、低次元の(典型的には2次元の)図の中で視覚的に表現することを可能にする。また、凝集型階層クラスタリングは、複数のデータを、(数学的に定義された「距離」が)「近いもの同士」でまとめ上げていくことによっていくつかのグループ(クラスタ)に分類する手法の1つである。【Column 8-1】において、熱田区民対象アンケートの回答データに対し多重対応分析と凝集型階層クラスタリングを適用することによって実際に得られた図を紹介する。
9 分析上の理由により、742人の回答者のうち24人の回答者を除外している。
10 図は、参考文献【8】p.30 図7と本質的に同じものであるが、フォントや点のサイズを拡大して見やすくするために、元データから改めて作成した。
11 ①建設業 ②製造業 ③電気・ガス・熱供給・水道業 ④情報通信業 ⑤運輸業、郵便業 ⑥卸売業、小売業 ⑦金融業、保険業 ⑧不動産、物品賃貸業 ⑨学術研究、専門・技術サービス業 ⑩宿泊業、飲食店 ⑪生活関連サービス業、娯楽業 ⑫教育学習支援業 ⑬医療、福祉、の全13業種。2019年実施の熱田区民対象アンケートで把握した地域課題とある程度の関連をもつと思われる業種として選定した。
12 「ボランティア活動」は従業員個人がそれぞれの意思に基づいて無償で行う社会貢献活動を指し、「プロボノ」は従業員が仕事で培った専門的な経験や知識、スキル等を無償で提供して取り組む社会貢献活動を指す。また、「CSR」は自社の利益のみを追求するだけなく「企業の社会的責任」として企業が自主的に行う社会貢献活動を、「CSV」は企業が強みを生かして社会課題を解決するとともに自社の競争力も高める「社会的価値と経済的価値の両立」を目指す活動をそれぞれ意味する。
13 分類の仕方は参考文献【9】と同じである(参考文献【9】では参考文献【11】における分類を一部変更して用いている)。
14 分析の過程において38事業所を除外している。
15 第2節第2項と同じく、あるグループにある属性をもつ回答事業所が「多い」または「少ない」と述べるとき、それは3グループ間の構成比から予想される値と比較しての表現である。
16 参考文献【2】、pp.153-154
17 参考文献【6】
18 参考文献【1】
19 参考文献【4】

20　参考文献【5】
21　参考文献【2】、p.83
22　参考文献【2】、p.154
23　参考文献【2】、p.83
24　参考文献【2】、p.154
25　『あつた鶏飯』の写真は株式会社あいち食研より提供、開発ストーリーを紹介するQRコードは杉浦礼子ゼミナールより提供、「熱田ブランドマーク」は熱田区役所より提供

参考文献

【1】伊神孝信「名古屋生まれの粋な都々逸」中日新聞（2003年7月14日掲載記事）
【2】池田長三郎『熱田風土記』巻七　久知会（昭和四十八年発行）
【3】井澤知旦〈2023.10〉「ストック・シェアリング試論」『名古屋学院大学論集社会科学篇第60巻第1.2号』所収，名古屋学院大学，pp.1-19
【4】尾崎久弥『放送江戸文学講話―都々逸の起源』中日新聞（2006年3月12日掲載記事）
【5】尾崎久彌『名古屋風俗史』（昭和三十四年刊）中日新聞（1996年4月1日掲載記事）
【6】川崎勝平「都々逸節の起源やいかに」日本経済新聞（1991年2月15日掲載記事）
【7】札幌市〈2013.10〉「札幌市北3条広場条例」
【8】佐藤律久，杉浦礼子，井澤知旦〈2022.10〉「熱田区の地域課題とニーズおよび人的ストックの現状―区民対象アンケートの多重対応分析―」『名古屋学院大学論集社会科学篇第59巻第2号』所収，名古屋学院大学，pp.13-41
【9】佐藤律久，杉浦礼子，井澤知旦〈2023.01〉「熱田区内事業所の地域との関わり方と地域課題への関心および保有するシーズとスキル」『名古屋学院大学論集社会科学篇第59巻第3号』所収，名古屋学院大学，pp.31-65
【10】杉浦礼子〈2023.04〉「第15章イノベーション」『現代経営学の本質』所収，株式会社五絃舎，pp.153-163
【11】杉浦礼子，佐藤律久，井澤知旦〈2022.03〉「公共施設・公共空間の有効活用研究報告書（2019～2021年度）」名古屋学院大学社会連携センター，pp.1-197

第9章
ストック・シェアリング装置としてのドイツ都市
12万人都市・エアランゲン市を中心に考察

高松平藏

1 はじめに

　欧州都市が目指すのは市民的価値をベースに置いた質的に魅力がある都市で、「公共性」へ投資をするほど、都市の質が高まるという考えが見て取れる。本稿では、こうした欧州都市を「蓄積（ストック）された資源（空間・時間・人間（人材）等）を分かち合う（シェアリング）」空間として読み直す。

　具体的にはドイツの12万人の都市、エアランゲン市を研究対象とし、1.自治体アーカイブ、2.公共空間の書架「オープン・ライブラリー」、3.中心市街地、4.ボランティア、以上の4点をシェアリングとして捉えたときどのような構造が見出せるかを考える。

　簡単に結論を述べておくと、空間・時間のストック（資源）については信頼性とケア（管理・保全）が鍵になっているが、そのベースに共通善といった価値観の了解が人々の間に必要だ。また、人的リソースの活用とは、具体的にはボランティアを指すが、ボランティアのプラットフォームが豊富であること、個人の自由時間を確保しやすいことが鍵である。

2　ドイツの都市とストック・シェアリング

（1）ヨーロッパに見られる明確な「都市の質」の条件

　都市の魅力とは何か？　おそらく人それぞれの主観的な意見が出てくるだろう。しかし欧州では都市の魅力を比較的明確に提示している。例えば「新ライプツィヒ憲章（Die Neue Leipzig-Charta）」は現代の都市開発政策の原則を示している。これはEU加盟国の都市開発・領土結合担当大臣らによって

採択されたものであるが（2020年11月30日）、その内容を要約すると共通善の強化がその大枠である。

　日本社会で「共通善」という言葉はあまり耳にしないが、この概念の議論はギリシャ時代にまでさかのぼる。さしあたりドイツ・バイエルン州の憲法（Verfassung des Freistaates Bayern Art. 151）から引くと、人間の尊厳を伴った、全ての人々の生存を保証すること、そして全ての人々の生活水準が段階的に向上すること、これが共通善である。それをもう少し具体的に挙げていくと次のような整理ができる。そして、これは「都市の質」の条件とも言えるだろう。

1．生活の質を支える環境：汚染されていないきれいな空気や水、安全性、医療、教育、文化。これらの充実によって、市民全体の生活の質を高めることにつながる。
2．環境と持続可能性：森や緑地などの自然保護、エネルギー効率、CO_2排出削減、ゴミの分別・リサイクリングなど、持続可能性につながる取り組みか行われていること。これらもまた人々の生活の質にも関わる。
3．経済的活力：雇用と繁栄のための企業活動が十分にあること。
4．インフラストラクチャー：上下水道、エネルギー、道路、公共交通機関、交通ネットワークなどの基本的なインフラストラクチャーの整備。
5．文化的多様性：芸術、音楽、演劇、イベント、フェスティバルなどの豊富な文化シーンが都市らしさを生み出し、都市の生活を豊かにする。さらにはさまざまな背景を持つ人々を結びつけることができる。
6．建築と都市景観：都市デザインと建築物、特に歴史的建築物の保全と活用は都市のアイテンティティやその特徴を生み出す。
7．社会的共存：都市の一体感とコミュニティを育むには「知り合うきっかけ」が豊富で活気に満ちたコミュニティと社会的交流が重要。

　「ドイツらしさ」というと、都市への投資対象に中心市街地がある。これは貧富に関わらず一定レベルの生活の質が実感できる空間づくりという意味もある。自由経済の強いアメリカと比べて、欧州の伝統的な社会主義思想的

な側面を見出せるところといえる。

　こんな欧州・ドイツの都市の取り組みを「ストック・シェアリング」という概念で読み直すことを本稿では試みるが、これによって、欧州の特殊性を強調せず、都市づくりにおける議論を重ねていく上での、新たな問いを立てることができるだろう。

（2）都市の質に関する研究について

　都市の質の具体的な条件を整理して先に提示したが、それは立地、管理部門、権力構造など、さらに数多くの要素の組み合わせで決まってくる。そのため「都市の質」そのものをテーマにした研究は見当たりにくいが、都市文化、都市史、都市経済学、都市計画、都市開発、都市地理学といった様々な分野から、都市のあり方を検討する研究の蓄積はある。

　とりわけ確認しておきたいのが、都市史のユルゲン・ロイレッケの議論だ。ドイツでの都市の発展について、都市化／都市社会化（Verstädterung／Urbanisierung）の2つの概念が提示されている。前者が人口増加などの量的な発展を示し、後者が人々の生活や行動様式などの質的なものを示す[1]。換言すれば、ただ人が多いだけでは、「都市」ではないという意味である。

　また筆者は都市の質という視点から人口約12万人のドイツ・エアランゲン市（バイエルン州）を中心に都市内の要素が、どのように連関性を作り、発展させているのかに着目した著書を上梓している[2]。

（3）ストック・シェアリング装置としてのドイツ都市

　一方、ストック・シェアリングとは、名古屋学院大学の「ストック・シェアリングを通じた地域価値の編集による新世代型コミュニティの実現に向けた多層的研究」（2018年度）によって提示された概念である。地域の蓄積（ストック）された資源（空間・時間・人間（人材）等）を分かち合う（シェアリング）こととしている。福祉・都市・経済を地域で融合し、各種のストックをシェアすることで地域の課題解決と新しい価値の創出を図るという野心的な研究である。だが「分かち合う」こと自体は決して新しいものではない。むしろ人間の原初的な行為だ[3]。

しかし、「分かち合い」の原理は国・地域・時代によって異なる。例えば、近代以降の欧州を見ると、協同組合に始まり、連帯経済・社会的経済といった原理に基づいたものがある。これらの原理は自助、連帯、個人主義などの欧州で発達してきた概念の連関の中で成り立ってきた。

　他方、ドイツの都市作りには、公共空間への投資をするほど、市民の生活の質の底上げにつながるという発想が見て取れる。換言すれば投資によってできた好環境を市民で「分かち合う」という構造になっていると理解できるだろう。こういう構造をストック・シェアリングとして読み解いていく。

（4）「分かち合い」の発展

　ところで、「ストック・シェアリング」は、その名称からも推測できるが、「シェアリング・エコノミー」から着想を得たものただと思われる。

　シェアリング・エコノミーとは、不特定多数で物やサービスを共有して、お金を稼いだり、お金を節約したりするというアイデアだ。その始まりは2008年開始のバケーションレンタルAirbnb（エアービーアンドビー・本社サンフランシスコ）だ。これは空き部屋を貸したい人（ホスト）と、借りたい人（ゲスト）の両者を仲介するWebサービスである。さらに配車サービスの「Uber」などさまざまな分野に広がりを持つものである。

　シェアリング・エコノミーの登場は21世紀に入り、ネット技術の発達によってマッチングが容易に実現したことにある。レイチェル・ボッツマンらによると「分かち合うこと」で、〈テクノロジーが、古い形の「信頼」を新しい形に変えている〉と、人々のコミュニティへの回帰を主張している[4]。この議論は「シェアリング」に伴う社会的意義を強調するもので、本稿を進める上でも重要な指摘だ。

　一方シェアリング・エコノミーはあくまでも共同で行う消費であり、「分かち合い」の商業化であるという指摘もある。従来の「分かち合い」はコミュニティで無料で行われた近隣同士の支援という社会的意義がある。それがシェアリング・エコノミーの台頭で後退したというのだ[5]。しかしAirbnbなどはシェアする側もされる側も、金銭のやり取りはあるものの、新しい出会いや、宿泊を通しての交流に価値を置いているケースも考えら

れ、そこにボッツマンらの主張が当てはまる。

　いずれにせよ、これらの議論から言えることは、シェアリング（分かち合う）は経済的なやり取りがあったとしても、社会的な意味合いも発生することがある。そして、この分かち合いの形や規模によって、都市の質に影響する可能性は十分ある。

3　ドイツの12万人都市を検討する理由

（1）市民視線で知り得ている町

　ストック・シェアリング装置としてのドイツ都市をこれより検討していく。具体的には筆者が住むエアランゲン市（バイエルン州、人口約12万人）の事象を整理し、「ストック・シェアリング」として整理・分析する。

　なぜこの町なのか？　その理由は、筆者は2002年から家族と共に同市に住んでいるからだ。参与観察を行い、ジャーナリストとしてミクロ取材を長年重ねてきた。言い換えれば「市民視線」と外国人ジャーナリストとして「外部者の視線」もあるためだ。

（2）エアランゲン市とはどんな町か

　エアランゲン市の概要を記しておく。同市はバイエルン州の中央フランケンという行政管区に位置する郡独立都市だ。基礎自治体は郡に属するが、郡から独立した基礎自治体を「郡独立都市」という。人口12万人だが、ドイツの基準から言えば比較的大きい基礎自治体である。

　さて、この町は1002年に初めて文書に登場する。17世紀にはフランスからユグノー派の宗教難民を引き受けた。現在の旧市街地はこの時期の都市計画でつくられた（バロック様式）。

　それからエアランゲン大学があり、グローバル企業のシーメンス社の、医療健康分野の開発拠点でもある。そのため観光地というよりも学術研究都市といった雰囲気が漂う。経済力もあり、一人当たりのGDPもドイツ国内の自治体でトップクラスだ。（3位／2021年）。

　このようなエアランゲン市の様子をストック・シェアリングとして読み解

表 9-1　エアランゲン市の基本情報

面　積	76.96 km²
人　口	117,806 人（2023 年 12 月 31 日現在）
人口密度	1,515 人（1 平方キロメートルあたり）
市　長	フロリアン・ヤニック（2014 年から　所属政党：SPD）

図 9-1　エアランゲン市の位置

いていくが、具体的な対象として、次の 4 点を見ていく。

1．市営アーカイブ
2．オープ・ンライブラリー
3．中心市街地
4．人的資源

　これらは、いずれも市内に「ある」ものである。また同市はフィールドと

してそれほど広い自治体ではない。むしろコンパクトな町である。下記の地図からもその距離感がある程度理解、想像ができるだろうか。

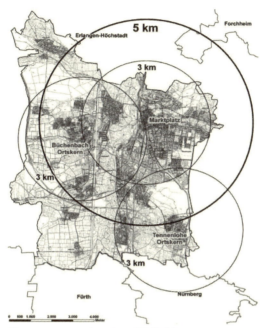

図9-2　エアランゲン市の「距離感」
＊自治体全体のおおよその区域が中心市街地（Marktplatz）から5キロ圏内にある。（「AGFK／自転車に優しい自治体のためのワーキンググループ」の資料「Radverkehr in Erlangen」より転載）

(3) ドイツにおける「都市」とは何か

　都市の厳密な定義は難しい。国や地域によってその典型的な特徴を見てもかなり異なる。しかしながら、その共通点は「集積性」にあるといえる。例えばマックス・ヴェーバー[6]やエドワード・グレイザー[7]らは集積性を都市の特性として示している。都市はヒト・モノ・カネ・組織・情報・知識といったものが集積し、相互に影響し合い変化し続けるという可能性がある。もちろん、さまざまな都市問題の発生もあるが、積極的な側面を捉えるなら

ば、都市は人類の共創の場であり、「永遠のプロセス」と言える。

「集積性」の状態をもう少し掘り下げると、〈様々な需要と機会が交差する場所〉で、〈経済開発や社会的包括、公衆衛生の向上などの可能性をもたらす〉。もちろん格差や貧困などの都市問題もあるが、同時にそれぞれの都市は独特の文化・建造物を持っている。以上のような状態の場がヨーロッパであり、一般的に理解されている都市である[8]。

それからドイツ語の「都市（シュタット／Stadt）」について整理しておく。これは city、town、市、町、都市などに直訳できる単語だ。しかし、「都市（シュタット／Stadt）」には独自のイメージや意味合いがある。

まず歴史的に言えば、Stadt は中世のドイツの共同体で市を開く権利などが付された称号であり、「都市法（Stadtrecht）」と呼ばれる権利を持つ集落をさした。しかし、1935年の市法によって都市／非都市の法的違いが廃止され、現在は人口統計によってカテゴライズされている。人口10万人以上が大規模都市（Großstadt）、人口2万人〜10万人が中規模都市（Mittelstadt）、人口5,000人〜2万人が小規模都市（Kleinstadt）である。この分類からも人口12万人のエアランゲン市が「大規模都市」に当たることがわかる。

さて、都市の捉え方は歴史的経緯にも影響されている。中心市街地は通常、旧市街地を指す。ここは中世などに作られた都市の発祥地である。日常的には「都市（シュタット／Stadt）へ行く」と言えば、中心市街地へ行くことを指す。そして自治体全体の「軸」となる場所でもある。したがって、本稿での「都市」は文脈によって、基礎自治体全体を指す場合と、市街中心地を指す場合がある。

以上のように、フィールドにするエアランゲン市とドイツの独自の「都市」の感覚を整理したところで、具体的な4点の対象物（市営アーカイブ、オープン・ライブラリー、中心市街地、人的資源）を検討していこう。アーカイブ、オープン・ライブラリー、市街中心地は「空間・時間のストック」として、そしてボランティアの様子を「人的資源」として見ていく。

4　空間・時間というストックの分かち合い

（1）都市の「時間」の情報をストックするアーカイブ
【アーカイブとは何か】

エアランゲン市には市営のアーカイブがあるが、同市が特別というわけではない。アーカイブの設置と運営は自治体の権利と義務である。これはドイツの憲法における基本法第28条で規定された「地方自治の権利」、すなわち基礎自治体は法律の範囲内で自らの責任で規律する権利のことをさすが、この条項からアーカイブの「権利と義務」を間接的に導き出している[9]。さらに各州ではアーカイブの運営に関する規則が存在し、例えばバイエルン州では自治体アーカイブの設立が憲法で義務付けられている[10]。

自治体アーカイブは都市の歴史に関する「第一次資料」を収集保存し、さらに整理・公開する役割を担っている。ここに収蔵された資料を通じて、都市の生活の記憶と歴史が蓄積され、過去の出来事や実情を解明する材料となる。具体的には、過去の文書（一般・行政）、記録、メディア、絵図、パンフレット、出版物などが収蔵されており、エアランゲン市のアーカイブではその書架が6キロメートルに及ぶ[11]。

このようなアーカイブは自治体の歴史的アイデンティティを保証する役割を果たす。また歴史は時代によって評価が変わるものだが、現代人は現在の価値観に基づいて歴史を理解する。そのため、歴史の中には汚点とも言える出来事も含まれており、これらの記録を廃棄せずに保存する必要がある[12]。

また、アーカイブはデモクラシーとも関連がある。一般にアーカイブはコミュニティの文化的な側面を規定し、市民がその文化を共有するという流れがある。

写真9-1　ヤコブ博士と6 km分の書架（2023年2月2日撮影）

この時、地域社会の実情を正確に描写し、公平性と正義を提供する必要がある。そのため、アーカイブには独立性と信頼性が求められ、アーキビストは事実を歪めないように努め、記録の破棄にはアーキビストの同意が必要だ。これによってアーカイブは透明性、公共性、そしてデモクラシーのための追跡性の確保につながる[13]。またアーカイブは行政の情報公開と連携することで、民主的な社会に貢献している。

【どのように活用されているか？】

自治体のアーカイブは収蔵物をただ保存するだけではなく、分類・整理されている。そしてアーカイブの利用者がいるわけだが、それは論文執筆や研究目的、家族史を書く人までさまざまだ。いずれにせよ、蓄積された歴史的資料が共有活用されている形だ。

アーカイブは歴史という時間のストックを行っているが、歴史そのものの更新も行われている。その一端を担うのが、ドイツの多くの自治体にある地域の歴史や郷土のための協会（フェライン）である。エアランゲン市にも「エアランゲン郷土・歴史協会（Heimat-und Geschichtsverein Erlangen e.V.）」（会員数約500人、設立1919年）があり、協会内に「中心市街地」のほか5つの区域別ワーキンググループがある。またエアランゲン市および、その周辺をさす「フランケン地方」では、毎年の歴史研究書が出版されるが、同協会は1954年以降、エアランゲン市のパートを毎年担当している。そして1991年以降は市営アーカイブと共同で執筆に取り組んでいる。

それから、ドイツの地方では歴史などを扱った「ご当地本」の出版が多い。エアランゲン市内の書店を見ると、同市や周辺地域に関する書籍が充実しているが、執筆者はアーカイブの資料を使う。また市営ミュージアムでの展示でもアーカイブの資料が活用されることが多い。

このほかにも、市内のフェライン（協会、クラブ）が、自分たちの組織の、例えば設立100周年といったときの記念に合わせた記念誌や書籍を執筆するためにアーカイブを利用することもある。

それから、館長のアンドレアス・ヤコブ博士の存在にも触れておかねばなるまい。同氏はまるで都市を歴史から検証・解説するかのような役割を担っ

ているのだ。たとえば歴史的建築物の保護問題が出てきたときなど、頻繁に地元の新聞から取材を受け、経緯やルーツを説明する。また、それだけではなく著述活動も多い。アーカイブにはもちろん専門家「アーキビスト」たちが働いているが、その「顔」とも言える代表者の存在が、よりアーカイブの存在感を高めている。

【ストック・シェアリングとしてのアーカイブ】
　都市のアーカイブは市民社会の発展とともに、公共的な性格を持つようになった。より多くの人々や組織がこれを活用することによって、収蔵品の使用価値が高まる。現行のアーカイブの運営を見ながらストック・シェアリングの観点から整理していくと、蓄積された歴史（時間）が市民や組織によって共有活用の構図が見出せる。

1）蓄積のための協力もある
　アーカイブは一般の市民からの寄付なども受け入れている。すなわち、蓄積されたものが共有活用されるのみならず、蓄積のための協力も得ている。
2）蓄積物の保護と管理が行われている
　アーカイブの収蔵品は「時間の蓄積」であるが、具体的には「モノ」を扱う。裏を返せば経年劣化との戦いがある。ここで適切な保存技術、管理、そしてそのための投資がなければ成り立たない。利用者は使用料金を支払うが、市場の論理で成り立たせるのは難しいだろう。また、財政的な裏付けに個人・企業からのスポンサリング、寄付なども考えられるが、永続性の担保を勘案すると、全面的に頼るのも難しい。それだけに自治体のひとつの部署として運営されることは、市場の論理から一旦離れた財源で運営され、それにより収蔵物の永続的な保護の可能性を高めている。
3）蓄積物の信頼性構築と維持
　アーカイブは過去のもののみを扱うわけではない。日々作成される行政文書も最終的に精査し「後世に残すべき」ものとして収集している。その信頼性は客観性、公平性を重視するアーキビストによるものである。特に行政文書については、事実の隠蔽や歪曲しようとする圧力にも抵抗すべきという性

質をもっている。信頼性がなければ共有しうる蓄積物にはならないともいえるだろう。アーカイブは歴史と政治という、ややもすればセンシティブな関係になりかねない部分に位置付けられたところに存在している。

この３点を図式化したものが下記のものである。

図9-3　自治体アーカイブに不可欠なのは信頼性の構築にある（筆者作成）

（２）オープン・ライブラリー

【オープン・ライブラリーの概要】

エアランゲン市の市街中心地には、電話ボックス大の本棚が設置されている。ドイツ語では「Offene Bibliothek」（オープン・ライブラリー）または「Öffentliche Bücherregale」（パブリック本棚）と呼ばれているが、本稿では「オープン・ライブラリー」という名称で進める。

現在、多くの都市でオープン・ライブラリーを見かけることがあるが、Wikipediaの記述によると、少なくともドイツ全国で約3,350が存在する（表9-2参照）。筆者はこのページを2023年に度々閲覧しているが、短期間で確実に増加しており、確認できる月で比較をすると、同年2月から11月にかけて200余り増えている（図9-4参照）。

その形状や大きさはまちまちだが、屋外に設置されるものは、雨や風などで本が破損しないように密閉できる構造のものが作られている。また電話ボックスを再利用したり、バス停の中に作られたりするケースもある。本棚には誰でも書籍を無償提供することができ、また同時に誰でも本を取ることができる。その本をそのまま自宅に持ち帰ってもよいし、返却することも可能である。また、自分が不要になった本を持参し、棚にある本と交換することも可能だ。

オープン・ライブラリーは文学の交流促進のために1990年代から発展し

表9-2　ドイツ国内のオープン・ライブラリーのリスト[16]

州	数
バーデン＝ヴュルテンベルク	624
ノルトライン＝ヴェストファーレン	610
ニーダーザクセン	436
バイエルン	334
ヘッセン	294
ハンブルク	178
ラインラント＝プファルツ	173
ザクセン	114
ブランデンブルク	112
シュレースヴィヒ＝ホルシュタイン	109
ベルリン	87
ザクセン＝アンハルト	85
テューリンゲン	70
メクレンブルク＝フォアポンメルン	55
ザールラント	44
ブレーメン	22
合　計	3347

注　ウィキペディアより筆者作成

てきたアイデアだ[14]。その点、初期にはインスタレーションとしての意味合いが強かった。

　発端は1989年にアメリカのニュージャージー州で二人のアーティストMichael CleggとMartin Guttmannによって実験的に行われたことにある[15]。このアイデアは程なくしてヨーロッパにも上陸する。1991年にグラーツ（オーストリア）で初めて作られ、ドイツではハンブルク（1993年）と続く。2014年にはマインツで二人のアーティストが参加型のインスタレーションを考案。コミュニティを定義・形成し、創造的な相互作用を促すことを構想したもので、当初は実験芸術の意味合いが強いものだった。2000年代半ば以降、観光協会や自治体、財団などが設置するケースが増えてくる。

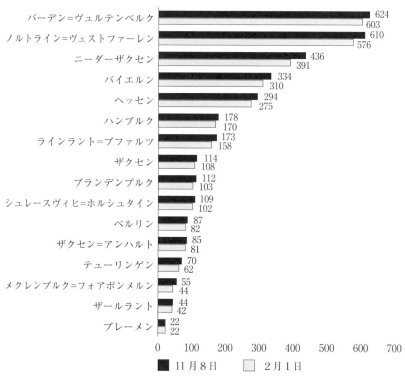

図9-4　州ごとのオープン・ライブラリーの増加[17]
（2023年2月1日および11月8日閲覧時の比較）。
注：合計数は3,129から3,347に増加している。ウィキペディアより筆者作成

【エアランゲン市のオープン・ライブラリー】

ここでエアランゲン市を見てみよう。

筆者が確認した限りは市内に少なくとも5箇所ある。そのうち一つは個人の庭先に作られたものだが、他は公共の場に設置してある。とりわけ本稿のストック・シェアリングの考察対象として見ていくのは、2012年に中心市街地で地元のライオンズクラブによって設置されたものである。

同クラブ代表、カールセン・ドェルフラーさんによると、「当時、他地域のライオンズクラブが本棚を作ったことを知り、ぜひエアランゲンでも作ろうということになった。実現に向けて約半年にわたり、インフラ関連の会社

写真9-2 中心市街地のオープン・ライブラリー
ベンチが置かれており、さらに道を隔てて老舗のカフェが
ある(2022年2月5日撮影)

などと話し合いを進めた」という。本棚はクラブが市に贈呈する形で、10年間はクラブがメンテナンスをする契約で作られた。クラブでは特に本棚の担当者は置いていないが、3ヶ月から半年ごとにメンバーの誰かがチェックをしているという。メンテナンス契約について延長はなく、現在は市のものになっている。なおガラスのドアに一度ペンキが塗られるいたずら行為があったが、本棚そのものを破壊したり、本以外のものを置かれたりしたことはない。

　ライオンズクラブは年2回、市街中心地でどの本でも1ユーロで買える古本の販売を行い、長年若者の読書促進に関わってきた。オープン・ライブラリーもその一環で、教育・文化・社会福祉的な意図で作られたのがわかる。

　本棚の脇にはベンチも設置され、天気の良い日は座って読書をする人々の姿が見られる。ユニークな利用法としては、外国人が活用するケースだろう。2016年にオーストラリアから仕事でエアランゲンに引っ越してきたシルビア・ロコモさんは「あの、本棚は(市街中心地にあるので)使い勝手が良い」とドイツ語を学ぶ教材として、棚にある本を活用していた。お金を払う必要もなく、かつ選択肢もそれなりにあるということである。

【ドイツで再文脈化、「都市型カルチャームーブメント」】

ドイツ全国を見ると、オープン・ライブラリーの使われ方には、時には古いパズルやDVDなどが入れられるケースがあり、まるでゴミ処分場所と位置付けられているような行為もある[18]。また、右翼過激派の雑誌や広告が混じることもある。ある自治体では転売目的で一度に多くの本が持ち出されたと思われる例もある[19]。

しかし、ほとんどの人はオープン・ライブラリーを好意的に捉え、楽しんで活用していると考えられる。エアランゲンのライオンズクラブの設置理由のように、「文化」「社会福祉」「環境問題」といった欧州の市民的価値の了解があり、後述する信頼性と公共性の高い市街中心地とよく馴染む。

それから、北米とドイツ（欧州）を比べると違いも見られる。北米では個人的な取り組みとして行われ、設置及び維持管理も個人が行なっている[20]。それに対して、ドイツは公共空間に設置されることが多いと思われる。都市の根幹的な部分にある価値の視点から言えば、市場原理をベースに作られた北米と、市街中心地は市民の公共空間とされるドイツとの違いが現れているといえよう。アメリカのアーティストが考案したものが欧州にわたり、ドイツの都市で再文脈化されているのがうかがえる。

オープン・ライブラリーの設置については、エアランゲン市のように、何らかの地域のイニシアティブ・プロジェクトで行われるケースが散見されるほか、すでに多くの自治体にオープン・ライブラリーが設置されていることから、「それにならって、我々の自治体でも作るべき」ということが設置理由の一つになっている例もある[21]。自治体の公共空間におけるスタンダードの装置となりつつあるとも言えるだろう。

以上のことから、ドイツの場合、公共空間に置かれた「都市型のカルチャームーブメント（urbane Kultur-Bewegung）」として位置付けられていることもある[22]。

【本棚で起こっていることは、どの経済理論にも当てはまらない】

オープン・ライブラリーは、「ドイツ都市」という空間的文脈で設置されていると言えるが、それでは本棚を通じて起こっていることは何だろうか。

ここでは「沈黙交易」「贈与」という経済学的な2つの側面から、どのように捉えることができるかを検討していこう。

1）沈黙交易

オープン・ライブラリーは書籍の「交換」が起こるが、「沈黙交易」を彷彿とさせる。沈黙交易とは、ある場所にモノを置いて去ったあと、交易相手がやってきて、そのモノに満足すると、代わりのものを置いて去るような方法である。互いに直接的な接触をしない形の商品交換という点が「沈黙交易」とよく似ている。これは信頼ができない相手（異人）と平和的に交換を成立させる原始的な方法である[23]。しかし、オープン・ライブラリーは本を通じて他者とのコミュニケーションや接触を忌避する意図は組み込まれていない。むしろ共同体の中での同じ本を読むという体験の共有や、コミュニケーションの発生を意図されている。その点で沈黙交易とは言えない。

2）贈与

贈与システムとしてのオープン・ライブラリーを検討する。なぜなら本棚に本を入れる行為そのものは、「匿名の贈与」と捉えることができるからだ。しかし、贈与とは、本来返礼を期待しない行為であるにもかかわらず、返礼が暗黙のうちに組み込まれている。つまり「見返りを期待していないかのように」交換するものだ[24]。もちろん本というモノをシェアすることを通して他者同士の何らかの関係が生まれる可能性がある。しかしオープン・ライブラリーでは交換をした者同士の顔は見えない、極めて匿名性が高く「返礼の期待」は見出しにくいため、完全な「贈与」とは言えない。

以上の仮説から、オープン・ライブラリーは現象的に言えば沈黙交易と贈与が部分的に起こっているものの、既存概念に当てはめにくさがある。実際、ボン大学の家計・消費経済学が専門の教授、ミヒャエル－ブルクハルト・ピオルコフスキー博士のこんなエピソードがある。オープン・ライブラリーを見た教授は、「これは市場だ！　しかし、通常のどの経済モデルでもない」[25]と同僚との会話の中で話した。沈黙交易、贈与に適合しないことを鑑みても、十分に頷けるエピソードである。

ただ本を不特定多数の人とシェアするという点では「ストック・シェアリング」ということは否定できないだろう。「同じ市民的価値」を持っている他者同士が、直接接触することなく、また見返りの期待なき贈与を行うことで成り立っている交換装置で、図9–5のように整理することができるだろう。

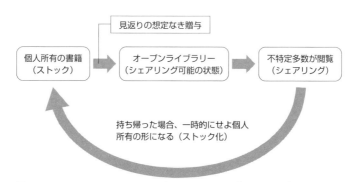

図9–5　ストック・シェアリングとしてのオープン・ライブラリーの流通構造（筆者作成）

（3）空間のシェアリングとしての中心市街地

【多様で多義的な中心市街地】

都市の中で中心市街地は代表的な公共空間だが市庁舎、銀行、オフィス、図書館・劇場などの文化施設、広場など多様な要素が集積しており、そして多義的である。エアランゲンのメインストリートは1.2km程度。そのうち約500mが歩行者ゾーンになっている。同市統計局による2015年の調査では、60％の人が少なくとも週1回訪問。「ほぼ毎日」と答えた人は19％を数えるが、おそらく通勤・通学で通行するか、このエリアで働いている人たちであろう。

この歩行者ゾーンも含む市街中心地で起こっていることを整理すると、ショッピングやビジネスなどの「経済活動」をはじめ、「市庁舎への用事」「飲食」「文化・スポーツ・イベント」「社交」「ただ歩く、のんびり過ごす」、さらにはデモや集会、選挙運動なども展開されることから「表現・言論・社会的活動」といったことにまとめることができるだろう。

また資本の論理で作られたショッピングモールでは、レストランや映画館などがあるケースもあり、歩行者ゾーンに似た機能も見出せる。しかし基本的には消費空間であり、特に「表現・言論・社会的活動」は原則的に行われることがない。そのようなショッピングモールと比較すると「公共空間」としての市街中心地との違いが際立つ。

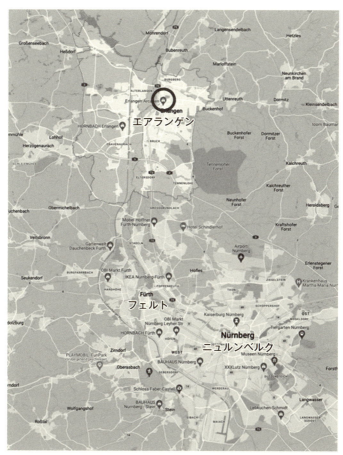

図9-7　エアランゲン市とその周辺地図（Google mapより筆者作成）
フュルト市、ニュルンベルク市と隣接している。エアランゲン市の境界線は赤の点線。また、赤い丸が同市の中心市街地の位置。

表 9-3 中心市街地で何が起こっているのか（筆者作成）

中心市街地	ショッピングモール	起こっていること
○	○	経済活動
○		市庁舎への用事
○	○	飲食
○	△	文化・スポーツ・イベント
○	△	社交
○	△	ただ歩く、のんびり過ごす
○		表現・言論・社会的活動

【市街地を訪ねる市民とは誰か？】

　市街地に訪れる市民は多様な人格を持っている。小売店や飲食店を訪れる人は「消費者」、家族や友人と会うために来る「交流する人」、文化を楽しむ「文化の享受者」もいる。また、選挙運動やデモに興味を持つことで「政治的存在」や「表現者・アクティビスト」になることもある。

　また、市民は時には複数の人格を持つ。例えばオープン・ライブラリーに本を持ち込む人は「文化（装置である書架の楽しさの）享受者」であり、たまたま隣に居合わせた利用者との会話を楽しむ「交流する人」になることがある。このように、他者と知り合うきっかけづくりは「都市らしさ」を高める重要な役割である[26]。そして、市街中心地は複数の人格を持つ市民にとっての場となり、多様性を受け入れる空間となっていることが分かる。

図 9-8　市街中心地にやってくる市民とはどんな存在か？（筆者作成）

【中心市街地の信頼性】

中心市街地の理想は、さまざまな行為や「人格」に対して、開かれ、受け入れられ、そして信頼性が伴う公共空間であるとすれば、その質的なものについて、次の3段階に整理できるだろう。

レベル1　治安・安全・公衆衛生

治安・安全性の良さはいうまでもなく、最低限必要なレベルの課題だ。例えばイベント時のテロ対策などが必要な措置だ。また、日常的に夜間でも女性が一人で歩けるかどうか、といったことが一つの指標となるだろう。

安全性の中には、交通事故のリスクが低いことなどが挙げられる。この観点から言えば自動車を排除した歩行者ゾーンは高いレベルで歩行者の安全性確保につながる。それから、空気が汚れているなど、健康を害するような要素は排除すべき事項である（公衆衛生）。

レベル2　安心感・清潔

次のレベルで必要なのは安心感・清潔であろう。皮膚・頭髪の色や言語が違っていても安心感があり、誰にでも開かれていると言う感覚が持てるかどうかがポイントだ。また発する言葉や話題次第で国家権力の介入があるようでは問題外である。女性が肌の露出が多い着衣でも問題を感じない雰囲気かどうかも一つの指標になるだろう。他にも野生化した動物がいない、建造物に落書きがない、ゴミが落ちていないといった要素は都市の清潔につながる。

レベル3　雰囲気の良さ

レベル1と2の条件は公共空間の基本的な信頼性につながっている。その上で独自性が大切で、それが各都市の「雰囲気の良さ」の追求である。緑の多さ、現代と歴史的な建築物のアンサンブルで成り立つ景観の良さ、芝生・ベンチなど無料でくつろげる場所の有無

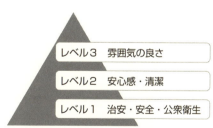

図9-9　公共空間には何が必要か？
これらは「滞在の質」の条件とも言える（筆者作成）

などがそうだ。ドイツの都市を見ると歴史協会やアーカイブが関わることで歴史的景観の保護や向上にもつながっている。さらに文化プログラムやクリスマス市場などの「特別」な設えも滞在の質を高め、都市の「社会の居間」とでもいう空間になる。オープン・ライブラリーも滞在の質を高める一つの要素である。

【ストック・シェアリングとしての公共空間】
　市街中心地は、樹木やベンチなどの実践的な要素と、歴史や開放性といった観念的な要素が集積し、生態的な空間を形成している。
　これらを「ストック」と考えると、使用価値が高く人々の生活の質に影響する。価値を見る指標は、広場や歩行者ゾーン、文化施設などがどれだけ活用されているかであろう。ただし、これらの「蓄積」は放置すると劣化する可能性があるため、常に信頼性と滞在の質を向上させ、使用価値を更新していくことが重要だ。
　このストックのケアを行う主体は行政や投資家、そして市民自身である。特にドイツでは「デモクラシー」がストックのケア（管理・保全）に重要な役割を果たしていると思われる。なぜなら人々の自主参加こそがデモクラ

写真9-3　エアランゲン市の中心市街地
歩行者ゾーンになっており、使用価値の高い空間になっている
（2020年3月1日撮影）

シーの要であるからだ。そして市街中心地の歴史的な景観は都市のアイデンティティの実感に繋がる可能性があり、また市街地自体が人々のコミュニケーションの場として機能し、未知の他者同士が新たな出会いを持つきっかけにもなる。これがデモクラシーの素地になる。

5　個人のリソースを分かち合う

（1）ボランティアに取り組む人は4割以上、楽しいからやる

　人的資源が他者や共通善に向けて動いたとき、地域社会を生きたものにし、地域社会の課題や問題に対して積極的に取り組もうという力になる。そういったボランティアの重要性はドイツでも繰り返し強調されている[27]。

　とりわけ金融危機、難民の大量流入、パンデミックなど社会的な不安定要素が大きくなったときに、ボランティアの必要性と重要性が説かれる傾向がある。しかし実のところ、ボランティアは日常的にかなり多い。連邦家族相の2019年の調査によると2,880万人が何らかのボランティア活動を行っており、これはドイツの14歳以上人口の約40％に相当する。

　ここでボランティアの意味について検討しておく。ドイツ語では「自由意思、自発性」（freiwillig）や「名誉職の」（ehrenamtlich）と表される。例えば

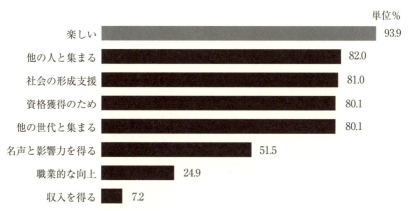

図9-10　ボランティアをする理由は？
注：ドイツ連邦家族相　Freiwilliges Engagement in Deutschland, 2016 より筆者作成

フェライン（協会、クラブ）のメンバーになるのも、辞めるのも、あくまでも個人の意思で決めるもので、強制性はない。ボランティアの動機のトップに「楽しいから」と言うものがあがるが、強制性のなさの反映と推測できる。

（2）ボランティアの種類

ドイツの人々はどのようなボランティア活動をしているのであろうか。少し古いが、2009年の連邦スポーツ科学研究所の調査を見ると、分野も幅広い。エアランゲン市の調査を見ても、おおよそ同じような傾向にある。（図9-11、12参照）

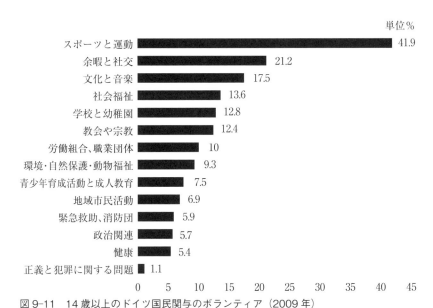

図9-11　14歳以上のドイツ国民関与のボランティア（2009年）
注：連邦スポーツ科学研究所のスポーツに関するボランティア調査を元に筆者作成

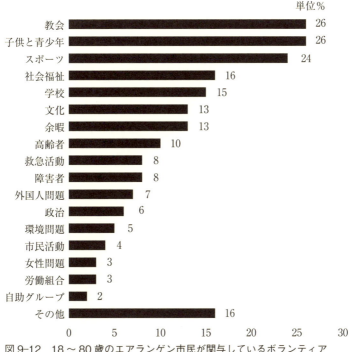

図 9-12　18～80 歳のエアランゲン市民が関与しているボランティア
注：エアランゲン市 2012 年の統計資料をもとに筆者作成

（3）「自由意志」のための環境とは何か

　ボランティアの状況を俯瞰したが、ここで重要なのはボランティアのためのプラットフォームがあるということだ。具体的には教会やフェライン（協会、クラブ）である。また学校や幼稚園などもプラットフォームになり得るだろう。とりわけ、大きいのがフェラインの存在だ。ドイツ全国に約 60 万あり、種類も豊富。しかし、半分以上のフェラインは年間収入が 1 万ユーロ以下であり、構造的に見てボランティアなしでは成り立たない。

　一方、絶対的な量と種類の多さは、自分の興味、関心に応じて加入を決める自己決定の選択肢が多いということも指摘できる。エアランゲン市を見てもフェラインは 740 以上あるが、単純に言えば 740 以上の選択肢があることを意味している。

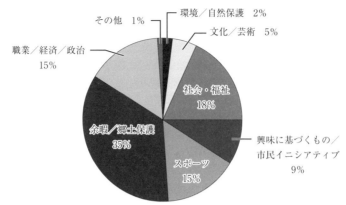

図9-13　ドイツのフェラインの分野と割合　2014年
注：V & M Service GmbHのウェブサイトをもとに筆者作成

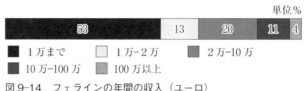

図9-14　フェラインの年間の収入（ユーロ）
注：ZiviZ-Survey 2017をもとに筆者作成

　加えて、行政自体もフェラインとの協力関係が強い。日本では「協働」という言葉で表現されるが、むしろフェライン抜きでは自治体サービスが維持できない。例えば市が主催する文化フェスティバル、春祭り・秋祭りなどにもフェラインが関わっている。市営アーカイブと深い関わりのある歴史・郷土協会もフェラインである。
　他方、ボランティア活動を行う個人に焦点を当てると、職住近接・短時間労働から得られる個人の「可処分時間」の多さがまずあってのことだろう。参考までに日独の労働時間を比較すると、ドイツの短さが浮かび上がる。
　とはいえドイツで余暇時間はソファの上で動画視聴や音楽鑑賞などに費やす人が多い[28]。しかし、それにしてもフェラインなどがボランティアのプラットフォームとして一定以上の機能を果たしていると思われる。

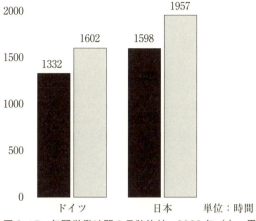

図 9-15　年間労働時間の日独比較　2020 年（左：黒）と 1995 年（右：灰）

注：2000 年は OECD 資料、1995 年はフリードリヒ・エーベルト財団資料より作成

（4）規範概念としての「社会」

　日独を比べた場合、個人と社会についても検討が必要だろう。余暇時間をどのぐらいボランティアに使っているかという調査は、なかなか見当たらないのだが、予想できる重要な点は余暇時間の感覚だ。ドイツ語で「自由時間（Freizeit／フライツァイト）」と言い、義務や労働から解放され、自由意思で使える時間のことを指す。

　さらに、ドイツの人々は「自己決定する私」というメンタリティが強いが、これは啓蒙思想に端を発するものである。そんな個人の交流の総体が「社会」ということになるが、欧州で数々の文書からは、デモクラシー、自由、平等、連帯、寛容など、「人間の尊厳」を中心にした価値体系が「社会」の中に込められている[29]。すなわち「社会は平等でなければならない」というように、「社会」には倫理的な価値を含む規範概念という側面がある。

　だからこそ、「理想の社会」「社会の発展」といったときに、自由や平等などの価値観が現実の世界に反映されているか否かという見方があり、「まだまだ理想的ではない」「100 年前より発展した」というような評価につながる。

以上のことから、「物理的な自由時間」「自己決定する私という感覚」「規範概念としての社会という了解」、この３つが揃った時に、他者や共通善へのボランティアにつながりやすいのではないだろうか。

（５）ストック・シェアリングとしての人的資源

　ドイツのボランティアの条件を検討したが、ボランティア行為そのものを整理すると、個人の時間や能力をシェアする行為である。とりわけ訓練（例えばスポーツのトレーナーライセンス）、経験、職能で得た能力は個人が有する「ストック」にあたる。このストックを他者のために、共通善のために共有活用してもらうという構図がストック・シェアリングとしての人的資源と言えるだろう。

　また、その前提として、ボランティアを行う人も、ボランティアを受け入れる組織やプロジェクトも一定の「信頼性」「倫理」を備えていることが期待されている。

　このようなストック・シェアリングを活発化するには、恒久的なボランティアのプラットフォームが必要であり、他の組織とのパートナーシップも相乗効果を生み出すと考えられる。また個人のための環境として、一定以上の可処分時間があることが望まれる。

6　まとめ

　エアランゲン市の自治体アーカイブ、オープン・ライブラリー、公共空間（中心市街地）、人的資源（ボランティア）をストック・シェアリングとして検討した結果、以下の３点が導き出される。

①ストック・シェアリングにはストックの信頼性が問われる

　自治体アーカイブでは、収蔵物について確実性の高い保存と客観性・公平性に基づいた整理が必要だ。オープン・ライブラリーは開かれた公共空間で行われる贈与・交換・発見・共有といった一種の遊びのようなものが行われている。すなわち、その公共空間の信頼性があってこそ成り立っている。人

的資源のストック・シェアリングについてはボランティアを行う人物・プラットフォームに信頼性が求められるのが大前提である。

②ストック・シェアリングにはケアが必要

信頼性を維持するには絶え間ないケア（管理・保全）が必要である。自治体アーカイブには専門の知識を持った職員（アーキビスト）と、市場経済に左右されない財政的裏付けがあってこそ、活用のためのケアができている。オープン・ライブラリーは棚の状態を適宜管理する必要がある。公共空間では歴史的建築物や美観維持をはじめ、滞在の質のためにするべきケアは膨大にある。その主体は行政や投資家などに加え、公共空間というストックを共有活用する市民も該当する。しかもそれらの主体たちの利益は異なり、しばしば衝突することもある。その解消と妥協点を見つける方法は、公共圏での議論に基づくデモクラシーであり、公共空間がそのための具体的な場所になる。

③ストック・シェアリングが結果的にストックの循環が起こる

ストックを共有活用すると、その成果物が再びストックになっていくということが起こる。市営アーカイブの収蔵物を活用した研究や著述物が、再びアーカイブの収容物になるケースがそうだ。

オープン・ライブラリーでは個人所有の本（ストック）を贈与した段階で、誰でも読んだり持っていける公共性の高い書物になる。本棚はそのための装置である。そこから本が抜き取られた時シェアリング（共有活用）が起こるが、再びそれが本棚に戻されることがあることから循環性がある。

公共空間というストックを活用するのは市民だが、市民自体が公共空間のケアをしていく当事者でもあり、ボランティアで成り立っているものが多い。例えば歴史・郷土協会は公共空間としての景観をケアしていく役割の一端を担っている。

以上を持って都市の質を向上させるためにはどうすべきかを考えたい。日本とは異なり、欧州都市では「個人・公共性・規範概念としての社会」の組

み合わせが都市の質に大きな影響を与えている。だが、これらをストック・シェアリングとして読み替えることで、非欧州型の都市（例えば日本）と比較が可能になり、議論のための新たな問いを立てられる可能性がある。

注

1 例えば Reulecke, J. (2005). Geschichte der Urbanisierung in Deutschland. Frankfurt am Main: Suhrkamp.
2 「ドイツの地方都市はなぜ元気なのか―小さな街の輝くクオリティ」（2008）、「ドイツの地方都市はなぜクリエイティブなのか：質を高めるメカニズム」（2016）、ともに学芸出版
3 名古屋学院大学平成 30 年度私立大学研究ブランディング事業計画書より https://www.mext.go.jp/content/1414148_12.pdf（2023 年 7 月 24 日閲覧）
4 ボッツマン＆ロジャース．（2010）．シェア―〈共有〉からビジネスを生みだす新戦略．NHK 出版。Kindke 位置 No.149/5795
5 Gründer Platform. (n.d.). Sharing Economy Benutzen statt Besitzen – eine Wirtschaft des Teilens. From Gründer Platform: https://gruenderplattform.de/green-economy/sharing-economy（2023.7.24 閲覧）
6 M. ヴェーバー　世良晃志郎訳（1968）『都市の類型学』、創文社 p.4
7 エドワード・グレイザー、山形　浩生訳．（2012）．『都市は人類最高の発明である』、NTT 出版 p.8
8 欧州委員会地域政策総局（2009）『欧州における持続可能な都市開発の促進　これまでの成果と機会』、欧州委員会 p.5
9 Dr. Zink, R. (2009). Archive. Zwischen Geschichtswahrung und digitalen Daten. In D. S.-u. Gemeindbund, N. Schumann, & S. Schrimpf, DStGB Dokumentation Nr. 95 - Archivierung von digitalen Ressourcen im kommunalen Bereich (S. 6). Deutscher Städte- und Gemeindbund: Berlin. P.7
10 Gemeindeordnung (GO) für den Freistaat Bayern Art. 57
11 2023 年 2 月 3 日館長の Andreas Jakob 博士の聞き取り
12 Bundeskonferenz der Kommunalarchive beim Deutschen Städtetag. (26. 4 2004). Positionspapier Das historische Erbe sichern! Was ist aus kommunaler Sicht Überlieferungsbildung?
13 Scheytt, O. (2002). Die Archive in der Kulturpolitik der Städte. Kulturpolitische Mitteilungen Nr. 99,
14 Sträter, E. (6 2012). Tausch das Buch! Erster öffentlicher Bücherschrank in Nürnberg. Bibliotheksforum Bayern, S.171.
15 Friede,C. (13.10 2017). Clegg & Guttmann„ Die Offene Bibliothek ". Von Kulturport.de: https://www.kultur-port.de/blog/kulturmanagement/14631-die-offene-bibliothek-clegg-guttmann.html abgerufen
16 Liste öffentlicher Bücherschränke in Deutschland　2023 年 11 月 8 日閲覧 https://

de.wikipedia.org/wiki/Liste_%C3%B6ffentlicher_B%C3%BCcherschr%C3%A4nke_in_Deutschland
17 同上
18 Johnston, S., & Hörath, M. (30. 12 2022). „Manchmal fühlen wir uns wie die Müllabfuhr ".Erlanger Nachrichten, S.29.
19 Clausen, J., & Steudle, L. (2006). Öffentliche Bücherschränke in Hannover Befragungen von PatInnen und NutzerInnen im Auftrag der Landeshauptstadt Hannover. Borderstep Institut für Innovation und Nachhaltigkeit. S.14
20 同 S.6
21 Redaktion. (6. 12 2022). Öffentliche Bücherwand in Bad Steben. Von Der Neue Wiesentbote Nachrichten für Oberfranken & Umgebung: https://www.wiesentbote.de/2022/12/06/oeffentliche-buecherwand-in-bad-steben/ abgerufen
22 Mößler, S. (16. 12 2009). Neues Gedächtnis für Erlangen. Erlanger Nachrichten, S. 25.
23 栗本慎一郎．(1979)．経済人類学．東洋経済新報社．を参照
24 今村仁司．(2016)．交易する人間（ホモ・コミュニカンス）贈与と交換の人間学．講談社 Kindle 位置：370/3879
25 Eva Klopp, U. (4 2009). Bonner „Gemeinschaftsmöbel" Studienobjekt: Offener Bücherschrank als soziales System. forsch,S.29.
26 Rossmeissl, Dieter. (2017). Kultur Bildung Stadt. Erlangen: Stadt Erlangen. S46-47
27 本章は次の記事、書籍等を主に参照している。
 ・高松平藏．2018．"ドイツの町のボランティア事情."市政［67］：76-77．
 ・高松平藏．2016．ドイツの地方都市はなぜクリエイティブなのか　質を高めるメカニズム．学芸出版．
 ・高松平藏．2020．ドイツのスポーツ都市　健康に暮らせるまちのつくり方．学芸出版．
 ・高松平藏．2022．"そこまでやるか！ドイツ自治体「難民支援」の凄み" 東洋経済オンライン．6月9日．https://toyokeizai.net/articles/-/595186
 ・2019年6月1日　日本NPO学会　第21回年次大会（龍谷大学瀬田学舎）で筆者が行った基調講演「市民社会組織から考える」のための資料
28 例えば Stiftung für Zukunftsfragen による Freitzeit monitor 2023
29 例えば 2010 年 7 月 7 日、欧州評議会閣僚委員会により採択された Die neue Strategie und Aktionsplan des Europarates für soziale Kohäsion

主な参考文献

Reulecke, J. (2005). Geschichte der Urbanisierung in Deutschland. Frankfurt am Main: Suhrkamp.
ボッツマン＆ロジャース．(2010)．シェア―〈共有〉からビジネスを生みだす新戦略．NHK 出版．

M. ヴェーバー　世良晃志郎訳（1968）『都市の類型学』，創文社 p.4

エドワード・グレイザー，山形浩生訳（2012）『都市は人類最高の発明である』，NTT出版

欧州委員会地域政策総局（2009）『欧州における持続可能な都市開発の促進これまでの成果と機会』，欧州委員会

Dr. Zink, R. (2009). Archive. Zwischen Geschichtswahrung und digitalen Daten. In D. S.-u. Gemeindbund, N. Schumann, & S. Schrimpf, DStGB Dokumentation Nr. 95 - Archivierung von digitalen Ressourcen im kommunalen Bereich (S. 6). Deutscher Städte- und Gemeindbund: Berlin.

Clausen, J., & Steudle, L. (2006). Öffentliche Bücherschränke in Hannover Befragungen von PatInnen und NutzerInnen im Auftrag der Landeshauptstadt Hannover. Borderstep Institut für Innovation und Nachhaltigkeit.

栗本慎一郎．(1979)．経済人類学．東洋経済新報社．

今村仁司．(2016)．交易する人間（ホモ・コムニカンス）贈与と交換の人間学．講談社

Eva Klopp, U. (4 2009). Bonner „Gemeinschaftsmöbel" Studienobjekt: Offener Bücherschrank als soziales System. forsch, 29

高松平藏．2016．ドイツの地方都市はなぜクリエイティブなのか　質を高めるメカニズム．学芸出版．

高松平藏．2020．ドイツのスポーツ都市　健康に暮らせるまちのつくり方．学芸出版．

第 10 章

今後の展望

井澤知旦

1　はじめに

　第1章で、ストック・シェアリングを「人々が活動、交流し、安寧を得、創造する場であるコミュニティを形成する」ために、「現実系コミュニティであれ、情報系コミュニティであれ、蓄積（ストック）された資産を交換したり、共有化したりすること」をストック・シェアリングとして定義している。

　この本書は、「はじめに」で整理したように、ここで述べたストック・シェアリングの考え方をもとに、3つのアプローチによる6つの社会課題に関わる研究テーマと一つの実証研究を通して、新世代型コミュニティ像を描こうというものである。さらには地域価値を編集できる力をもった大学としてのブランドを確立しようとするものである。

　そこで、それぞれの社会課題研究テーマの成果概要をまず次節でまとめる。それを読めば、本書が意図した社会課題の全体像が把握できる。そのうえでストック・シェアリングの今後の展開の視点と大学の役割に言及していく。

2　研究テーマの成果概要

（1）歩いて暮らせる楽しい都市空間
【自助・共助を推進するストック・シェアリングなまちづくり】
　社会保障において、超高齢社会は「公助の危機」をもたらす。なぜなら、その維持にこれまで以上の社会的コストの負担か、保障サービスの量質の低

下をもたらすことが想定されるからだ。そのためには「公助」を補完する「自助」や「共助」の役割が格段に大きくなる。

　ここでは高齢者の健康づくりへの取り組みを事例として取り上げながら、そのことが自らの健康増進につながる（自助）と同時に、その活動への参画を通じて人間関係を広げる（共助）という、社会関係資本の構築にも波及していくものである。

　このように、「自助」・「共助」の推進は「公助」への負担を軽減し、社会関係が蓄積され、交流を通じて共有しあうという、ストック（蓄積）とシェア（共有）の両面へと作用する過程でもあり、超高齢社会システムの適応へと変化することが期待される。

　もう一方の「まちづくり」については、ドイツの諸都市を取り上げ、「歩く・巡る」「集う・活かす」の切り口からアプローチしている。

　人びとがまちを「歩く・巡る」ためには、それを誘導する都市空間の蓄積（ストック）が必要であると同時に、それを分かち合う（シェアリング）ための仕掛けが求められる。見どころを効率よく歩き巡ることができるハノーファーの「赤い糸」やストーリーをもって見回れるボンの「ベートーベン・ストーリー」はその好例である。また、「集う・活かす」には、コストをかけずとも人々の交流が自然に生まれる集いの場（ストック）で、市民による主体的協働的な活動（自助・共助なシェアリング）を展開していくことが必要である。

【コミュニティに寄り添う新しい商店街】

　時代の変遷とともに地域に根づいた商店街の役割も変化してきた。1970年代の経済的効率性を追求した商業近代化、1980年代のコミュニティの担い手としての流通ビジョン、1990年代の消費者ニーズの多様化に対応した、物販に加え多様な機能をもった新しい流通ビジョン、1990年代後半からはより明確に、商業としての経済的効率性と地域（消費者生活）を支える相互的社会的存在の両立を求める新々流通ビジョンが打ち出されてきたのである。

　地域コミュニティに立地する商店街は、時間蓄積のなかで形成された町

並みや地域住民との独自の関係性が構築されている。すなわち、ストック・シェアリングの具現化された場が商店街であると言える。換言するなら「コミュニティに寄り添う商店街」こそが新しい役割であると言える。

つまり、コミュニティと商店街との関係性がここで問われているのだが、商業者の自己利益だけを求めるのでなく、コミュニティの利益＝公益性というストック・シェアリングをも追求しなければ、商店街として成立しなくなる。商店街はいわば「コモンズ」であり、「ストック・シェアリングは、商業活動を支える土台」として位置付けられることである。今後商店街は、コミュニティに蓄積された地域資源をシェアリングすることで、地域の価値を増価していく主体となっていくべきである。

（2）地域資産を観光化する歴史時間
　【文化的コモンズと観光まちづくり〜物語をシェアするものづくり〜】
　地域に賦存する資源は地域性があり、生活者のアイデンティティを形成する。例えば「まちなみ保存運動」で共有される空間「価値」は、地域内と地域外とで共有されて観光空間になり、それが進んで観光市場が形成されると諸資源の管理や活用が地域外の商業者に移っていく。そこで求められるのは地域と商業者の主体間での継続的な価値シェアである。他方、来訪者からみると地域の資源や価値は観光的に消費されるものであるが、その価値を低下させないためには、文化的コモンズ（共有財）を持続的に生成させていく視点が求められている。

　文化的ストックの価値共有の手掛かりは生業等の現場での「物語」のシェアにある。このことは「自らの寄って立つ地域の歴史的な文脈において、地域が一体となって資源を再評価し、活用のストーリーを考えて行くこと」に他ならない。それは「これまで」だけでなく、「これから」にむけて、「物語」を紡いでいく必要がある。しかし、担い手問題としての人口減少や高齢化もさることながら、現代人の合理的な思考が文化に内在する非合理性を理解できず、価値共有がなされなくなってきていることが、物語を紡ぎ、シェアすることを阻んでいる。それを乗り越えるためには、創造的に「物語」を継承していく土台として「共同体的プラットフォーム」が構築されなければ

ならない。

　さらに、文化的コモンズと観光との関係では、地域資源の文化的価値を棄損させないように、適切な保護や運用といった管理の視点が必要であり、来訪者と地域の人々が価値共有できる「観光まちづくり」を推進していかねばならないであろう。

【熱田のストック・シェアリングはどのように進化したか】
　あつた宮宿会が結成されてから10年がたつが、その経緯そのものがストック・シェアリングの進化を表している。それを3つのフェーズで整理している。
　第一フェーズ（2013〜2017）は、東海道シンポジウム（2013.10）とあつた宮宿会の発足（2014.4）からはじまる。食の老舗、名古屋学院大学、地域NPOが中心となって、公署や熱田神宮との連携を図りながら、シビックプライドを高める活動を展開してきた。第二フェーズ（2017〜2019）はエリアマネジメントの展開であり、地域のまちづくりビジョンを策定したことである。この間に「熱田神宮駅前地区まちづくり協議会」（2018.4）と「宮の渡し・大瀬子地区まちづくり協議会」（2019.4　後に熱田湊まちづくり協議会と改称）の二つのまちづくり協議会が立ち上がり、それぞれがまちづくりビジョンを公表している。第三フェーズ（2019〜現在）は観光まちづくりの展開である。地下鉄駅名変更（2019.8）やプラットフォームとなる「熱田神宮周辺の来訪者のためのまちづくりにむけた勉強会」（2022.11）、「あつた観光まちづくり連盟」（2024.2）の発足へとつながり、この二つが観光まちづくりを推進していくことになろう。
　人的ストックとして、「あつた宮宿会」の集まりは多大な貢献をしてきた。ネットワークが生まれ、互いに刺激し合うことで柔軟な発想を生み、積極的な行動を促してきた。そして与えられた役割を通して組織全体に貢献するメンバーシップも生み出してきた。さらに、会の内部のつながりだけでなく、大学や企業、公署、地域コミュニティとの繋がりを通じて、影響力を拡大してきている。まさに組織的ストックの活用とそれぞれの役割発揮につながるシェアリングが展開されてきたのである。もう一つの空間・地域資源ストッ

クについては、地域に大きな影響力を持つ熱田神宮との関係性の強化（あつた朔日市の開催）や大学との連携、小学校への出前授業など、積極的に信頼関係を構築しながら、活動を展開してきているのである。

【空き家の外部不経済の実証分析と空き家等対策】
　日本の空き家ストックは 846 万戸、住宅総数に占める空き家率は 13.6％（名古屋市 12.7％、熱田区 12.4％）と過去最高の水準になっている（2018 年）。特に老朽化した空き家は、周辺住民に外部不経済をもたらす。空き家ストックをシェアしながら「資産」として有効活用するのか、そのまま放置をして地域の「負債」とするのかが問われている。
　名古屋市熱田区を対象に、住宅地価に与える空き家の外部不経済の影響について、ヘドニック・アプローチ（推定モデル）による実証分析の結果は次のとおりとなった。
- 空き家ダミーは 1％水準でマイナスに有意であり、半径 100m 以内に空き家が存在すると住宅地価の水準を有意に押し下げている
- 腐朽・破損のある空き家ダミーを見ると、1％水準でマイナスに有意であり、腐朽・破損の有る空き家数は 5％水準で、マイナスに有意である。100m 以内に腐朽・破損のある空き家が存在すると住宅地価の水準を押し下げる
- 腐朽・破損の有る空き家の集積効果は、腐朽・破損のある空き家が多く存在するほど住宅地価をより押し下げる

不動産取引業者の空き家に対する考えは、実感として空き家の存在は取引価格に影響を与えることが確認された。また、空き家ビジネスを展開したいものの、空き家に関する課税や相続等の所有権などの制度が不十分との指摘がある。
　空き家・空き店舗の活用事例は全国的に見ると多種多様である。活用にあたっては、熱意のある NPO や地域団体、家守会社が、きめ細かく所有者への働きかけを通じて「空き家等の掘り起こし」を実施する必要がある。それを促進するには行政との連携（相談窓口や資金的支援、規制緩和など）や空き家の発掘から活用、エリアマネジメントまで一貫して携わるシステムや組織の構

築が求められている。

（3）一人一人がコミュニティを支える行動人間
【地域のチカラを引き出す3つのアプローチ】

「大学はストック・シェアリングの観点から如何にして『支え合いの地域づくり』に貢献できるか」の視点からストック・シェアリングにアプローチしている。具体的には「ダブルケア支援体制の地域支援モデルづくりプロジェクト」、「ひびの健やかフェスティバル＆つながり動画企画プロジェクト」、「熱田区誰もが暮らしやすい街づくりプロジェクト」という3つのプロジェクトを通じて、結果を導いている。

その第一は調整役・緩衝役としての地域バランサーの役割である。地域住民、活動団体、行政、専門職などの地域のステークホルダー間を「つなぐ」ことである。それぞれの点を線として「つなぐ」役割を大学（学生や教職員）が担い、そして、いくつもの線を引くことで、網を形成することである。そこには大学は「地域における信頼」というストックを活用している。

第二は動機づけ・励まし役としての地域モチベーターの役割である。ストック・シェアリングを通じて地域課題を解決するためには、その仕組みの中に地域住民や活動団体、行政等が参加することが前提となる。そこでは、参加する動機づけがないと動かない。そのため、「win-win」となるような「それぞれの"自分事"でつなぐ」視点が求められるのであるが、この間のコロナ感染症の拡大は、「つながろう」とする意欲を削がしていった。そんななかで大学は新規の企画やICTの活用によって、疲弊した地域の活動に大きな刺激（Inspiration）を与え、大学が地域と関わることでステークホルダーのメリットを提示し続けることができることが重要なのである。

第三は造り手・アイデアマンとしての地域クリエーターの役割である。研究者としての大学教員は、社会貢献の現場では、研究成果を論理的に解説する「有識者」の役割以上に、抽象化された論理的成果を可視化して、関係者が協働しやすいようにデザインする地域クリエーターとしての役割が大いに期待されているのである。

【地域ストック資源の評価と価値再編集】

　本学が立地する熱田区には。大規模で多様な公共施設・公共（的）空間が集積しており、「場」のストックに恵まれた地域コミュニティがそこにある。イノベーションの大家であるシュンペーターの言説を援用すれば、「コミュニティに内在するストックをそれまでとは異なるやり方で新結合する（シェアリング、編集・再編集、アップサイクルする）ことは、非連続的・断絶的にコミュニティを飛躍的に発展させる可能性」がある。

　そこで、まず熱田区民へのアンケート調査から公共施設・公共（的）空間への地域ニーズと対応方針を把握した。地域生活での困りごとの第一位は「災害時の対応」、利用したい場やサービスのうち、暮らし関連では「非日常のリフレッシュの場」、地域コミュニティ関連では「災害時等の助け合い」、まちづくり関連では「災害時の避難場所」となり、公共（的）空間等の使い方として、災害対応への要望が強い。また区民自身が有するスキル（資格や得意分野等）も多様性に富んでおり、日常の地域活動にしても、災害時にしても、それらスキルのストックは活用できそうである。

　さらに、熱田区民の抱える行政課題に対応して区内の事業所内にストックされている人材等の資源のシェアリングも必要不可欠である。事業所アンケート調査から、地域課題解決への関心度は6割近くあり、そのうち「防災」への関心が最も多い。事業所の持つシーズや従業員の持つスキルも多様性に富み、区民の場合と同様に、日常生活や災害時でも活用できそうである。

　地域ストックを豊かにするため、本学は地域防災・減災力向上を目指した人間（人材）ストックの育成に取り組んできた。具体的には「NGUあつた防災・減災リーダー養成講座」を開講し、防災士資格の取得を目指した。その結果、2022年度に64人、2023年度に71人を地域に送り出している。さらに江戸時代のご当地グルメを令和時代の防災食「あつた鶏飯」として産学連携により商品化している。

　調査研究活動にとどまらず、その成果を実践活動へと展開しているが、まさに大学が地域価値を編集する力を持ち、新世代型コミュニティを形成していく先導的な取り組みとなっている。

（4）ストック・シェアリング装置としてのドイツ都市（海外事例）

　シェアリングという「分かち合い」は人間の原初的な行為であるが、その原理は国や地域によって異なり、時代とともに変化する。21世紀に入るとネット技術の発展により、シェアリング・エコノミーが広がってきた。これはマッチングによる人々の「分かち合い」の商業化であるが、そこにはレイチェル・ボッツマンのいう〈テクノロジーが、古い形の「信頼」を新しい形に変えている〉ものという社会的意義が見いだせる。

　筆者が在住するドイツのバイエルン州にあるエアランゲン市（人口約11万人）のストック・シェアリングの実情を3つの視点からアプローチしている。

　第一は自治体の権利と義務となっているアーカイブである。これは都市の歴史に関する「第一次資料」を収集保存し、さらに整理・公開する役割を担う装置である。アーカイブの収蔵品は「時間の蓄積」であり、そこには、収集、確実性の高い保存と客観性・公平性に基づいた整理、共有活用というストック・シェアリングの流れがある。このなかで重要な要素は「信頼性の構築」にある。

　第二はドイツにはオープン・ライブラリーという公共空間に置かれた本棚がある。そこでは誰でも書籍を無償で提供することができ、また誰でもその本を手に取ることができる。自宅に持ち帰ってもよいし、返却することも可能である。この「都市型のカルチャームーブメント」を、市場はあるが、どの経済モデルでもないと評価するなら、「同じ市民的価値」を共有しながら、直接接触することなく、また見返りの期待なき贈与を行う交換装置と言うことができる。そこでは信頼性というストック・シェアリングの重要な視点を提示していることになる。

　第三は公共空間としての中心市街地の存在である。そこは多種な人格を持ち、多様な行為を行う市民を受け入れる場であるが、それを成立させるには、レベル1「治安・安全・公衆衛生」、レベル2「安心感・清潔」、レベル3「雰囲気の良さ」というレベルの信頼性が確保されていなければならない。

　以上を踏まえ、ストック・シェアリングを推進していく要件を整理する

と、ストックの信頼性が重要であり、それを維持するケア（管理・保全）が求められ、それらを通じてストックの循環が引き起こされることになる。

3　ストック・シェアリングの展開に向けて

（1）ストックの視点

【ストックの資産化と負債化】

　ストック（蓄積）を評価するとき、資産としてのストックと負債としてのストックとが存在する。第6章で見たように空き家（空間的）の存在は地域の資産価値を低下させるので、負債と見なすことができる。また高齢者の増加蓄積（人的／時間的）は地域の活力を低下させたり、福祉・医療費を拡大させたりなど、これも負債と見なされることが多い。しかし、見方を変えれば、評価は逆転する。空き家は新陳代謝の表れとして捉えると、次なる用途や機能の受け皿となって地域の持続可能性を高める。また、第2章で見たように、高齢者も多種な経験と多様な人脈を有している視点から評価するならば、地域の潤滑油であり、人とのつなぎ役となって、このことも持続性を高めていく。負債を資産に変えていく発想と行動が求められている。

【良質なストックにむけたメンテナンスとマネジメント】

　また、他方で資産をうまく管理し、運営していかないと劣化していくことは不可避である。資産の質を高めていくことが肝要である。

　第9章では、アーカイブやオープン・ライブラリー、公共空間を例に、ケア（管理・保全）が必要であることが強調されている。

　それらをイメージしやすくするために、具体的に言うなら歴史的町並みの事例がある。一般的にはモノは時間の経過とともに朽ちてくる。そのような町並みは老朽建築物群を形成するが、個々としても、群にしても、日常的継続的に管理されているなら、歴史的町並みとしての文化的価値を持つようになる。それが地域の外に開かれると観光の価値を持つようになる。

　時間的ストックの分野の一つに伝統産業がある。伝統産業も頑なに伝統を守っていくと今日の生活様式とかけ離れていくばかりで、産業として成立し

なくなることが多い。そうなると産業でなく、文化として伝統を継続していかざるを得ない。伝統産業においても常に変革的要素を持ち込まないと、持続性は担保されないのである。マネジメントの重要性がここにある。

【ストックの量と質】
　地球環境保全の考え方から、資源の浪費を抑えるために、フロー（供給）を小さくし、ストック（蓄積）を大きくして活用していくことがストック・シェアリングの基本的視点である。これはある意味では矛盾している。フローがなければストックは拡大しないからだ。しかし、3つのストックである空間・時間・人間（人材）のうち、資源の浪費につながらないのは、時間と人間（人材）の2種である。この2種は量の拡大でなく、質の拡充にある。
　第5章で示した熱田の観光まちづくりの取り組みは、人的ネットワークを広げることで、様々な場所でまちづくりの展開につながっている。良質なストック拡大の循環を形成しているのである。また第8章で指摘したように、住民や企業、その従業員は地域にとって大きな資産であり、時間的蓄積（経過）は多様な経験を積むことで、人的にも企業的にも価値を高めている。眠っている人材資源の掘り起こしはストックの拡大にとって重要なテーマとなる。さらに、地域ぐるみで防災士の資格取得の積極的な取り組みは、人材ストックの量を拡大し、質を拡充しているのである。

（2）シェアリングの視点
【シェアリングを前提としたコモンズの拡大】
　最近、改めて「コモンズ」という言葉を見聞きすることが多くなった。そのことは第1章2（3）でも触れている。コモンズはシェアリングを前提とした公共財という位置づけである。
　ジェイソン・ヒッケルは、牧草地や森林、川などのコモンズが私有財産化（いわゆる"囲い込み"）されて資本主義が台頭していき、その成長（私有財産の拡大）の源泉は公共財の商品化にあるとしている。そこで、「私富」（私有財産）と「公富」（公共財産）は負の相関があるため（ローダーデールの逆説）、

「資本主義の次に来る世界」を展望する一つの視点はコモンズの拡大にある。今日のコモンズとは水・電力・住居・医療・教育などの社会的インフラをさし、その充実が「真の豊かさ」をもたらし、成長要求を解毒させるというものである。脱成長経済である。

また広井良典は、商店街はコモンズであると指摘している。ヨーロッパの地方都市のように商店街が歩いて楽しいコミュニティ空間として根づき、「福祉」「環境」「経済」などの多面的かつ相乗的な効果をもたらす場となっていることからコモンズと呼んでいる。このことは第3章で商業者の視点から「コミュニティに寄り添う商店街」という「コミュニティの利益＝公益性」が追求することが、これから求められる商店街像だと述べていて、考え方は一致している。

上記の二つのコモンズは、アプローチは異なるが、住民生活の水準を高めるためにはコモンズの領域を拡大していくことをめざしている点では一致しているのである。

【信頼性の担保】

ストック・シェアリングを展開していくためには、ストックの量と質を担保するうえでも、シェアリングを持続させていく上でも信頼性がないと実践していくことができないのは明らかである。

例えば第9章で登場しているオープン・ライブラリーは、中心市街地の公共空間等に設置された本棚に、持ち込む本と持ち出される本とのバランスが取れていることが前提としてある。例えば転売目的による持ち出しという行為が行われないとする市民の高い規範性が求められ、まさに信頼性こそストック・シェアリングの要であることを示している。

ソウルでは普段使いの少ない大工道具などの「工具シェアリング」が盛んで、全市で500ヶ所、25ヶ所ある区役所の70％で置かれ[1]、利用率も54％にのぼっている。行政が音頭を取って推進しているので、一民間企業が実施するのと比較して信頼性は格段に高く、所有者は安心して工具を貸出場所に持ち出している。

しかし、本稿を執筆しているときに、「トケマッチ」事件[2]が発生した。

高級腕時計をオーナーから集め、利用したい人にシェアする新しい事業である。一種のシェアリング・エコノミーなのだが、貸し手と借り手の仲介する事業者が、預かった高級腕時計を転売して海外逃亡した。こうなると、シェアリング事業の信頼性が格段に低下していく。貸し手から現物を仲介業者が受け取って貸し手に渡す行為は、シェアリングでなく、又貸しビジネスとの指摘もある。信頼が裏切られた結果はシェアリングビジネスに負の波及効果を及ぼす。

　このように市民自身のモラルの信頼性、シェアリング主体の社会的信頼性があってはじめて、ストック・シェアリングが成立するのである。

（3）連繋と信頼のためのプラットフォーム

　ストック・シェアリングを通じて、地域の豊かさを実現するためには、プラットフォームの構築が不可欠になる。このプラットフォームには連繋基盤のためのものと信頼担保のためのものの二種がある。

【連繋の基盤とするためのプラットフォーム】

　ストック・シェアリングを成立させ、拡充していくためには、情報空間であれ、現実空間であれ、情報を交換し、マッチングしたり価値を共有したりするプラットフォームが必要である。

　文化的ストックを継承していくためには、文化に内在する非合理性を理解するための、言い換えれば価値を共有できる「共同体的プラットフォーム」が必要である（第4章）。観光推進に向けて産学官民の協働による「あつた観光まちづくり連盟」が最近立ち上がったが、観光まちづくりの方向性について、情報や意見を交換するプラットフォームとしての役割が期待されている（第5章）。住民や域内企業従業者の持つ資格や経験、企業の有する機材や生産物のストックを日常や災害時に活用するためには、ここでも産学官民による情報交換できるプラットフォームが求められる（第8章）。

【信頼を担保するためのプラットフォーム】

　インターネットは信頼のベースを大きく変革し、その上にシェアリング・

エコノミーが機能している。ベンジャミン・ホーは、第一にオンラインによる取引は同時に売り手の評判を拡散し、その評判が信頼の基礎となること、第二に大規模な企業コングロマリットさえ、分解させるだけの力がプラットフォームは持つようになること、と指摘している。

プラットフォームは売り手と買い手を結ぶ情報空間であると同時に、売り手と買い手の信頼を確立し、また確認する情報空間でもあるのだ。そこでは買い手にも影響が及ぶ。度重なるクレイマー的行動は買い手としての信頼が低下するので、売り手も警戒することになる。

（4）大学の地域編集力

今回の取り組みの目的の一つに、ストック・シェアリングの実践を通して、「地域価値を編集できる力をもった大学」としてのブランドを確立することがあげられる。

【大学の優良ストックを活用した役割の発揮】

大学は地域にとって「知の拠点」であるので、良好なストックと見なすことができる。教室やホール、会議室、体育館などの空間的資産、大学の信用を培う歴史的資産、教職員・学生という人的資産が整っている。

それをどう生かせばいいのか。本著では大学の役割の視点から具体的に検討を行ってきた（第7章）。第一は調整役・緩衝役としての地域バランサー、第二は動機づけ・励まし役としての地域モチベーター、第三は造り手・アイデアマンとしての地域クリエーター、の3つの役割を発揮することである。

【大学と地域・行政との協働性】

大学は最高学府と位置付けられているので、信用性が高く、公益機関として見なされる。よって、地域には比較的スムーズに関わっていくことができる。特に学生が地域まちづくりに取り組んでいくこと[3]は、地域にとって活性化の提案力や行動力などの躍動感に、成長への見守り感も加わって、学生への期待値が高い。学生にとっては、社会との接点のなかで、コミュニケーション力を高め、実践教育を通じた自己成長を勝ち取ることができる。行政

にとっても、公平性や平等性の観点から、手の出しづらい分野に大学が関わることによって、地域活性化や地方創生の力になってくれる点でその存在は大きい。大学にとっては教育・研究・社会貢献という3つの視点からの現場を持つことが重要となる。

それぞれの立場から、ストック・シェアリングへの取り組みはWIN-WIN-WINの関係を構築する。

【総合コミュニティセンター機能の発揮】

大学が地域編集力を持つ場合、ストック・シェアリングに関わる地域関係者が集うプラットフォームの運営は大学に期待される。そこは新世代型コミュニティのあり方を模索し、構築していく場なので、一種の"総合コミュニティセンター"としての機能が求められる。

ただし、"総合"のすべての機能を担うには荷が重すぎることもあろう。そのため、連携する第二の総合コミュニティセンターを設置することが望まれる。本学の取り組みでは大型ショッピングセンター（イオンモール熱田）と連携・協力協定を結び、①新たな地域コミュニティ形成を促す先進的な取組、②地域住民の健康増進をはかる啓発活動、③大学とモールが有する資源・資産の相互利用、④地域防災や災害時の対応、⑤企画イベントにおける相互連携などがその内容である。①は第1章で述べた熱田巡回EVバスのデザイン、②は「みんなの健康習慣」への参加、④は地域防災活動の連携などに取り組んでいる。

この間、コロナ禍の影響があったため進捗スピードが落ちていたが、本格的な取り組みはこれからである。総合コミュニティセンター機能の発揮は、これからの大学評価の試金石となるので、積極的な関わりを期待するところである。

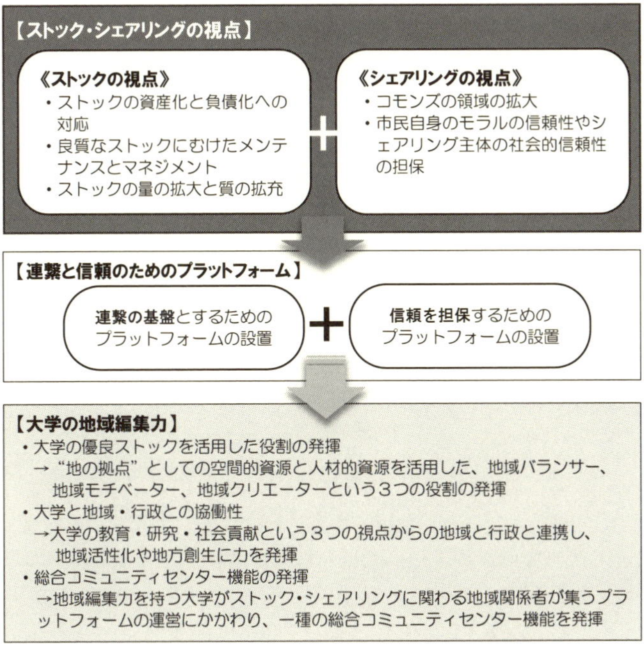

```
┌─────────────────────────────────────────────────────────────┐
│ 【ストック・シェアリングの視点】                            │
│  ┌──────────────────────┐   ┌──────────────────────┐        │
│  │《ストックの視点》    │   │《シェアリングの視点》│        │
│  │・ストックの資産化と  │ ＋│・コモンズの領域の拡大│        │
│  │  負債化への対応      │   │・市民自身のモラルの信│        │
│  │・良質なストックにむけ│   │  頼性やシェアリング主│        │
│  │  たメンテナンスとマネ│   │  体の社会的信頼性の担│        │
│  │  ジメント            │   │  保                  │        │
│  │・ストックの量の拡大と│   │                      │        │
│  │  質の拡充            │   │                      │        │
│  └──────────────────────┘   └──────────────────────┘        │
└─────────────────────────────────────────────────────────────┘
                            ↓
┌─────────────────────────────────────────────────────────────┐
│ 【連繋と信頼のためのプラットフォーム】                      │
│  ┌──────────────────────┐   ┌──────────────────────┐        │
│  │ 連繋の基盤とするため │ ＋│ 信頼を担保するための │        │
│  │ のプラットフォームの │   │ プラットフォームの設 │        │
│  │ 設置                 │   │ 置                   │        │
│  └──────────────────────┘   └──────────────────────┘        │
└─────────────────────────────────────────────────────────────┘
                            ↓
┌─────────────────────────────────────────────────────────────┐
│ 【大学の地域編集力】                                        │
│ ・大学の優良ストックを活用した役割の発揮                    │
│   →"地の拠点"としての空間的資源と人材的資源を活用した、    │
│     地域バランサー、地域モチベーター、地域クリエーターと    │
│     いう3つの役割の発揮                                     │
│ ・大学と地域・行政との協働性                                │
│   →大学の教育・研究・社会貢献という3つの視点からの地域と   │
│     行政と連携し、地域活性化や地方創生に力を発揮            │
│ ・総合コミュニティセンター機能の発揮                        │
│   →地域編集力を持つ大学がストック・シェアリングに関わる     │
│     地域関係者が集うプラットフォームの運営にかかわり、一    │
│     種の総合コミュニティセンター機能を発揮                  │
└─────────────────────────────────────────────────────────────┘
```

図10-1　ストック・シェアリングの展開にむけての枠組み

4　おわりに

　研究ブランディング事業はその名の通り「研究」を通じて大学のブランドを確立しようというものである。ストック・シェアリングという研究テーマは地域コミュニティの課題、ひいては地球環境の課題を解決する考えを提示している。しかし、ブランドは研究と実践の両輪があってこそ形成されるので、今後は実践に力を入れつつも、両輪による継続が重要である。

　大学がその取り組みのプラットフォームや総合コミュニティセンターの役割を担うにしても、地域の多種多様な資産（ストック）を掘り起こし、地域のマンパワーを結集することを前提とする。このような取り組みが全国はもちろん、世界的に展開していくことでブランドが確固たるものになっていくであろう。

注

1 https://www.global-marketing-labo.jp/column/?id=1692239021-490499　2024.3.7 閲覧。この記事以外で、筆者自身が 2018 年 12 月にソウル特別市役所にヒアリングを行っている。
2 https://www.webchronos.net/features/109917/　2024.3.7 閲覧。この事業は流行の「シェアリング」の名を借りたまた貸し事業との指摘がなされている。
3 参考文献【4】pp.11-12 を参照

参考文献

【1】ジェイソン・ヒッケル訳：野中香方子〈2023.5〉「資本主義の次に来る世界」東洋経済新報社
【2】広井良典編〈2024.2〉「商店街の復権―歩いて楽しめるコミュニティ空間」筑摩書房
【3】ベンジャミン・ホー訳：庭田よう子〈2023.6〉「信頼の経済学　人類の繁栄を支えるメカニズム」慶応義塾大学出版会
【4】井澤知旦〈2024.3〉「大学と学生と地域まちづくり」『特集　学生が参加するまちづくり』アーバン・アドバンス NO.81（公益財団法人）名古屋まちづくり公社・名古屋都市センター

索引

《あ》

赤い糸　49, 50, 56
アーカイブ　240, 241
アカプラ　164
空き家　237, 241
　－の利活用　117, 125
　－活用　105, 119, 120, 122, 125, 128
　－等　105, 121, 125, 127
　－等の有効活用　105
空き家・空き店舗　5
　－の活用　119, 121, 123, 124
空き店舗　110, 119-129
アクションリサーチ　131, 146
熱田区　105, 110, 111, 126, 129
あつた鶏飯　193-195, 197
熱田神宮　89-91, 93-98, 101
あつた朔日市　89-92, 101, 102
熱田ブランドマーク　197, 198
あつた宮宿会　89-93, 95-102, 236
アップサイクル　9, 13, 15, 28, 32
「歩く」まちづくり　47, 48, 56
医商連携　70
一般社団法人ダブルケアパートナー　135
エアランゲン市　201, 203, 205, 208-210, 212, 214, 216, 224, 225, 228, 240
エリアマネジメント　89, 93, 98, 99, 102
大通すわろうテラス　164, 165
オープン・ライブラリー　24-26, 201, 208, 212, 214-217, 220, 222, 228, 229, 240, 241, 243

《か》

外部不経済　105, 110, 113, 115, 126, 127, 129, 237
共助　37-40, 47, 56, 57, 233, 234
共通善　201, 202, 223, 228
協働性　245
共同体的プラットフォーム　79
凝集型階層クラスタリング　172, 173, 175, 182, 183
経済的効率性　64, 65, 74
健康づくり　39-41, 43, 45-47, 57
健康ポイントブレカステーション　73
「健寿カード」　40, 45
　－事業　39-41, 46, 56
公共空間　12, 15, 24, 25, 29, 201, 204, 216, 218, 219, 221, 222, 228, 229
公共施設・公共空間　161, 162, 165, 176
公助　38-40, 233, 234
90年代の流通ビジョン　64
行動人間　5, 6
国際芸術祭「あいち2022」　85
国家　16-19, 33
コミュニティ　11, 12, 16-22, 33, 233-236, 238, 239, 243, 246, 247
　－・エンパワメント　134, 153, 157
　－・ソーシャルワーク　141

249

コモンズ　12, 18-21, 29-33, 235, 236, 242, 243

《さ》

サーキュラー・エコノミー　9, 32
産業観光　81
シェアリング・エコノミー　15, 20, 32, 33
市営アーカイブ　206, 208, 210, 226, 229
市場　16-20, 33
シビック・プライド　89-92, 102
私立大学研究ブランディング事業　2
資産化と負債化　241
自助　37-40, 47, 56, 57, 233, 234
実証分析　105, 110, 113-115, 129
社会関係資本　47
社会的有効性　64, 65
所有と利用　11, 32
商店街　234, 235, 243
ストック・シェアリング　2-5, 7, 8, 9, 11, 12, 14-19, 21, 22, 28, 29, 31-33, 233, 235, 236, 238, 240-247
ストックの循環　229
信頼性　201, 210-212, 216, 221, 222, 228, 229, 240, 241, 243, 244
新世代型コミュニティ　3, 7, 8
総合コミュニティセンター機能　246
総合コミュニティセンター構想　6
増価蓄積　68, 71, 72, 74
　－型　13-15, 28, 32

《た》

大学COC事業　101
第4次熱田区地域福祉活動計画　131, 132, 136, 155, 156
多重対応分析　172, 175, 182, 183
ダブルケア　134-141, 143, 144, 157, 158
　－パートナー　135
知の拠点　245
地域クリエーター　238, 245
地域コミュニティ　4, 6
地域バランサー　238, 245
地域モチベーター　238, 245
地域編集力　8, 245, 246
地域防災・減災　239
チ・カ・ホ　163, 164
中心市街地　201, 202, 206, 208, 210, 214, 218, 221, 228
超高齢社会　37-39
ツォル・フェライン　55
集いの場　47, 52, 54-57
テンペルホーフ空港　54
店舗型小売業　66
ドイツ　201-205, 207-210, 212, 213, 216, 222-228
常滑　83-86
都市空間　3
都市の質　201-203, 205, 229, 230

《な》

21世紀に向けた流通ビジョン　64
ニューサイクルファッション　28

《は》

ハツキタくらしの安心窓口　71
80年代の流通産業ビジョン　64
バルネラビリティ（vulnerability）
　　144
ビジュアライゼーション　159
フィデリティ評価　156
不動産取引業者の実感　114, 115
福祉商店街　4
プラットフォーム　235, 236, 244-247
プリンツェシネン・ガルテン　52-54,
　　56
文化的コモンズ　76, 77, 79, 81, 84, 86
文化の真正性　80
ベートーベン・ストーリー　51, 234
防災士　172, 191-193, 195
ボランティア　201, 208, 223-229

《ま》

街商人精神　69, 74
メンテナンスとマネジメント　241
物語　76-80, 82, 84-86

《ら》

リビングヘリテージ　81
歴史観光　4
連繋の基盤　244
ローリングストック　189, 190, 198

《A-Z》

CBPR（Community-Based Participatory
　　Research）　132
SDGs　15, 16

編集委員・著者一覧

(肩書は2024年4月現在のもの)

伊沢 俊泰(刊行責任者／第7章)
名古屋学院大学副学長・社会連携センター長・経済学部教授。専門分野は国際経済学(国際貿易論)。
1961年東京都生まれ。一橋大学大学院経済学研究科後期博士課程単位取得退学後、1995年に名古屋学院大学講師として着任。その後、准教授、教授、経済学部長を経て現職。主な研究業績に『国際博覧会を考える メガ・イベントの政策学』(分担2005)など。

井澤 知旦(編集責任者／はじめに・第1章・第6章・第10章)
名古屋学院大学名誉教授・名古屋工業大学客員教授 博士(工学)。専門分野は都市計画学、都市政策論、まちづくり論。技術士(建設部門/都市及び地方計画)、一級建築士。
1952年大阪府生まれ。名古屋工業大学大学院修士課程修了後、名古屋市の民間シンクタンクへ就職。1990年に(株)都市研究所スペーシアを設立し、代表取締役に就任。2004年に三重大学博士後期課程を修了。2012年に名古屋学院大学経済学部教授として赴任し、2015年に新設された現代社会学部教授、2017～2020年度に同学部長を歴任し、2023年に定年退職。環境系、農業系、観光系、文化系のNPO活動等を継続しながら、今日に至る。著書に『名古屋都市・空間論—消毒された都市から物語が生まれる都市へ』(単著2023)、『シリーズ都市再生① 成長主義を超えて大都市はいま』(分担2005)、『よみがえるダウンタウン』(共訳1992)など多数。

上田 幸則(編集委員／第3章)
名古屋学院大学商学部長 教授。専門分野は会計学。
1967年京都府生まれ。同志社大学大学院商学研究科商学専攻博士後期課程単位取得満期退学、2000年4月より浜松大学(現：常葉大学 浜松キャンパス)経営情報学部講師として着任し、2006年4月より名古屋学院大学商学部講師、同教授を経て、2024年4月より現職。現代アメリカ会計における負債・持分概念、具体的なテーマとしてはストック・オプション会計などが研究対象。著書に『会計学の基本—基礎から現代の会計—』(共著2009)など。

澤田 景子(編集委員／第7章)
名古屋学院大学現代社会学部講師。専門分野は高齢者福祉、ソーシャルワーク、ダブルケア。
1978年愛知県生まれ。日本福祉大学大学院社会福祉学研究科福祉マネジメント専攻修了(修士)。
特別養護老人ホームや在宅介護支援センター、病院等でソーシャルワーカーとして勤めた後、2018年4月より名古屋学院大学経済学部着任。2020年4月より現職。2019年よりダブルケア支援団体「ダブルケアパートナー」のメンバーとして活動し、ダブルケアカフェや個別相談事業等の支援活動を行う。2021年「一般社団法人ダブルケアパートナー」代表理事に就任。著書に『窓口対応者・相談支援者・ソーシャルワーカー向け—子育てと介護のダブルケア支援研修用テキスト』(分担2021)。

村上 寿来（編集委員／第2章）
名古屋学院大学現代社会学部教授　博士（経済学）。専門分野は経済社会学、経済政策論、地域コミュニティ論、社会保障論。専門社会調査士。
1970年群馬県生まれ。神戸大学大学院経済学研究科博士課程後期課程修了後、（財）兵庫県ヒューマンケア研究機構主任研究員、神戸大学大学院経済学研究科COE助手、（財）ひょうご震災記念21世紀研究機構研究調査本部主任研究員を経て、2010年名古屋学院大学経済学部講師として赴任し、2015年現代社会学部准教授、2024年より現職。2023年度より桑名市建築審査会委員。著書に『現代経済政策論』（分担2005）、『現代の経済社会と福祉社会の展望』（分担2013）、『現代の社会保障』（分担2020）他多数。

山本 真嗣（編集委員）
名古屋学院大学外国語学部教授　博士（経済学）。専門分野は観光情報、ホスピタリティ・マネジメント。
1967年愛媛県生まれ。松山大学大学院経済学研究科博士後期課程修了。近畿日本ツーリスト株式会社、金沢星稜大学などを経て現職。観光情報学会理事、日本ホスピタリティ・マネジメント学会監事などを歴任。著書に『インバウンドと地域創生』（共著2017）、『Data Science and Digital Business』（共著2019）、『Handbook of Research on Big Data Clustering and Machine Learning』（共著2019）、『Internet of Things：Cases and Studies』（共著2021）など。

濱　満久（第3章）
名古屋学院大学商学部教授　博士（商学）。専門分野は商業論、流通論、流通政策論。
1976年京都府生まれ。大阪市立大学大学院（現 大阪公立大学大学院）経営学研究科博士後期課程修了後、2006年名古屋学院大学商学部専任講師、2009年同准教授、2018年より現職。2006-2007年組合等情報ネットワークシステム等開発事業（協同組合大阪食料品販売ネットワーク）専門委員、2007-2014年名古屋市資料調査研究会新修名古屋市史資料編近代調査委員。著書に『流通政策の基礎』（分担2022）、『1からの流通論《第2版》』（分担2018）、『1からの流通システム』（分担2018）など。

三輪 冠奈（第3章）
名古屋学院大学経営学部教授　博士（経済学）。専門分野は経営情報、シミュレーション。
1976年愛知県生まれ。名古屋大学大学院経済学研究科博士後期課程修了。2007年4月より名古屋学院大学商学部講師として着任し、同教授を経て、2024年4月より現職。
システムシミュレーション手法を用いたBPの改善や社会問題の解決、企業経営（特に製造業やサービス業）の分析が研究対象。著書に『Simioとシミュレーション』（共訳2022）、『経営情報処理の実践』（共著2012）、『マネジメント―ビジネス価値創造―』（共著2024）など。

古池 嘉和（第4章）
名古屋学院大学現代社会学部長 教授　博士（経済学）。専門分野は文化経済、文化政策。
1959年愛知県生まれ。筑波大学大学院環境科学研究科修了（学術修士）。福井県立大学経済・経営学研究科博士後期課程満了。富山大学芸術文化学部／同芸術文化学研究科教授等を歴任後、2015年より現職。2023年より同学部長。主著に『観光地の賞味期限―「暮らし

と観光」の文化論』(2007)、『地域の産業・文化と観光まちづくり―創造性を育むツーリズム』(2011)、『地域の自律的蘇生と文化政策の役割』(共著2011) など多数。公職として、富山県文化審議会委員、名古屋市文化振興計画策定検討会議委員、金シャチ横丁第二期整備博物館ゾーン整備基本構想検討懇談会委員、多治見市文化事業団評議員、南砺市文化芸術振興基本計画策定委員（長）などを歴任。

水野 晶夫（第5章）
名古屋学院大学現代社会学部教授。専門分野は地域政策・経済政策論。
1963年愛知県生まれ。名古屋大学経済学部卒業。2000年頃から学生らと「商学連携」活動をはじめ、2006年には瀬戸市・銀座通り商店街を、2013年には名古屋市・日比野商店街を経済産業省「がんばる商店街」入選に導く。また、「あつた宮宿会」(2014年〜)、熱田神宮駅前地区まちづくり協議会(2018年〜)、熱田湊まちづくり協議会(2019年〜)、あつた観光まちづくり連盟(2024年〜)の設立に関わるなど地域連携活動に取り組んでいる。

上山 仁恵（第6章）
名古屋学院大学経済学部教授　博士（理学、経済学）。専門分野は家計行動の理論、実証分析。
1971年鳥取県生まれ。2016〜2020年日進市空家等対策評議会委員、2022年度みよし市空家等対策計画策定委員会委員、2020〜2021年愛知県住生活基本計画有識者検討会議委員、2018〜2020年国土交通省「長期優良住宅制度のあり方に関する検討会」委員、2018年〜現在に至るまで国土交通省「住宅ストック維持・向上促進事業」評価委員などを務める。2022年には住宅金融支援機構（梅田利孝氏）との共同研究「高齢者の健康と住宅サービスニーズの実証分析」が第23回日本FP学会賞（日本FP協会奨励賞）を受賞。

秋山 太郎（第6章）
名古屋学院大学経済学部准教授　博士（経済学）。専門分野はマクロ経済学、金融マクロ経済学。
1979年大阪府生まれ。神戸大学大学院経済学研究科博士後期課程単位取得退学。2012年経済学博士取得（神戸大学）。2014〜2015年 Victoria University of Wellington 研究員。著書に『経済学入門』（分担2017）など。

山下 匡将（第7章）
名古屋学院大学現代社会学部准教授。専門分野は地域福祉、コミュニティ・デザイン。
1982年、北海道生まれ。2007年に北海道医療大学大学院看護福祉学研究科臨床福祉学専攻修士課程を修了後、名古屋学院大学人間健康学部助手に着任、その後、スポーツ健康学部助教、経済学部講師、現代社会学部講師を経て、2017年より現職。社会福祉士、精神保健福祉士。文部科学省「地（知）の拠点整備事業」および「地（知）の拠点大学による地方創生推進事業」、「未来医療研究人材養成拠点形成事業」、「私立大学研究ブランディング事業」に係る学内プロジェクトの主査を歴任。第8期瀬戸市高齢者福祉計画・介護保険事業計画評価委員会委員長、第4次熱田区地域福祉活動計画スーパーバイザーとして、地域福祉や地域コミュニティ形成事業に携わる。

編集委員・著者一覧

玉川 貴子（第7章）
名古屋学院大学現代社会学部准教授。専門分野は死の社会学、家族社会学。
1971年富山県生まれ。専修大学大学院博士課程修了。2012年名古屋学院大学経済学部講師、現代社会学部講師を経て2016年より現職。2021-2022年まで八事斎場中央監視業務委託総合評価委員。著書に『葬儀業界の戦後史』（単著2018）、『八事斎場再整備計画と八事霊園納骨堂における長期利用について』（分担2022）、『「潜在的なひとり」を見据えた終活と葬儀業者』（分担2023）、『葬儀業　変わり行く死の礼儀のかたち』（単著 2024）など。

佐藤 律久（第8章）
名古屋学院大学経済学部准教授　博士（経済学）。専門分野はミクロ経済学。
1981年青森県生まれ。早稲田大学大学院経済学研究科博士課程修了。2012年に名古屋学院大学経済学部専任講師に着任。2015年度より現職。瀬戸市企業立地審査会委員（2022-2023年度）。近著（論文）に「熱田区の地域課題とニーズおよび人的ストックの現状─区民対象アンケートの多重対応分析─」『名古屋学院大学論集社会科学篇』第59巻第2号（共著2022）、「熱田区内事業所の地域との関わり方と地域課題への関心および保有するシーズとスキル」『名古屋学院大学論集社会科学篇』第59巻第3号（共著2023）。

杉浦 礼子（第8章）
名古屋学院大学経営学部長　教授　博士（学術）。専門分野は地域イノベーション、マーケティング。
1970年三重県生まれ。三重大学大学院地域イノベーション学研究科博士後期課程修了。株式会社百五経済研究所（現、株式会社百五総合研究所）主任研究員、学校法人高田学苑高田短期大学キャリア育成学科教授、学科長を経て、2017年4月より名古屋学院大学商学部着任。2024年4月より名古屋学院大学経営学部データ経営学科教授、同学部長を務める。三重県地方創生会議、三重県職業能力開発審議会、三重県農村地域資源保全向上委員会、愛知県トラック輸送における取引環境・労働時間改善地方協議会、四日市市地方創生推進会議をはじめとする行政の審議会等の委員を多数務めている。著書に『マネジメント─ビジネス価値創造─』（共著2024）、『現代経営学の本質』（共著2024）、『現代経営学概論』（共著2021）、『商業概論』（共著2019）など多数。

高松 平藏（第9章）
ジャーナリスト（ドイツ在住）。
1969年奈良県生まれ。京都の地域経済紙を経て、2002年からドイツの地方都市エアランゲン市（バイエルン州）へ拠点を移す。同市および周辺地域で定点観測的な取材・リサーチおよび参与観察を行い、日独の生活習慣や社会システムの比較をベースに地域社会のビジョンを探るような視点で執筆している。日本の大学や自治体などでの講義・講演活動も多い。またエアランゲンで研修プログラム「インターローカルスクール」を主宰している。著書に『ドイツの地方都市はなぜクリエイティブなのか─質を高めるメカニズム』（単著2016）、『ドイツのスポーツ都市　健康に暮らせるまちのつくり方』（単著2020）、『ドイツの学校には なぜ「部活」がないのか─非体育会系スポーツが生み出す文化、コミュニティ、そして豊かな時間』（単著2020）他。
高松平藏のウェブサイト「インターローカルジャーナル」　https://www.interlocal.org/

ストック・シェアリング
蓄積された地域価値の再編による新しいコミュニティづくり

2024年9月1日　第1刷発行　（定価はカバーに表示してあります）

編　者　　井澤　知旦
　　　　　名古屋学院大学社会連携センター編集委員会

発行者　　山口　章

発行所　　名古屋市中区大須 1-16-29
　　　　　振替 00880-5-5616　電話 052-218-7808　風媒社
　　　　　http://www.fubaisha.com/

＊印刷・製本／㈱クイックス　　乱丁本・落丁本はお取り替えいたします。
ISBN978-4-8331-4165-9